शहीदों का झारखण्ड

शहीदों का झारखण्ड

डॉ दिवाकर मिंज

KALPAZ

शहीदों का झारखण्ड

ISBN : 978-93-5324-251-0 (PB)

भारत में सन् 2019 में प्रकाशित

कल्पाज पब्लिकेशन

सी-30, सत्यवती नगर,

दिल्ली-110052

Phone : 9212142040

ई-मेल: kalpaz@hotmail.com

मुद्रित: जी. प्रिंट प्रोसेस, दिल्ली

समर्पण

स्व0 इलियस मिंज

(पूज्य दादाजी)

जिनका जन्म राँची जिला के माण्डर प्रखण्ड अन्तर्गत झिंझरी गाँव में एक साधारण किसान परिवार में हुआ। उन्होंने उस जमाने में मिडिल तक शिक्षा प्राप्त की और "गुरू" प्रशिक्षण लेकर प्राथमिक विद्यालयों में पढ़ाने की योग्यता प्राप्त कर ली किन्तु अकस्मात् दृष्टि दोष हो जाने के कारण शिक्षक बनने से वंचित रह गए। दुर्भाग्य ने साथ नहीं छोड़ा। कुछ समय पश्चात् दो पुत्रों और पुत्रियों को छोड़ दादी जी स्वर्ग सिधार गईं। उसी साल सूखा पड़ने के कारण खेती मारी जा चुकी थी। इन विपरीत परिस्थितियों का सामना करते हुए अपनी संतान को लेकर मजदूरी हेतु राँची शहर पहुँचे। अपने कठिन परिश्रम की बदौलत काँके स्थित मानसिक आरोग्यशाला में चतुर्थ वर्गीय नौकरी प्राप्त की। जीवन कुछ स्थिर हुआ, जमीन ली, मकान बनाया तथा अपने बच्चों की अच्छी शिक्षा के लिए गाय पालन कर अतिरिक्त आय अर्जित करने लगे और अपने सपनों को वे अपने बच्चों में पिरोने लगे। परिणामस्वरूप उनके बड़े पुत्र ने "बिहार सिविल सर्विस" (अनारक्षित) परीक्षा में सफलता पाई और बिहार में प्रथम आदिवासी अधिकारी होने का गौरव प्राप्त किया। वस्तुतः दादाजी संघर्षशील उरांव आदिवासी थे। समाज की विभिन्न बैठकों एवं सभाओं में भाग लेकर युवाओं को शिक्षा एवं आदिवासी साहित्य की रचनाओं के लिए प्रोत्साहित करते थे, जिसे पढ़कर आदिवासी युवा पीढ़ी गौरवान्वित अनुभव कर सके। अतः उनकी अपेक्षाओं के अनुरूप यह प्रयास "शहीदों का झारखण्ड" पुस्तक पूज्य दादाजी की पुण्य स्मृति को सादर समर्पित।

(डॉ0 दिवाकर मिंज)

विषय–सूची

आभार

प्रस्तुत पुस्तक के जिस प्राक्कलन/परिकल्पना को ऐतिहासिक साक्ष्यों के आधार पर प्रमाणित करने का प्रयास किया गया है उसका अंकुरण बचपन में ही हो चुका था। पूज्य पिताजी के सानिध्य में जब पारिवारिक तथा विशिष्ट लोगों का मेल मिलन होता था तो उनके मध्य विचार–विमर्शों में पूर्वजों एवं शहीदों की चर्चा वाली मन में जिज्ञासा जगा दी कि आदिवासियों एवं झारखण्ड के शहीदों के बारे में सही रूप–रेखा प्रस्तुत नहीं की गई है। इससे हमें अपने इतिहास पर गर्व करने का अवसर नहीं मिल पाता है और कहीं ना कहीं इस अभाव में हमारे स्वाभिमान पर भी अंकुश लग जाता हैं जिससे हौसले दब जाते हैं। शहीद तो शहीद होता है। शहादत उसकी एक मात्र जाति होती है। वह देश के सभी लोगों द्वारा पूजित होता है। हम उन शहीदों को भूलते जा रहे हैं। जिन्होंने हमें स्वतंत्र देश एवं सम्मानजनक जीवन दिया है और विशेषकर उन गुमनाम शहीदों को। यद्यपि पूरा प्रयास किया गया है कि पुस्तक में अधिकांश शहीदों को उनकी ऐतिहासिक पृष्ठभूमि में प्रस्तुत किया जाए, फिर भी हो सकता है कुछ शहीद छूट गए हों। आगामी संस्करण में उन्हें समाहित करने का प्रयास किया जायेगा। पुस्तक की उपयोगिता इस उद्देश्य में निहित है कि वर्तमान पीढ़ी अपने पुरखों की बलिदान गाथा जानकर स्वयं को गौरवान्वित अनुभव करेगी और उनके आदर्शों पर चलकर एक नया इतिहास गढ़ेगी।

मेरे विचारों को संवारने और चिंतन की वर्तमान दिशा देने का पूरा श्रेय मेरे पारिवारिक वातावरण को जाता है। मेरे सभी ग्रामीण आदिवासियों

का भी मैं विशेष आभारी हूँ जिन्होंने वीरता से ओत–प्रोत लोकगीतों को सुनाकर प्रेरणा दी। मैं उन बुद्धिजीवी वर्ग का भी आभारी हूँ जिसने मुझे लिखने के लिए प्रोत्साहित किया। मैं अपनी पत्नी डा0 देलो मई हंसदा जो स्वयं अर्थशास्त्र की प्रोफेसर हैं का भी आभारी हूँ जिसने लिखने में बराबर सहयोग दिया और अन्त में मैं पुस्तक के प्रकाशन में कल्पाज पब्लिकेशन नई दिल्ली का अत्यन्त आभारी हूँ।

(डॉ0 दिवाकर मिंज)

Abbreviations

Aug	=	August
Beng	=	Bengal
Birsa	=	Birsa Munda Aur Unka Andolan, Dr Kumar Suresh Singh
C N	=	Chotanagpur
Comm.	=	Commissioner
Cons	=	Consultation
Cr.	=	Criminal
Dt./dt.	=	Date/date
Des.	=	Despatch
Encl	=	Enclosure
Fr.	=	Father
Govt.	=	Government
Judl	=	Judicial
J.A.S.B	=	Journal of Asiatic Society of Bengal
Jr.	=	Junior
No.	=	Number
Oraon	=	S.C.Roy, The Oraon of Chotanagpur
O.R.C.	=	S.C.Roy, Oraon Religion and Custom
P.G.	=	Palamau Gazetteer
Progs.	=	Proceedings

R.G.	=	Ranchi Gazetteer
S.G.	=	Singhbhum Gazetteer
S.W.F.A	=	South West Frontier Agency
Secy	=	Secretary
The Munda	=	S.C.Roy, The Munda and Their Country
T.B.	=	Tana Bhagat

प्रस्तावना

"शहीदों के झारखण्ड" ग्रंथ को ऐतिहासिक परिप्रेक्ष्य में, प्रस्तुत करने का उद्देश्य मात्र इतना है कि जनजातियों या आदिवासियों के प्रति फैली हुई भ्रांतियों को दूर करके इनकी गौरव गाथा के अछूते प्रकरण को उद्‌घाटित किया जा सके, साथ ही उनकी गरिमा को जागृत कर उसे स्वाभिमानी बना सके, जिससे कि वे स्वावलम्बी होकर कठिन एवं जटिल परिस्थितियों में भी स्वयं अपना मार्ग प्रशस्त कर सकें।

इन जनजातियों का कोई भी व्यवस्थित एवं प्रामाणिक इतिहास प्रकाश में नहीं आया है। कम्पनी सरकार के झारखण्ड के भू–भाग में पैर रखते ही जनजातीय विद्रोहों का सिलसिला प्रारम्भ हो गया था। छोटे–छोटे विद्रोहों को छोड़कर कुछ प्रमुख विद्रोहों को गवर्नर जनरल परिषद के उपाध्यक्ष चार्ल्स मेटकाफ ने भी जनजातियों के स्वतंत्रता संग्राम की संज्ञा दी थी।

1831–1832 ई0 में प्रमुख शहीद बुधु भगत, जिनका शीश काटकर उपहार बनाया गया था तथा कोल्हान अधिग्रहण का विरोधी पोटो सरदार जिसे 1 जनवरी 1938 ई0 को विशेष अधिकार प्राप्त कर झारखण्ड में फांसी पर लटकाया गया था। इन विद्रोहों ने असभ्य, जंगली, मूर्ख समझने वाली जनजातियों के बारे में अंग्रेजों को सोचने पर विवश कर दिया। वे इस निष्कर्ष पर पहुँचे के विद्रोहों को दुर्बल करने के लिए इन अनछुए आदिवासी समाज के अन्दर घुसपैठ करो और "फूट डालो और राज करो" की नीति का अवलम्बन लिया जाए। 1845 ई0 में अपने

शासन के 80 साल बाद चार पादरी एमिलो स्काच, अग्स्त ब्राट, फ्रेडरिक वाच और थियाडोर जैक, जनजातियों के बीच ईसाई धर्म प्रचार के लिए आए। उस समय थॉमस विल्किसन के स्थान पर एजेन्सी के एजेन्ट के रूप में जे0 आउसले कार्यरत थे, जिन्हें इन पादरियों की व्यवस्था का विशेष दायित्व दिया गया। अपने अथक परिश्रम एवं ब्रिटिश सरकार की तमाम सुविधाओं के बाद भी वे पाँच वर्ष तक एक भी जनजाति को ईसाई नहीं बना पाए। थक–हार कर उन्होंने फादर गोस्नर को पत्र लिखा कि पता नहीं ये आदिवासी किस भूत–प्रेत की पूजा करते हैं, किन्तु ये ईसाई होने वाले नहीं। चिंतित होकर फादर गोस्नर स्वयं झारखण्ड आए और विस्तृत वृत्त रिपोर्ट ली। गहन विचार मंथन के बाद निर्णय लिया गया कि जिस जाति को ईसाई बनाना चाहते हो पहले उनकी सामाजिक संरचना एवं उनके धर्म का अध्ययन करो, समझो। तदनुसार ईसाईयत को उसके अनुरूप ढ़ालो, सफलता मिलेगी। इस प्रकार सर्वप्रथम पादरियों ने ही अध्ययन एवं प्रकाशन का काम प्रारम्भ किया जो लगभग 40–50 वर्षों तक निर्बाध चलता गया। क्रमशः उसके बाद ब्रिटिश पदाधिकारियों तत्पश्चात् उनके समर्थक भारतीयों ने भी इस कार्य में हाथ बंटाया। सत्ता के दृष्टिकोण के कारण उनकी लेखनी भी पूर्वाग्रह से ग्रस्त थी। अतः स्वाभाविक था कि उनका अध्ययन जनजातियों के सामाजिक, धार्मिक एवं मानवशास्त्रीय सीमा तक ही सीमित रहा, जिसकी उसे आवश्यकता थी। इस प्रकरण में उन्होंने दोहरी भूमिका निभाई। एक तरफ देश एवं विश्व के समक्ष जनजातियों की अर्द्ध–सभ्य, भूत–प्रेत के उपासक, जंगली, हत्यारे, लुटेरों की छवि बना दी जिसे पादरियों एवं अंग्रेजों ने सभ्य एवं शांत कृषक बनाने का दावा कर वाह–वाही लूटी और दूसरी तरफ जनजातियाँ हीन भावना से ग्रसित हो गई, जिससे ईसाईयत का मार्ग सरल हुआ। किन्तु इस आपाधापी में 'झारखण्ड का इतिहास' बिल्कुल ही अछूता रह गया।

ऐतिहासिक दृष्टिकोण से जे0सी0झा ने प्रयास किया। फलतः Kole insurrection (1962) के रूप में प्रकाशित हुई किन्तु इस विद्रोह (Revolt) को उपद्रव (insurrection) में परिवर्तित किया गया, जिस लकीर को

ब्रिटिश हकूमत ने खींचा था। कहने का अभिप्राय यह कतई नहीं है कि वे सब निरर्थक हैं। वे स्रोत हैं, आधार हैं। आवश्यकता है, उन ग्रंथों का तार्किक विवेचन एवं तुलनात्मक अध्ययन तथा सूक्ष्म शोध (Micro study) द्वारा सही प्रस्तुतीकरण की। आज शायद इन्हीं कारणों से इतिहास के पुनर्लेखन की मांग बलवती होती जा रही है।

झारखण्ड की जनजातियाँ प्रकृति रूप से स्वतंत्रता प्रिय हैं। अपने प्रथम निवास से लेकर मुगलकाल तक के जीवन में इन्होंने किसी प्रकार की पराधीनता नहीं झेली है। इनकी ग्राम पंचायतें गाँव की सभी आंतरिक समस्याओं के भीतर से परिचित होती थीं और संतोषप्रद निदान निकाल लेती थीं। गाँव प्रायः किली के आधार पर विकसित होते थे और गाँव–प्रमुख एक वृहद् परिवार–प्रमुख के रूप में देखा जाता था। इस प्रकार के 15–20 गाँवों का संघ पट्टी या पड़हा होता था तथा इनके प्रमुख क्रमशः मानकी या पड़हा राजा होते थे। पट्टी या पड़हा गाँवों के एक छोटे–मोटे संघ होते थे। संघ के संगठनात्मक ढ़ांचे में प्रत्येक गाँव के पंच–प्रमुख पदेन सदस्य होते थे। यह एक प्रजातांत्रिक संघात्मक संगठन था और नागपुर के राजा के उदय के पश्चात् संघ के प्रमुख, संघ की ओर से नागपुर के खजाने में चंदा जमा कर देते थे। अर्द्ध–सभ्य कही जाने वाली जनजातियों की यह उच्च ''स्वशासन'' व्यवस्था जनजातीय परिप्रेक्ष्य में एक आदर्श राजनीतिक सोच का परिणाम थी। ध्यातव्य है कि जब–जब जनजातियों की परम्परा से चली आ रही ''स्वशासन'' व्यवस्था को नकारा गया था, जनजातियाँ हथियार लेकर उठ खड़ी हुई थीं। विद्वानों, इतिहासकारों, तत्कालीन पत्र–पत्रिकाओं में एक स्वर से आवाज गूंजी थी कि जमीदारों, ठेकेदारों, महाजनों आदि के शोषण, उत्पीड़न से त्रस्त जनजातियों ने इन शोषकों के विरूद्ध विद्रोह किया था। इस कथन में कुछ सत्य का अंश अवश्य है, किन्तु यह बात जोर देकर कही जा सकती है कि विद्रोह का मूल कारण जनजातीय पारम्परिक ''स्वशासन'' व्यवस्था का विघटन था।

झारखण्ड की जनजातियाँ प्राचीन काल में हिन्दू तथा मध्य काल में मुसलमान अथवा मुगलों से आरक्षित रही थीं। मुगल सेना के लिए घाटी,

पहाड़, एवं बीहड़ वनों को पार करना एक कठिन काम था। मार्ग में ही कितने सैनिक ढ़ेर हो गए थे। नागपुर कोई ऐसा क्षेत्र नहीं था जहां कोई सूबेदार या मुगल शासक या आन्तरिक प्रशासन में किसी प्रकार हस्तक्षेप नहीं करते थे। जब पहली बार नागपुर का राजा दुर्जन साल गिरफ्तार किया गया था तो जनजातियाँ इस घटना से अप्रभावित थीं। उनका स्वशासन यथावत चलता रहा था। यद्यपि दुर्जन साल के लौटने के उपरान्त बाहर से आमंत्रित कर, नागपुर में बसाये गए जमींदारों की कुछ वर्षों में एक अच्छी संख्या हो गई थी किन्तु वे जमींदार अभी बोझ नहीं बन पाये थे। बाहर से आमंत्रित जमींदार निःसंदेह जनजातियों के गाँवों के ऊपर बैठाए गए थे। जनजातियों ने इन बाहरी जमींदारों की उपस्थिति के भारीपन को अनुभव किया था, किन्तु जब उन्होंने पाया कि उनकी खड़ी फसल को काटने आए लुटेरों को जमींदार के लठैतों ने मार भगाया तो जनजातियों को जमींदार अच्छे लगने लगे थे। किन्तु 1827 ई० में महाराजा नागपुर से प्रोत्साहित ठेकेदारों का प्रवेश जनजातियों के लिए बहुत भारी पड़ा था। अब तक दारोगा, पुलिस एवं अन्य अमलों ने भी एक के स्थान पर चार वसूलना प्रारम्भ कर दिया था।

कम्पनी सरकार की नीतियाँ जनजातीय परम्परा–विरोधी थीं। ''स्थायी बन्दोबस्ती'' द्वारा जमींदारों को पर्याप्त अधिकार दे दिया गया था। जमींदार अपने क्षेत्र के किसी भी खेत को एक कृषक से लेकर दूसरे को दे सकता था। सामंतवादी प्रकृति के अंग्रेज कभी यह सोच भी नहीं सकते थे कि छोटे–छोटे खेतों के भी स्वामी किसान होते थे। इस प्रकार अंग्रेजी सरकार जनजातीय किसानों के विषय में सोच भी नहीं सकती थी। कम्पनी सरकार के छोटा नागपुर प्रवेश के एक दशक भीतर ही पंचपरगना घाटी में विद्रोह के स्वर सुनाई पड़ने लगे थे, जो 1831–32 में उग्रत्तम हो गये थे। यह पहला विद्रोह था जो तमाड़ की घाटी पार कर उरांवों के क्षेत्र छोटा नागपुर खास तक पहुँच गया था, तदन्तर पलामू में भी व्याप्त हो गया था। यह पहला जनजातीय विद्रोह था जिसकी जड़ में महाराजा के होने की बात कही गई थी और अनेक सरकारी कर्मचारी छुपकर विद्रोहियों का साथ दे रहे थे। कुछ इतिहासकारों ने इस विद्रोह को

अंग्रेजी सरकार के विरूद्ध जनजातीय स्वतंत्रता संग्राम की संज्ञा दी है। कुछ अंग्रेज अधिकारियों ने भी इस विद्रोह को स्वतंत्रता संग्राम कहा था। इस स्वतंत्रता संग्राम का बलिदानी नायक बुधु भगत था, जिसका शीश काटकर पिठौरिया शिविर भेजा गया था। ऐसी घटना कदाचित ही किसी इतिहास के पन्ने में उपलब्ध हो।

बिहार की दीवानी प्राप्त होने के पश्चात् ईस्ट इंडिया कम्पनी हर अगला कदम बहुत समझ–बूझ कर उठाती थी। कम्पनी का अपना कोई नहीं था, सर्वत्र शत्रु दिखलाई पड़ रहे थे। कम्पनी के अधीनस्थ अधिकारियों को निर्देश दिया गया कि अपने व्यवहार से शत्रु नहीं मित्र बनाओ। वरिष्ठ अधिकारियों की भी सजा देने की क्षमता कम कर दी गई थी। 1831–32 के विद्रोह का प्रतिफल यह निकला था कि जनजातियों के लिए दक्षिण–पश्चिम सीमान्त एजेन्सी की स्थापना जनजातीय हितों की रक्षा के लिए की गई थी। एजेन्सी का सर्वोच्च अधिकारी एजेन्ट थॉमस विलकिन्सन था। उसे इतना भी अधिकार प्राप्त नहीं था कि वह किसी अपराधी को 14 वर्ष की लम्बी सजा दे सके। कम्पनी सरकार अपने अधिकारियों को कम सजा देने का सुझाव देती थी। इसके विपरीत 1857 में कम्पनी अधिकारी पागलों के समान फांसी देने पर तुले थे।

1837 ई0 के कोल्हान अधिग्रहण के क्रम में थॉमस विलकिन्सन ने अनुभव किया कि उसे फांसी की सजा देने का अधिकार नहीं है, इससे उसका प्रशासन पंगु है। उसने इस संबंध में कलकत्ता कौंसिल को लिखा था। कम्पनी सरकार ने इस अधिकार से विलकिन्सन को सज्जित किया, यद्यपि सरकार चाहती थी कि इसका कम से कम उपयोग हो। विलकिन्सन ने पहली बार कोल्हान के पोटो सरदार और उसके दो साथियों को 1 जनवरी 1838 को फांसी पर लटका कर कम्पनी सरकार को नव वर्ष का उपहार दिया था। छोटा नागपुर में फांसी पर लटकाने की यह पहली घटना थी।

जिस कम्पनी सरकार ने थॉमस विलकिन्सन जैसे वरिष्ठ अधिकारी को मांगने पर फांसी देने के अधिकार से सज्जित किया था, ठीक 20 वर्ष बाद 1857 की जनक्रान्ति के दमन के लिए 1857 का अधिनियम XVII

पारित कर जिला स्तर के अधिकारियों को भी फांसी की सजा देने के अधिकार से सबल कर दिया था, जिससे हजारीबाग के अधिकारी सिम्पसन ने डोरंडा छावनी के सैनिकों को घायल, अपाहिज, बीमार सभी को रिकार्ड तोड़ फांसी की सजा दी थी। 1832 और 1857 के बीच कम्पनी सरकार ने छोटा नागपुर में एक रक्त–रंजित इतिहास बनाया था। 1857 के चतरा मैदान में अनेक अनाम शहीदों की समाधि देखी जा सकती है।

(डॉ0 दिवाकर मिंज)

पृष्ठभूमि

''शहीद' एक गरिमामय शब्द है। यह जिस मृतक के नाम के साथ जुड़ जाता है, वह जीवित हो जाता है, इतिहास के पृष्ठों में अमर हो जाता है।' इतने महत्वपूर्ण विषय पर विद्वानों ने सूक्ष्म चिन्तन नहीं किया है और आज तक 'शहीद' शब्द की सर्वमान्य परिभाषा विकसित नहीं हो पाई है। विभिन्न शब्द–कोषों में शहीद शब्द की व्याख्याएँ दी गई हैं किन्तु वे भी कोई ठोस स्वरूप प्रदान करने में अक्षम हैं। स्थूल रूप में कहा जा सकता है कि 'जो व्यक्ति अपने देश, जाति या धर्म की रक्षा में अपने प्राण का बलिदान करता है 'शहीद' कहलाता है।' शहीद शब्द की गरिमा बनाए रखने के लिए इसे परिभाषित एवं निश्चित करना आवश्यक है, अन्यथा अतिक्रमित होने के कारण शब्द सर्वसुलभ हो जाएगा और पग–पग पर शहीद दिखलाई पड़ने लगेंगे। देखा गया है कि देश या समाज विशेष का जन–मानस 'शहीद' शब्द की परिभाषा से, इसकी सीमाओं से, अनभिज्ञ रहते हुए भी स्वतः एक मानक विकसित कर लेता है और जो शहीद होता है, उसे पूज्य मान लेता है तथा शेष के प्रति उदासीन रहता है या सीधे अस्वीकार कर देता है।

संयुक्त राज अमेरिका के राष्ट्रपति अब्राहम लिंकन एक उदाहरणीय प्रमाण हैं। उस समय अमेरिका काले–गोरे की रंग–भेद की भावना से आक्रान्त था। अमेरिकी नीग्रो से घृणा करते थे तथा उन्हें एक अमेरिकी नागरिक के रूप में स्वीकारने को तैयार नहीं थे। गोरों के स्कूल में काले बच्चे नहीं बैठ सकते थे। इसी प्रकार गोरों का अलग एवं कालों का अलग रेस्तरां होता था। गोरों की बस्ती में काले नहीं बस सकते थे।

अब्राहम लिंकन इस विभेद को समाप्त करने के लिए दृढ़ संकल्प थे, जिसे गोरे नहीं पसंद करते थे। परिणाम स्वरूप गोरे लिंकन की जान के दुश्मन हो गए थे। अमेरिका को रंग–भेद के रोग से मुक्त कराने के प्रयास में दृढ़ लिंकन की हत्या कर दी गई।

संयुक्त राज अमेरिका के एक अन्य राष्ट्रपति जॉन एफ केनेडी की भी हत्या सैद्धान्तिक मतभेद के कारण की गई थी। वह भी नीग्रोओं के पक्षधर थे तथा अमेरिका के नव–निर्माण में नीग्रों का सहयोग आवश्यक मानते थे। दूसरे शब्दों में कहा जा सकता है कि राष्ट्रपति केनेडी ने देश के हित में अपने प्राण की बलि दे दी। किन्तु अमेरिकी जन–मानस ने अब्रांहम लिंकन को देश के एक शहीद के रूप में प्रतिष्ठित किया।

भारतीय पृष्ठभूमि में महात्मा गांधी, इंदिरा गांधी एवं राजीव गांधी की हत्याएँ सैद्धान्तिक मतभेद के कारण हुई थीं। महात्मा गांधी जो हिन्दू–मुस्लिम एकता के लिए प्रयत्नशील थे तथा जहाँ तक हो सकता था भारत सरकार पर दबाव डालते थे कि वह पाकिस्तान को छोटा भाई मानकर उसकी सहायता करें। नाथूराम गोडसे एवं उसके सहयोगियों का विश्वास था कि गांधी जब तक जीवित रहेंगे पाकिस्तान एवं मुसलमानों को भारतीय सरकार हिन्दूओं के मूल्य पर तुष्ट करते रहेंगे। अतः गांधी जी की हत्या कर दी गई।

इन्दिरा गांधी की हत्या गुरूद्वारा एवं सिख संबंधी नीति के कारण की गई थी। इस प्रकार इन्दिरा गांधी का बलिदान उद्देश्य विशेष की रक्षा के कारण हुआ था। राजीव गांधी तमिल विरोधी नीतियों के कारण मारे गए थे। अतः इस मृत्यु को भी बलिदान की संज्ञा दी जा सकती है। किन्तु भारतीय जनमानस ने महात्मा गांधी को 'शहीद' के रूप में प्रतिष्ठित किया है। यद्यपि इन्दिरा गांधी एवं राजीव गांधी भी अपने सिद्धांतों की रक्षा में बलिदान हुए थे और उन्हे सम्मान भी प्राप्त हुआ था।

'शहीदों के रूप में सबसे अधिक विविधता झारखण्ड के शहीदों के साथ दिखलाई पड़ती है। जो शहीद शब्द की किसी भी परिभाषा को

नकारते हैं किन्तु झारखण्डी जनमानस में शहीदों के रूप में प्रतिष्ठित हैं। बिरसा मुंण्डा जो झारखण्ड के सर्वोपरि प्रतिष्ठित एवं प्रचारित शहीद हैं, न वे फांसी चढ़ाये गए थे और न किसी गोली के शिकार हुए थे। सरकारी विवरणों के अनुसार उनकी मृत्यु जेल में हैजा के कारण हुई थी।' कुछ लोगों का मानना है कि बिरसा मुण्डा की विष दे कर हत्या की गई थी। बिरसा की जेल में मृत्यु की ये दोनों परिस्थितियाँ बिरसा के शहीद होने की स्थापना में अक्षम हैं फिर भी बिरसा शहीद हैं। झारखण्ड के जनमानस ने बिरसा मुण्डा को सर्वाधिक प्रतिष्ठित शहीद के रूप में स्वीकार एवं सम्मानित किया है।

मृत्यु की परिस्थितियों एवं पृष्ठभूमि का सूक्ष्म विश्लेषण करने से यही निष्कर्ष निकलता है कि अन्य बिन्दुओं के साथ–साथ सम्बंधित जनमानस की सहज स्वीकृति एक आवश्यक बिन्दु है जो झारखण्ड के शहीदों को न्यूनाधिक उपलब्ध है।

झारखण्ड के संदर्भ में

भारतीय स्वतंत्रता संग्राम में प्राणों की आहुति देने वाले वीर शहीदों में कुछेक नाम, भारतीय इतिहास के पृष्ठों में स्वर्णाक्षरों में अंकित हुए हैं किन्तु अधिकांश नाम गुमनामी के शिकार हुए हैं। गुमनामी के ऐसे शिकार शहीदों में झारखण्ड के कुछ शहीदों का नाम प्रमुखता से उभरता है, जिनके त्याग और बलिदान को इतिहासकारों ने उसी प्रकार उपेक्षित रखा है जिस प्रकार उन्होने झारखण्ड एवं यहाँ की जनजातियों के इतिहास को नजर–अन्दाज किया है। अंधकार में पड़ी ये जनजातियाँ ऐसी हैं जिनका ना कोई इतिहास लिखा गया है और ना ही जिनकी संतान ने कभी अपने पुरखों की गौरव–गाथाएँ ही पढ़ी हैं। यह सच है कि सामग्री–स्रोतों के अभाव में झारखण्ड एवं यहाँ की जनजातियों का इतिहास लेखन एक अपराजेय चुनौती बनी हुई है। यही कारण है कि हमारे अनेक इतिहास–पुरूष, गुमनामी के अंधेरे में खो चुके हैं।

इतिहास–लेखन एक दुष्कर कार्य है। यह कार्य और भी दुष्कर हो जाता है जब किसी ऐसी जनजाति के इतिहास लेखन का प्रश्न उठता

है जिसकी ऐतिहासिक धरोहर, मौलिक स्थूल वस्तुओं अर्थात् पुरात्विक सामग्रियों में निहित न होकर, लोक–गीतों, परम्पराओं, लोक–गाथाओं, अनुश्रुतियों, अवदानों आदि में निहित है। ये जन–जातियों के प्रकृत साहित्य हैं, वेद हैं, पुराण हैं, अर्थात् ऐसे तथ्य एवं विचार हैं जो जन–जीवन के प्रत्यक्ष साक्ष्यों से उगे और जन–वाणी द्वारा प्रकाशित हुए। ये तथ्य एवं विचार अनेक पीढ़ियों तक अलिखित रहे और मौखिक रूप से श्रुतजीवी होकर पीढ़ी दर पीढ़ी हस्तांतरित होते रहे। इनमें सृष्टि का उदय, जाति का विस्तार, असुर अवदान, असुरों पर मुण्डाओं की जीत, उरांव महिलाओं की वीर–गाथा आदि भरे पड़े हैं। इन गाथाओं एवं गीतों का ऐतिहासिक महत्व है क्योंकि ये तत्कालीन जीवन पर प्रकाश डालती हैं। शरत चन्द्र राय ने श्रुतजीवी साहित्य को अर्द्ध–ऐतिहासिक प्रमाण माना है।[1] इनसे यह स्पष्ट होता है कि स्वशासन का जीवन जीने वाली जनजातियाँ कभी भी अर्द्ध–सभ्य, हत्यारे, डकैत या रक्त–पिपासु नहीं थीं, जैसा यूरोपीय लेखकों ने उन्हें चित्रित किया है।

उपरोक्त संदर्भ में विचारणीय है कि इतिहासविदों ने भौतिक–स्थूल–साक्ष्य समर्थित पुरातात्विक प्रमाणों के आधार पर जिन तथ्यों को ऐतिहासिक सत्य माना है वे आज संदेह के घेरे में आ चुके हैं। नए तथ्यों के अनावृत्त होने से इतिहास पुनर्लेखन की मांग बलवती होती जा रही है। इन परिस्थितियों में जब कहीं कुछ टिकाऊ सत्य नहीं है तो छोटा नागपुर एवं यहाँ की जनजातियों के संदर्भ में श्रुतजीवी लोक–साहित्य किसी लिखित वेद, पुराण के अभाव को पूरा कर सकते हैं। उसके अतिरिक्त अन्य कोई विकल्प भी शेष नहीं रह जाता। इसी साहित्य को यदि लिपिबद्ध कर दिया जाए तो आने वाली पीढ़ियों के लिए ये ही वेद–पुराण होंगे, ठीक उसी प्रकार जैसे वेद, संहिताएँ एवं पुराण पहले श्रुतजीवी थे और बाद में लिपिबद्ध होकर जीवित प्रमाण बने। लोक–साहित्य में ही हमारे अतीत की गौरवगाथाएँ एवं इतिहास–पुरूषों के बलिदान सुरक्षित हैं। जिन्हें उद्घाटित करने के प्रयास में झारखण्ड के शहीदों के स्वतंत्रता आन्दोलन की घटनाओं को स्मरण करना मेरा धर्म है।

वस्तुतः महाराजा के हिन्दूकृत हो जाने से तथा बाहर से हिन्दूओं को बुलाकर नागपुर में बसाने से वे जनजातियों की जमीन पर सवार हो गए। यही नहीं ठेकेदार, महाजन एवं सरकारी अमला भी आदिवासियों की जमीन से उन्हें बेदखल करने लगे। न केवल जनजातियों से उनके जीने का आधार उनसे छीना जा रहा था अपितु, उनके शोषण के अनेक तरीके भी निकल आये थे। आदिवासियों की बेटी–बहनों की इज्जत खतरे में आ गई थी। इनकी रक्षा के लिए जब जनजातियाँ हाथ में हथियार लेकर उठ खड़ी होती हैं तो उन्हें विद्रोही, डकैत या हत्यारा कहा जाता है, उन्हे सेना से कुचला जाता है।[2]

12 अगस्त 1765 ई0 को शहंशाह शाहआलम (द्वितीय) द्वारा ईस्ट इण्डिया कम्पनी को, बंगाल, बिहार तथा उड़ीसा की दीवानी सौंपने के साथ–साथ झारखण्ड का इलाका भी अंग्रेजों के आधीन आ गया था। इस पठारी–जंगली क्षेत्र से उनका संबंध नाम मात्र का था। कंपनी सरकार 6–7 वर्षों तक इस क्षेत्र के प्रति उदासीन रही थी। ईस्ट इंडिया कंपनी जो एक व्यावसायिक कंपनी थी, इस क्षेत्र के प्रशासन को हाथ में लेना घाटे का सौदा मानती थी क्योंकि उस काल में आज की तरह न औद्योगिक क्रान्ति हुई थी और न ही खान–खनिज और उद्योगों का महत्व उभर कर आया था और ना ही झारखण्ड की जमीन को उर्वरक माना जाता था। अतः भूमि लगान द्वारा अर्जित आय यहाँ नगण्य थी और इस क्षेत्र की व्यवस्था पर होने वाले खर्च उक्त आय से कई गुना अधिक पड़ता था। झारखण्ड जनजातियों का देश है और यूरोपीय इतिहासकारों के अनुसार उस समय की जनजातियाँ अर्द्धसभ्य, हत्यारी, एवं डकैत थी।[3] इन्हें नियंत्रण करना एक कठिन एवं खर्चीला काम था।

इसके अतिरिक्त लगान के रूप में इस इलाके से नाम मात्र की आय की संभावना थी। यह एक विडम्बना ही है, कि आज की रत्नगर्भा धरती और देश का संभवतः सबसे धनी राज्य कभी झाड़–झंखाड़, जंगल, पहाड़, पठार, घाटी–युक्त धरती कभी इतनी गरीब थी कि लगान तक देने में असमर्थ थी। यहाँ तक कि क्षेत्रों से मिलने वाली लगान की आय से यहाँ के प्रशासनिक व्यय की भरपाई भी संभव नहीं थी। अभी ईस्ट इंडिया

कंपनी शनैः–शनैः अपना पैर जमा रही थी। ऐसी परिस्थिति में झारखण्ड की ओर ध्यान देना मुश्किल कार्य था।

कैण्टन जेकब कैमेक पहले प्रभावशाली अंग्रेज अधिकारी थे जिन्होंने 1771 ई0 में पलामू की गद्दी पर अपना आदमी बैठाया। 1772 ई0 में उन्होंने नागपुर के राजा द्रिपनाथ शाही को कंपनी सरकार का वसाल बनाया और कंपनी को क्षेत्र की सामरिक उपयोगिता से भी परिचित कराया। कैमेक ने पटना परिषद् को लिखा[4] कि उड़ीसा एवं निकटवर्ती क्षेत्रों में भोंसले मराठाओं का दबदबा था और वे लूट–पाट करने के पश्चात् इन्हीं जंगलों की ओट लेकर वापस आ जाते थे। अतः कैप्टन कैमेक ने छोटा नागपुर में रूचि ली थी। कैमेक के अनुसार क्षेत्र का प्रशासन हाथ में ले लेने से यह क्षेत्र मराठाओं के विरूद्ध सुरक्षा प्राचीर या नाकेबंदी का काम करेगा। यह दक्षिण जाने का मार्ग भी प्रशस्त करेगा। कैप्टन कैमेक का सुझाव पटना परिषद् ने उचित ठहराया और तदनुसार झारखण्ड के छोटा नागपुर का प्रशासन पूरी तरह अंग्रेजों के हाथ में आ गया तथा बिहार–बंगाल जैसे मैदानी क्षेत्र के लिए बनाए गए जटिल कानून बिना सोचे–विचारे जनजातियों पर थोप दिए। क्लिष्ट कानूनी प्रक्रिया, वकील, अदालत, कर्मचारी तथा चतरा जिला तक की दौड़ से अपरिचित आदिवासी क्रमशः अन्याय के शिकार होने लगे। जनजातीय पट्टी–पहड़ा परंपरा में न्याय उसके द्वार पर उपलब्ध था, कोई भेद नहीं था।

यह एक विचारणीय बिन्दु है कि छोटा नागपुर में अंग्रेजों के पांव पड़ते ही जनजातीय विद्रोहों का सिलसिला प्रारम्भ हो गया था। छोटे–मोटे विद्रोहों के अतिरिक्त 1789 ई0 का तमाड़ विद्रोह पूरे मुण्डा क्षेत्र में फैल गया था जिसे दबाने के लिए ले0 कूपर को सेना का उपयोग करना पड़ा था। 1783 के बाद 1794, 1807–08, 1819–20 और अन्ततः 1831–32 का जनजातीय विद्रोह, जो अपने चरम पर पहुँच गया था और जिससे कम्पनी सरकार की नींव कांपने लगी थी। 1831–32 के विद्रोह पर टिप्पणी करते हुए पत्रकार जैक्युरी ने लिखा है कि यह विद्रोह सरकार के विरूद्ध नहीं था अपितु जमींदारों के विरूद्ध उन पर किए गए अत्याचारों

का बदला लेने के लिए किया गया था।[5] सत्ता पक्ष का तर्क एक पक्षीय था। ये जमींदार या इनके बाप–दादा मुगल काल में भी थे और जनजातियाँ भी थीं, किन्तु इनके बीच किसी विद्रोह की सूचना, वर्णन या दृष्टान्त नहीं है। तात्पर्य यह कि ये जनजातीय विद्रोह, अंग्रेजी शासन प्रणाली के विरूद्ध थे। यद्यपि जमींदारी अत्याचार को नकारा नहीं जा सकता। वस्तुतः मुगलकाल में पटना या दिल्ली शासन मात्र मालगुजारी से मतलब रखता था तथा आन्तरिक प्रशासन में कोई हस्तक्षेप नहीं करता था। परिणाम स्वरूप मुण्डा एवं उरांव अपने पारम्परिक पट्टी–पड़हा स्वशासन में स्वतंत्रता पूर्वक जीवन–यापन कर रहे थे और किसी प्रकार का जनजातीय विद्रोह नहीं हुआ था। यह स्वशासन ब्रिटिश काल में समाप्त हो गया था और जनजातियाँ गुलामी की पीड़ा सहकर "स्वशासन" के लिए उठ खड़ी हुई थीं। मुगलकाल एवं अंग्रेजी शासन के बीच यह एक महत्वपूर्ण अन्तर था।

झारखण्ड की भू–व्यवस्था ने यहाँ के जनजातीय इतिहास को एक अच्छी सीमा तक प्रभावित किया है। मुण्डा एवं उरांवों के पूर्वजों ने सामने विस्तृत असीम वनों को साफ कर अपने रहने और कृषि के लिए मनचाही जमीन निकाली थी। कालान्तर में एक पूर्वज के वंशजों की संख्या बढ़ते–बढ़ते वृहत हो गई तो गाँव विकसित हुआ था। खेती की जमीन पूरे गाँव की थी। सब साथ खेती करते थे और उपज परिवारों में विभक्त हो जाती थी। तदन्तर एक नई व्यवस्था विकसित हुई कि फसल कट जाने के पश्चात् सामान्यतः मई माह में ग्राम–प्रधान अर्थात् गाँव का मुण्डा गाँव के प्रत्येक परिवार के वरिष्ठ पुरूष सदस्य को एकत्रित करता था और खेतों का सीमान्तिक भाग प्रत्येक परिवार को दे दिया जाता था। मई माह में परिवार के सभी वरिष्ठ सदस्यों के सामने सीमान्तिक जमीन के टुकड़े से एक मुट्ठी मिट्टी लेकर जिस वरिष्ठ को दिया जाता था उसका परिवार अगले मई तक उस खेत को जोतता था और उसकी उपज लेता था। सारी जमीन गाँव की होती थी। बार–बार एक ही भू–भाग पर यदि कोई परिवार लगातार खेती करता था तो क्रमशः वह भू–भाग परिवार विशेष की एक निजी सम्पति के रूप में विकसित हो जाता था।

शताब्दियाँ बीत गईं और पट्टी पड़हा ने अपने लिए, अपनों में से एक सशक्त राजा चुन लिया।

राजा का एक रूतबा होता था। मूल प्रजा से विलग राज–परिवार क्रमशः क्षत्रिय बन गया और राज परिवार में आने वाले ब्राह्मणों ने ''पुण्डरीक'' की कथा से राज परिवार को सन्नद्ध कर उन्हें पूरी तरह हिन्दूकृत कर दिया। राजा–प्रजा में बहुत बड़ी दूरी हो गई। राजा ने नागपुर में हिन्दूओं को बसाना प्रारम्भ कर दिया था।

1628 ई0 में दिल्ली से दुर्जन साल की वापसी के पश्चात् राजवंश की काया–पलट हो गई। ठेकेदार एवं महाजन भी जनजातीय घाटी पर पनपने लगे। ये सभी जनजातियों की धरती पर बसे थे और उनके शोषण के कारण भी हुए थे। लार्ड कार्नवालिस द्वारा जमींदारों को प्रदत्त ''स्थायी बन्दोबस्ती'' का अधिकार मूल–वासियों के लिए घातक सिद्ध हुआ था। जनजातीय परम्परा के अनुसार जमींदार रैयतों का लगान नहीं बढ़ा सकता था और जब तक रैयत नियमित लगान देता आ रहा है उसे जमीन से बेदखल नहीं किया जा सकता था।

कम्पनी सरकार समर्पित जमींदारों का बैठ–बेगारी कराने का अधिकार शोषण का मुख्य कारण था। इसके अतिरिक्त जनजातियों पर लगाए गए सात घृणित कर थे।[6] विद्रोह काल में शत्रुओं के शरीर पर प्रति कर एक चीरा लगाते थे। इन करों के अतिरिक्त थाने का दरोगा, सरकारी अमला, धूर्त वकील ये सभी शोषण के प्रतीक बन गए थे। विद्रोह के उपरान्त सरकारी अधिकारियों ने अनुमान किया कि जमीन का स्वामित्व निश्चित न रहने से बाहरी लोग जनजातीय जमीन अपहृत करने में सफल हो रहे थे।[7] अतः श्री दास हाल्दर को प्रथम विशेष आयुक्त नियुक्त किया गया कि वह जमीन का एक रजिस्टर तैयार करें जिसमें जमीन संबंधी सभी जानकारी लिखित हो। यह एक वृहद और समय लेने वाला काम था, किन्तु जनजातियों के हित में था। अनेक बाधाओं के कारण यह काम गति न पकड़ सका और विद्रोहों का सिलसिला जारी रहा।

झारखण्ड के छोटे–छोटे विद्रोहों को छोड़ दिया जाए तो मुख्य विचारणीय विद्रोह या आन्दोलन इस प्रकार थे–

(क)– स्थानीय विद्रोह

(ख)– जनजातीय विद्रोह 1831–32

(ग)– संताल हुल 1855–56

(घ)– स्वतंत्रता संग्राम 1857

(ड़)– बिरसा आन्दोलन 1895–1900

(च)– ताना भगत आन्दोलन 1914..........

(क) स्थानीय विद्रोह

स्थानीय विद्रोह क्षेत्र विशेष तक सीमित थे तथा उनका उद्‌देश्य स्थानीय कामों तक जुड़ा हुआ था तथा ये बदला लेने की भावना से विद्रोह करते थे। रांची के दक्षिण एवं पूर्वी क्षेत्रों में निर्वासित मुण्डा इसके प्रमाण हैं। ये मुण्डा मुख्यतः जमींदार एवं ठेकेदारों से पीड़ित थे तथा उन्हें अपने देश (मुण्डा देश) से उखाड़ फेंकना चाहते थे। 1797 से 1799 तक सोनपुर, तमाड़, राहे, बनता हजाम एवं सिंहभूम आदि क्षेत्र रह–रहकर कर आन्दोलित हो उठते थे। 1807–1809 के बीच मुण्डाओं पर अत्यधिक अत्याचार हुए थे जिसमें न केवल जमींदार अपितु महाराजा के आदमियों ने भी भाग लिया था। 1819–20 का विद्रोह कुछ विस्तृत था और उसे झारखण्ड के इतिहास में विद्रोह का नाम दिया गया है।

स्थानीय विद्रोह मुख्यतः ठेकेदारों एवं जमींदारों तथा महाजनों के शोषण एवं उत्पीड़न के विरूद्ध मुण्डाओं का संगठित आक्रोश का प्रदर्शन था जिसे पुलिस या सेना की सहायता से दबा दिया गया था। स्थानीय विद्रोह की चिंन्गारी जब सीमा पार कर जाती थी तो वह सरकार के लिए चुनौती बन जाती थी, जनजातीय विद्रोह 1831–32 में ऐसा ही हुआ था। विद्रोह सीमा पार कर गया था।

(ख) छोटा नागपुर का जनजातीय विद्रोह 1831–32

छोटा नागपुर का जनजातीय विद्रोह 1831–32 जिसे इतिहासकार

प्रथम जनजातीय स्वतंत्रता संग्राम[8] की संज्ञा देते हैं, स्थानीय विद्रोह के रूप में ही प्रारंभ हुआ था, जब 11 दिसंम्बर 1831 को सोनपुर के मुण्डा एक ठेकेदार मोहम्मद अली के कुछ पशु हांक लाए थे। दूसरा प्रयास 20 दिसम्बर को हुआ था जब लगभग 700 मुण्डाओं के एक दल ने ठेकेदारों पर आक्रमण किया था, उनके घर जला दिए गए थे। इस प्रकार घाटी में मुण्डाओं ने आतंक बना रखा था, विद्रोह की यह चिन्गारी घाटी पार कर उरांवों के क्षेत्र में पहुँच गई। उरांव, जो मुण्डाओं जैसी पीड़ा भोग रहे थे, अंग्रेजी शासन के विरूद्ध उठ खड़े हुए। क्रमशः इस विद्रोह को परोक्ष या प्रत्यक्ष रूप में जमीदारों का संरक्षण प्राप्त हुआ था। महाराजा जगरनाथ शाही का संरक्षण इन सेनानियों को प्राप्त था। इस स्वतंत्रता संग्राम को कुछ सरकारी कर्मचारियों ने भी अपना सहयोग दिया था। लेसलीगंज स्थित कार्यालय में कार्यरत कानूनगो गौरीचरण तथा शेरिस्तेदार आलम चंद गलत सूचनाएँ देकर सरकारी सेना को पहाड़ियों एवं घाटियों में भटकाते रहते थे। इससे विद्रोहों को लाभ पहुँचा था और सरकारी सेनाओं को हानि पहुँची थी। कैप्टन नींगव ने इन दोनों कर्मचारियों की धोखा धड़ी को पकड़ा था। इसी प्रकार तिस्सा घाट के घटवाल चमरशाही ने आते हुए विद्रोहियों का स्वागत किया और अंग्रेजी सरकार से पलटकर स्वतंत्रता सेनानियों से मिलकर उनका नेतृत्व संभाला। विद्रोहियों ने नागपुर का पठार पार करते हुए जब पलामू जिले में प्रविष्ट किया था, तब विद्रोहियों का लक्ष्य जमींदार और ठेकेदार न होकर अंग्रेजी सरकार को उखाड़ फेंकना हो गया था। वस्तुतः मुण्डा क्षेत्र से मध्य जनवरी 1832 में विद्रोह उरांवों के बीच आ गया था और यहाँ से विद्रोह की प्रकृति क्रमशः अंग्रेजी शासन से मुक्त हो गई थी। चार्ल्स मेटकाफ जो गर्वनर जनरल कौंसिल में उपाध्यक्ष ने स्पष्ट शब्दों में इस विद्रोह को स्वतंत्रता संग्राम कहा था जो अंग्रेजी सरकार को अपनी धरती से उखाड़ फेंकना चाहते थे।[9]

तीन चरणों में विकसित यह विद्रोह यद्यपि मुण्डाओं द्वारा स्थानीय ठेकेदार मोहम्मद अली से बदला लेने के रूप में प्रारंभ हुआ था, किन्तु उरांवों के क्षेत्र तक पहुँच कर इस विद्रोह का स्वरूप 'स्वतंत्रता संग्राम हो गया था और इस विद्रोह के स्वरूप को एक परिवर्तित दिशा देने का श्रेय

बुधु भगत को जाता है। 13 फरवरी 1832 को बुधु भगत की मृत्यु के उपरान्त यह विद्रोह निर्जीव सा हो गया था।

(ग) संताल–हुल

संताल को मुण्डा जनजाति संवर्ग विद्वानों ने माना है अर्थात् मुण्डा से टूट कर संताल जनजाति बनी है। उरांव एवं मुण्डा की उत्पत्ति का स्थान तथा झारखण्ड तक प्रवजन मार्ग की कई विद्वानों ने विस्तृत चर्चा की है। स्मिथ, हट्टन तथा डाल्टन जैसे विद्वानों ने चीन के 'यूवान' नामक स्थान से मंगोल तथा कश्मीर होते हुए, बिहार के रोहतास और पुनः सहर दर्रा की घाटी पार कर पलामू होते हुए राँची के ओमेडंडा नामक स्थान पर मुण्डाओं ने पड़ाव डाला। वहाँ से एक दल राँची आ गया और मुण्डा कहलाया तथा दूसरा दल शिखरभूम (वर्तमान में हजारीबाग) की ओर बढ़ गया और वह संताल कहलाया।

संथाल परगना में बसने वाली जनजातियों में सबसे बाद में बसने वाली जनजाति संताल ही रही है। यह जनजाति 1790–1810 के बीच विभिन्न क्षेत्रों से चलकर संताल परगना पहुँची थी और यहाँ के वनों को काट कर कृषि योग्य जमीन बनाई थी, किन्तु साफ की गई जमीन के स्वामी नहीं हो पाये थे, जिस प्रकार मुण्डा एवं उरांव भुंईहर बने थे। वस्तुतः संताल परगना में जमींदार पहले आ बसे थे और संताल बाद में आए। इन्हें जमींदारों नें मजदूरी देकर अपने अधिकार का जंगल साफ कराया था। परिणाम स्वरूप संताल मजदूर हो गये और जमींदारों का जंगल अपना हो गया। बहुत कम संतालों के पास अपनी जमीन थी। ये मेहनत मजदूरी करके अपना परिवार चलाते थे। छोटा नागपुर के किसानों से इनकी स्थिति भिन्न थी।

संतालों को जमींदारों की अपेक्षा महाजनों के शोषण का शिकार होना पड़ा था। कभी काम न मिला तो इन्हें महाजनों से कर्ज लेना पड़ता था। चूंकि इनके पास जमीन नहीं होती थी अतः कर्ज के लिए इन्हें स्वयं को बंधक रखना पड़ता था। इस प्रकार शोषण की प्रक्रिया चलती रहती थी। उस समय सरकार द्वारा रेल लाइन बिछाने का काम एक वृह्द स्तर पर

चल रहा था। अनेक संताल बीवी–बच्चों सहित, रेल मजदूरी का काम करते थे और पैसा कमाकर अपनी जमीन खरीदते थे।

महाजन के अतिरिक्त छोटे सरकारी कर्मचारी एवं पुलिस भी उत्पीड़न के कारण थे। संतालियों के साथ न्याय नहीं होता था। सभी संताल तत्कालीन अंग्रेजी शासन से क्षुब्ध थे। ऐसी ही पृष्ठभूमि में भगनाडीह गाँव में सिद्धू और कान्हू का उदय हुआ। कहा जाता है कि एक दिन सिद्धू और कान्हू बैठे संतालों की तत्कालीन उत्पीड़ित परिस्थितियों पर विचार–विमर्श कर रहे थे तथा सभी का मूल कारण अंग्रेजी सरकार को मान रहे थे कि उनके सम्मुख संतालों के प्रमुख देवता मरंग–बुरू साक्षात् प्रकट हुए तथा उन्हें आदेश दिया कि अपना (संतालों का) राज स्थापित करो।

शनैः–शनैः मरंग–बुरू का प्रकट होना तथा राज स्थापित करने की घटना चारों ओर फैल गई। 30 जून 1855 को पूर्णिमा की रात संतालियों की एक सभा बुलाई गई। लगभग दस हजार संताली एकत्रित थे। अन्य बातों के साथ–साथ संताल राज की घोषणा की गई। इस प्रकार संताल जनमानस में संताल राज, अपना राज पूरी तरह समा गया। संताल राज के प्रथम राजा के रूप में सिद्धू को पूरी सभा ने स्वीकारा। इसी प्रकार सेनापति के लिए कान्हू का नाम स्वीकारा गया। इनके अतिरिक्त सबाह, नायब तथा दारोगाओं की भी नियुक्ति की घोषणा की गई। एक व्यवस्थित सरकार का रूप देने का प्रयास किया गया।

राह में पड़नेवाले जमींदारों एवं महाजनों की हत्या करते हुए ये लोग कलकत्ता की ओर बढ़ रहे थे। पहले इनका विरोध किसी स्तर पर नहीं हुआ। सितम्बर के अंत में इनके साथ कुछ और संताल आ गए। माह के अंत तक इनका शासन पूरे संताल–देश पर व्याप्त था। देवघर से लेकर दक्षिण–पश्चिम सीमा तक के क्षेत्र विद्रोहियों के प्रभाव में थे।[10] ठंडक बढ़ने तथा रसद की कमी के कारण विद्रोहियों को 2–2 दिन तक भूखा रह जाना पड़ता था। कुछ अनुयायी बीमारी से तड़प रहे थे। इस बार ब्रिटिश सैनिकों ने उनका पीछा किया और अधिकांश संताल निकट की पहाड़ियों और वनों में विलुप्त हो गए। इनमें कान्हू भी था जो उपखन्दा

में कुन्ज्रा के घटबाल द्वारा गिरफ्तार कर लिया गया। सिद्धू भी पकड़े गए। दोनों भाईयों को फांसी दे दी गई। उन्होनें संताल परगना में अपना राज स्थापित करने का प्रयास किया था।

(घ) स्वतंत्रता संग्राम 1857

1857 का स्वतंत्रता संग्राम अखिल भारतीय स्तर पर आयोजित एक सशक्त कार्यक्रम था किन्तु असंगठित तथा असम्बद्ध होने के कारण सारा प्रयास टुकड़ों में बँट गया और शहीदों का एक इतिहास बन कर रह गया। झारखण्ड में भी सैनिकों ने अपना हथियार उठा लिया था और अंग्रेज अधिकारी अपनी कुर्सी छोड़कर किसी सुरक्षित स्थान की शरण में चले गए थे। हजारीबाग छावनी के सैनिक 30 जुलाई को छावनी से बाहर आ गए तथा दोनों जेल के कैदियों को मुक्त कर दिया गया था।

इधर लेफ्टिनेंट ग्राहम को आदेश दिया गया कि वह कुछ पैदल सैनिक, घुड़सवार तथा तोप लेकर हजारीबाग पहुँचे तथा सैनिकों से उनके हथियार जमा करा ले। किन्तु ले. ग्राहम अभी मार्ग में ही थे कि हजारीबाग के सैनिकों के विद्रोह का समाचार मिला। इस समाचार का गहरा प्रभाव माधो सिंह पर पड़ा। जिसके अधीन पैदल सैनिक थे तथा तोपों के प्रभारी नादिर अली खां भी प्रभावित हुए जो तुरंत डोरण्डा छावनी पहुँच जाना चाहते थे।

डोरण्डा छावनी के सैनिकों ने भी विद्रोह कर दिया। माधो सिंह के अतिरिक्त भागलपुरिया जयमंगल पाण्डेय का भी सैनिकों पर अच्छा प्रभाव था। वस्तुतः डोरण्डा छावनी के सैनिक तीन भागों में विभक्त थे, एक माधो सिंह दूसरा भागलपुरिया जयमंगल पाण्डेय एवं तीसरा सामान्य सैनिक। सैनिकों ने ठाकुर विश्वनाथ शाहदेव को प्रमुख के रूप में प्रतिष्ठित किया और पाण्डेय गणपत राय सेनापति बनाए गए, जो कभी महाराजा नागपुर के दीवान थे।

ठाकुर विश्वनाथ शाहदेव की अध्यक्षता में एक सभा बुलाई गई जिसमें आगे का कार्यक्रम निश्चित करना था। सभा अनियंत्रित थी तथा

सिपाही अनुशासनहीन थे। सभा में दो प्रस्ताव प्रमुख रूप से सामने आये। जयमंगल पाण्डेय पक्ष के लोगों का विचार था कि रास्ते में पड़ने वाली छावनियों से सैनिकों को अपने में सम्मिलित कर, कलकत्ता की ईस्ट इंडिया कम्पनी के कार्यालय को घेर लिया जाए और अधिकारी को बंधक बना लिया जाए। वर्तमान परिस्थितियों में कलकत्ता का महत्व दिल्ली से कम नहीं था। जयमंगल पाण्डेय इसी पक्ष के थे।

दूसरा प्रस्ताव कुँवर सिंह की सेना में सम्मिलित होना था। काफी शोर–शराबा व हंगामें के पश्चात् जयमंगल पाण्डेय को कुँवर सिंह के लिए मना लिया गया।

10 सितम्बर 1857 को डोरण्डा छावनी छोड़कर सैनिकों का दल कुँवर सिंह से मिलने निकल पड़ा। पाण्डेय गणपत राय ने कुली और रसद का दायित्व लिया था जिसे वह ठीक से पूरा न कर सके थे। स्वतंत्रता सेनानियों को स्थानीय व्यापारियों से अपेक्षित सहयोग नहीं मिल पा रहा था। चतरा में भी यही स्थिति थी। व्यापारियों ने अपने दरवाजे बन्द कर रखे थे और सैनिक दो दिनों से भूखे थे। ठाकुर विश्वनाथ शाहदेव हटिया जाकर वहाँ से कुछ पैसे लाने की बात सोच रहे थे कि मेजर इंगलिश के नेतृत्व में अंग्रेजी सेना चतरा पहुँच गयी। इस सेना में सिखों की प्रधानता थी। 1 अक्टूबर को प्रातःकाल अंग्रेजी सेना ने, जिनकी संख्या स्वतंत्रता सेनानियों से कम थी, 900 गज की मारक क्षमता वाली एनफिल्ड बन्दूकों के साथ स्वतंत्रता सेनानियों को घेर लिया।

स्वतंत्रता सेनानी पराजित हुए, कुछ शहीद हुए, कुछ घायल होकर जंगल की ओर बच निकलने की कोशिश में थे और कुछ ने समय की पहचान करते हुए मैदान पहले ही छोड़ दिया था। 2 अक्टूबर को मैदान में 77 सैनिकों का शव पाया गया। जमीन में एक बड़ा गड्ढा खोदकर स्वतंत्रता सेनानियों के शव दफना दिये गये।

इनके अतिरिक्त हजारीबाग के उपायुक्त सिम्पसन 5 रूपया प्रति सिर की दर से पारिश्रमिक देकर, घायल, तड़पते हुए, चलने से लाचार सैनिकों को पकड़वाता था और अधिनियम XVII, 1857 का लाभ उठाते

हुए उन्हे फांसी पर लटकवा देता था। पांच मिनट में सिम्पसन तुरंत मुकदमा, तुरंत फांसी का खेल खेल रहा था। सिम्पसन क्रूरता की सीमा पार कर चुका था। झारखण्ड के इतिहास में इन अनाम शहीदों का भी स्थान है। स्वतंत्रता संग्राम में भाग लेने के आरोप में ठाकुर विश्वनाथ शाहदेव, पाण्डेय गणपत राय तथा टिकैत उमरांव सिंह को फांसी की सजा दे दी गई। पलामू के नीलाम्बर एवं पीताम्बर भी इसी काल के शहीद हैं, यद्यपि उनका संबंध सैनिक विद्रोह से नहीं था।

(ङ) बिरसा आन्दोलन

19 वीं शदी के अन्तिम दशक में बिरसा मुण्डा के धार्मिक एवं राजनीतिक आन्दोलन की अनुगूंज मुण्डा क्षेत्र में व्याप्त थी। रोग दूर करने के रूप में ख्याति प्राप्त बिरसा ने एकत्रित मुण्डाओं को बिरसा धर्म के विषय में उपदेश दिया। क्रमशः बिरसा धर्म मुण्डाओं में अपनी जड़ जमाने लगा। बिरसा के कारण ईसाई धर्म में धर्मान्तरण की प्रक्रिया रूक सी गई थी। चर्च के पादरी बिरसा को शत्रु नम्बर एक मानते थे।

सरदार जो मुण्डाओं को उनकी जमीन वापस दिलाने की बात करते थे, अपनी कमजोर स्थिति को देखते हुए बिरसा–आन्दोलन से संयुक्त हो गये। सरदारों से मिल जाने के पश्चात् बिरसा के स्वर में एक प्रकार का तीखापन आ गया। अब वह मुण्डा राज, अपना राज का नारा लगाने लगा। बिरसा के अनुसार देश के दो शत्रु प्रमुख थे – ईसाई गोरे तथा सरकारी गोरे। बिरसा जमींदार ने, ठेकेदार और महाजन को तीसरे शत्रु के रूप में देखा था। बिरसा का विचार था कि ईसाइयों एवं अंग्रेजों के देश छोड़ने पर मुण्डा–राज स्थापित हो जायेगा तब यह तीसरा शत्रु स्वतः ठीक हो जायेगा।

बिरसा आन्दोलन के क्रम में सैनिकों द्वारा सईल–रकब की गोलाबारी एक उल्लेखनीय घटना है। मृत मुण्डाओं की संख्या कम दिखाने के लिए कुछ मुण्डाओं के शव गड्ढा खोद कर दफना दिए गए थे।

बिरसा ने जीवन की अंतिम बेला में अनुभव किया था कि सरदारों के साथ जुड़ना एक बड़ी भूल थी। अंग्रेजों से राजनीतिक लड़ाई लड़ना

गलत था। बिरसा का मानना था कि बिरसा धर्म के प्रचार–प्रसार से स्वतः असीम शक्ति आ जाती और एक दिन बिना किसी विरोध के अंग्रेज देश छोड़कर वापस चले जाते। बिरसा आन्दोलन से संयुक्त शहीदों में बिरसा मुण्डा के साथ–साथ गया मुण्डा का भी नाम आता है।

(च) ताना भगत आन्दोलन

झारखण्ड की अधिकांश जनजातियों की तुलना में प्रजातीय दृष्टि से उरांव एक विशिष्ट जनजाति है। यह जनजाति कोल मूल की नहीं है तथा इनके पूर्वज प्रारंभिक काल में, दक्षिण भारत में, द्रविड़ों के सम्पर्क में रहे थे। इनकी भाषा कुडुख है, जो तमिल भाषा से साम्य रखती है। दक्षिण से छोटा नागपुर प्रव्रजन क्रम में उरांवों के पूर्वज शाहाबाद में रहे थे। यहाँ आर्यों के सम्पर्क में आने के कारण इनका सामाजिक जीवन स्तर ऊँचा हो गया था। इन्हें ब्राह्मणों का समकक्ष माना जाता था। छोटा नागपुर प्रवेश के उपरांत इनका सम्पर्क मुण्डाओं से हुआ और इनका सामाजिक जीवन स्तर गिरने लगा। भूत–प्रेत, निकृष्ट भोजन, जनेऊ का उतार देना आदि में गिरावट आ गई। इन दुर्गुणों से मुक्ति दिलाकर अपने प्राचीन कुडुख समाज की पुर्नस्थापना का प्रयास ही ताना भगत आन्दोलन है।

ताना भगत आन्दोलन का प्रवर्त्तक जतरा उरांव नामक एक 20 वर्षीय युवक था। उसे धरमेस (उरांवों के सर्वोच्च देवता) ने आदेश दिया था कि वह उरांवों को निर्देश दे कि वे भूत–प्रेत से भयभीत न हों, मांस मदिरा से दूर रहें। उरांवों को निर्देश दे। भूत–प्रेतों से न डरें, उन्हें मार भगायें, जीव हत्या न करें, नित्य स्नान और धरमेस की पूजा करें। जतरा ने उरांवों से यह भी कहा है कि भूमि हमें पुरखों से प्राप्त हुई है अतः इसका लगान देना बंद कर दें। जतरा ने उरांवों से कहा कि वे किसी दूसरी जाति को अपना श्रम न बेचें। जब तक हम अपना श्रम बेचते रहेंगे, गरीब बने रहेगें। उरांवों को भड़काने तथा दंगा–फसाद करने के आरोप में जतरा को 1½ वर्ष की सजा हुई। कहा जाता है कि जमींदारों ने उसे

जेल में खूब पिटवाया। जेल से बाहर आने के कुछ महीने के भीतर उसकी मृत्यु हो गई।

जतरा की मृत्यु एक शहीद की मृत्यु थी। उरांवों ने मजदूरी करना बन्द कर दिया था जिससे जमींदारों का सारा काम ठ्प्प हो गया था। अतः वे जतरा को पंगु या खत्म करा देना चाहते थे। जतरा के बाद अन्य भगत गुरूओं ने आन्दोलन को संभाला। महात्मा गांधी का संरक्षण प्राप्त कर ताना भगत आन्दोलन को नया जीवन प्राप्त हुआ।

ताना भगतों का आन्दोलन वस्तुतः एक सुधारवादी आन्दोलन था। उरांवों का रहन–सहन बहुत निचले स्तर पर चला गया था। स्वयं मुण्डाओं ने स्वीकार किया था कि जब उरांव छोटा नागपुर में प्रविष्ट हुए थे, वे यज्ञोपवीत धारण किये हुए थे और उनका सामाजिक जीवन ऊँचे स्तर पर था। ताना भगत उरांवों का सामाजिक एवं आर्थिक जीवन स्तर उठाना चाहते थे। ताना भगतों का कहना था कि जब तक उरांव दूसरों की नौकरी एवं मजदूरी करते रहेंगे वे दरिद्र बने रहेंगे। उरांवों ने दूसरों की मजदूरी छोड़ दी। जमींदारों एवं अन्य धनी लोगों के खेत बिना जुते रह गए। यह एक क्रान्तिकारी कदम था।

झारखण्ड का, विशेषकर कम्पनी काल विद्रोहों का काल था। इस काल में जनजातियाँ बहुविधि शोषित हुईं थी। जनजातीय विद्रोहों के कारणों की जानकारी प्राप्त होने पर झारखण्ड नान रेगुलेशन (Non-Regulation) प्रशासन प्रणाली के अन्तर्गत आ गया था।

संदर्भ ग्रंथ सूचीः

1. S. C. Roy, The Mundas and their Country, Ranchi, Reprint 1995, p. 2.
2. J. C. Jha, And when the people roein protest, they were treated as murderer and hunted down by troops, The tribal Revolt of Chotanagpur (1831-32) Patna, 1987, p. 47.
3. L.S.S.O. Malley, History of Bengal, Bihar, and Odisha under British rule, Calcutta,1925, p. 668.
4. Ranchi Gazetteer quotes camac, ...Whose (Raja Nagpur) Country would for an effective barrier to the incursions of the Marathas, thus covering Bihar and Birbhum and at the sametime giving them the command of the passes into the Deccan. p. 45

5. Jacqueries, "revolt not against the Government but against the Zamindars seeking the wild justice of revenge." Calcutta Review, July, 1869, p. 143.
6. (A) S. C. Roy, The Mundas and their Country, Ranchi, Reprint 1995, p. 133.
   (B) J. C. Jha, The Tribal Revolt of Chotanagpur (1831-32), Patna 1987, p. 173.
7. Bhuinhari Settlement under Bengal Act. II of 1869.
8. P.C.Roy Choudhary, Its had more right to be regarded as a freedom struggle by the half civilized jungle folks then the movement of 1857, Singhbhum Gazetteer, Patna, 1958, p. 83.
9. Charles Metcalfe, ... they did intend to expel the British Government from their own country and establish their own independence.....-Charles Metcalfe Minute, 14th april, 1832, Beng. Cr. Judl Cons, No. 17, dth 19th June, 1832, WBSA.
10. District Gazetteer Santal Parganas, On 10 Sept. The whole country from Deoghar to South-Western border of the District was in their hands., p. 51.

अध्यायः पहला

सिनगी दईः जनी शिकार ऐतिहासिक मील का पत्थर

लोक परम्परा में भी सिनगी दई को अविस्मरणीय स्थान प्राप्त है और लोकगीतों में आबद्ध उल्लेखित होने से (जनी शिकार) यह रिवाज स्त्रियों की उच्च स्तरीय सामाजिक गौरव का प्रतीक है। सिनगी दई को अपने समाज के लिए प्रथम शहीद होने का गौरव प्राप्त है।

झारखण्ड में निर्वासित जनजातियों के इतिहास में जनी–शिकार एक अकेली घटना है, जब उरांव वीरांगनाओं ने पुरूष वेश में पुरूषों का स्थान ग्रहण कर न केवल अपने शत्रु का सामना किया था, अपितु उन्हें मार भगाया था। शाहाबाद त्यागने के पश्चात् उरांवों के पूर्वजों ने रोहतासगढ़ के पठार पर शरण ली थी।[1] जब वे रोहतासगढ़ पहुँचे, तो पहले से निर्वासित खरवारों से उनका सामना हुआ और खरवारों पर विजय प्राप्त करने के उपरांत उन्होंने शत्रुओं से सुरक्षा हेतु लगभग 1500 फीट की ऊँचाई पर स्थित रोहतासगढ़ के पठार पर एक सुदृढ़ दुर्ग निर्मित किया और एक ऊँची परकोटे युक्त चारदीवारी खड़ी कर शत्रुओं से अपनी सुरक्षा की पूरी व्यवस्था कर ली जो शत्रुओं के लिए अभेद्य थी।[2] 'सरहुल' या 'खद्दी' उरांवों का एक प्राचीन और सर्वाधिक महत्वपूर्ण पर्व है। कुडुख भाषा में यह 'ख़ेख़ेल वेंजा' नाम से भी प्रसिद्ध है जो प्रतिवर्ष चैत माह में मनाया जाता है। यह न केवल धरती और सूर्य के विवाह का प्रतीक है, जिससे धरती की उर्वरता में वृद्धि का शुभ संकेत होता है, अपितु संपन्नता व उल्लास का भी प्रतीक है।

उरांवों के उल्लास के साथ चैत्र माह की उन्मत्त प्रकृति ने भी अपने पुष्पों के व्यारों से देती रहती है। इस अवसर पर नृत्य–गीत और हड़ियापान एक सामान्य बात है। यह आज की ही बात नहीं है। अपितु सहस्राब्दियों पहले भी हर्षोल्लास के साथ सरहुल, खद्दी पर्व या खेखल बेंजा मनाते थे। जनी शिकार का इतिहास व लोककथा की घटना रोहतासगढ़ की है।

उरांव की परंपरागत शत्रु चेरो जनजाति थी। कोल प्रजाति की यह जनजाति जंगली, अर्द्ध सभ्य एवं खान–पान से निम्न समाज की मानी जाती थी, गंदी, मलेच्छ। उरांव अपनी सामाजिक स्तर की ऊँचाई की तुलना में इन चेरों को निम्नस्तरीय मानते थे और मानते थे कि चेरों किसी भी स्तर तक गिर सकते हैं। बुकानन के अनुसार चेरों और खरवार को ब्राह्मण आज भी मलेच्छ मानते हैं।[3]

सरहुल के पूर्व भी उरांवों के रोहतासगढ़ के किले को भेदने का प्रयास चेरों ने कई बार किया था, किन्तु ऊँचाई पर स्थित सुदृढ़ किले को

वे भेद नहीं सके थे। अंततः उन्होंने किले में दूध देनेवाली एक ग्वालिन को लालच देकर भेद प्राप्त कर लिया, जिससे उन्हें अपने आक्रमण में सफलता प्राप्त हो।

ग्वालिन ने उन्हें खद्दी पर्व तक प्रतीक्षा करने को कहा, क्योंकि उस दिन सभी उरांव आनंदोत्सव में मस्त रहते हैं। अतः अकस्मात् आक्रमण से सफलता प्राप्त की जा सकती थी। योजना यही बनी, सरहुल की रात सभी उरांव मस्ती में थे तब चेरों ने आक्रमण कर दिया,[4] किन्तु उनके आश्चर्य का ठिकाना नहीं रहा। तीर–धनुष, तलवार लिये, सिर पर पगड़ी बांधे पुरूषों के विभिन्न दल चेरों का मुकाबला करने के लिए सामने आ गये और प्रचंड प्रतिवार किया। अचंभित शत्रुओं के लिए उस आकस्मिक आक्रमण को झेल पाना संभव नहीं था। वे किसी तरह प्राण बचा कर भाग गये। उन्होंने सोचा कि ग्वालिन धन लेकर भी उन्हें झूठी सूचना दे गयी थी। अंततः ग्वालिन पकड़ी गयी, किन्तु उसने कहा कि 'मैं गलत नहीं, बल्कि तुम लोग मूर्ख हो। वे पुरूष नहीं महिलाएँ थीं, जिन्होंने पुरूषों का वेश धारण कर तुम लोगों को पराजित किया। उनका नेतृत्व सिनगी दई नामक महिला ने किया था।[5] वह एक निपुण योद्धा व कुशल रणनीतिकार थी, जिसने सेना की विभिन्न टोलियों का त्वरित गठन किया और तुम लोगों को घेर कर एक व्यवस्थित रणनीति के तहत पराजित किया।

यह जानकर चेरों की मर्दानगी को ठेस पहुँची और उन्होंने फिर से आक्रमण किया, किन्तु इस बार भी उन्हें पराजय का मुँह देखना पड़ा। उरांव महिलाओं की सेना ने उन्हें नदी के पार तक खदेड़ दिया। लगातार दो युद्ध से सिनगी दई की महिला सेना थक गयी थी। अतः वापस लौटते समय थकान मिटाने के लिए मुँह हाथ धोने के लिए नदी तट पर रूक गयी। उधर चेरों को भी विश्वास नहीं हो रहा था कि वे महिला हैं या पुरूष। अतः पुनः जाँच करने के उद्देश्य से कुछ चेरों चुपचाप झाड़ियों में छिपकर नदी के पास पता लगाने गये। महिलाएँ चेहरा दोनों हाथों में पानी लेकर ऊपर से नीचे की तरफ धोती हैं, जबकि पुरूष एक हाथ से

पानी लेकर चेहरे पर डालते हैं। चेरों सेना के गुप्तचर ने देखा कि महिलाओं की तरह ही सारी सेना मुँह–हाथ धो रही है और वे महिलाएँ ही हैं। उसने लौटकर पूर्ण विश्वास से कहा कि उरांव की सेना में महिलाएँ ही हैं। तब चेरों की सेना ने जोश–खरोश से नयी रणनीति से आक्रमण की तैयारी कर धावा बोला। भीषण युद्ध हुआ और एक–एक उरांव महिला ने अंतिम दम तक युद्ध किया एवं मारी गयीं और अंत में सिनगी दई ने भी युद्ध में वीरगति प्राप्त की। चेरों सेना ने उरांवों द्वारा निर्मित अभेद्य दुर्ग में प्रवेश किया। पुरूष सरहुल के नशे में थे। वे इस सेना का मुकाबला करने में असमर्थ थे। सेना ने उन्हें रोहतासगढ़ से उसी हालत में खदेड़ बाहर किया। नशा खत्म होने पर हताश–निराश लुटे हुए उरांवों ने सहर दर्रा[6] की घाटी पार कर उत्तरी कोयल नदी के सहारे झारखण्ड की तरफ रूख किया।[7]

उरांव महिलाएँ वीरांगना होती हैं। विपत्ति एवं विपरीत परिस्थितियों का वे शक्ति व बुद्धि–कौशल से मुकाबला करती हैं। कुडुख लोकगान व गीतों में उरांव महिलाओं की वीरता एवं बुद्धि कौशल का उदाहरण देखा जा सकता है। वे पुरूष से कहीं ज्यादा परिश्रमी व साहसी होती हैं[8] नृत्य–गीत में युवकों के साथ युवतियाँ पूरी रात नृत्य करती रह सकती हैं, किन्तु थकती नहीं। अतः रोहतासगढ़ के जीवन में उरांव महिला सेना ने जो कर दिखाया, वह वीरांगनाओं द्वारा ही संभव था।

आज का *'जनी शिकार'* सहस्राब्दियों पूर्व की घटना की स्मृतिस्वरूप मनाया जाता हैं जिसमें उरांव महिलाएँ पुरूष वेश धारण कर तीर–धनुष, तलवार व परंपरागत हथियार लेकर समूह में जिधर मन आया, शिकार पर निकलती हैं और शत्रु के रूप में कतिपय पशुओं को पकड़ती या मार डालती हैं, फिर चाहे वह जंगली पशु–पक्षी हों या पालतू ही क्यों न हो। प्रत्येक 12 साल के अंतराल स्मृतिस्वरूप यह परंपरा मनायी जाती है। इस आयोजन पर कोई भी पुरूष उन्हें उनके कृत्य पर रोकता–टोकता नहीं, बल्कि उसका स्वागत करता है। उनके पानी पीने की व्यवस्था करता है। आज का पूरा दिन महिलाओं का होता है, यह उन साहसी महिला योद्धाओं का स्मरण कराता है जिन्होंने अपने प्राणों की आहुति

देकर समाज की रक्षा करने की कोशिश की थी। फिर प्रेरणा मिलती है भविष्य में भी करेंगी। दिन भर शिकार करने के बाद शाम को वे गाँव के अखाड़े में एकत्रित होती हैं। लाये गये शिकार को जमा करती हैं। धर्मेश, सूर्य, धरती एवं सरना मां की पूजा अर्चना करती हैं। तत्पश्चात् शिकार को पकाती हैं, सामूहिक रूप से उसका भोग लगाया जाता है। सिनगी दई और उरांव महिला वीरांगनाओं के लोकगीत नृत्य का सिलसिला देर रात तक चलता रहता है। उनका पुरूष वेश धारण करना उनके वीरांगना स्वरूप को मुखरित करता है।

हजारों वर्षों से चला आ रहा यह आयोजन झारखण्ड में इतना लोकप्रिय एवं गौरवान्वित हो चुका है कि आज *जनी शिकार* के इस आयोजन में सिर्फ उरांव महिलाएँ ही नहीं, अपितु सभी आदिवासी व सदान महिलाएँ भी जोश–खरोश के साथ सम्मिलित होती हैं। यह अब क्षेत्रीय परम्परा का रूप धारण कर चुका है।

इस अवसर पर एक रोचक तथ्य उल्लेखनीय है कि यह आयोजन 12 वर्षों के अंतराल में क्यों होता है। ज्ञातव्य है कि कुंभ का मेला भी चारों तीर्थों पर बारह वर्षों के अंतराल मनाया जाता है। सूर्य सिद्धांत व हिंदू ज्योतिष शास्त्र के अनुसार ब्रह्मांड के सारे ग्रह–नक्षत्र बारह वर्षों में सूर्य की एक परिक्रमा पूर्ण कर लेते हैं। राशि, क्रांति, मास एवं वृत्ति भी बारह ही हैं। पुराणों में वर्णित बारह वर्षों को भी एक युग माना गया है।[9] प्रश्न उठता है कि ब्रिटिश एवं उनके समर्थक लेखकों द्वारा वर्णित असभ्य, बर्बर, लुटेरे, हत्यारे एवं भूत प्रेत के उपासक इन आदिवासियों के *'जनी शिकार'* का इन बारह वर्षों से क्या संबंध हैं?

कई अवसरों पर पत्र–पत्रिकाओं या गोष्ठियों में यह चर्चा आम हो चुकी है कि रोहतासगढ़ में उरांवों पर ग्वालिन से भेद लेकर मुगलों या तुर्क ने आक्रमण किया, जिसका सामना उरांव महिलाओं ने पुरूष वेश धारण कर किया। उरांव परंपरा में यह गाथा श्रुतजीवी होकर जीवित रही कि म्लेच्छों ने छल से उरांवों को पराजित किया। कालांतर में जब सर हर्बट रिजले की पुस्तक 'ट्राइबल्स एंड कास्ट्स ऑफ बंगाल' 1891 ई0

में प्रकाशित हुई तो उन्होंने पुस्तक में म्लेच्छ का अर्थ मुगल से लगाया[10] और प्रचारित किया कि वे मुगल थे, जिन्होंने उरांवों पर घात लगाकर हमला किया।

इस प्रचार में न केवल अंग्रेजों ने रूचि ली, अपितु ईसाई मिशनरियों ने भी मुसलमानों के विरूद्ध उरांवों की मनःस्थिति तैयार करने का प्रयास किया, जबकि शाहाबाद गजेटियर में स्पष्ट उल्लेख है कि 'यह परंपरा सिद्ध है कि रोहतासगढ़ का शासन क्रमशः खरवार, उरांव व चेरों के बीच चलता रहा। उरांव जोर देकर कहते हैं कि रोहतासगढ़ मूलतः उनके सरदारों के अधिकार में था। किन्तु हिन्दुओं ने उन्हें उनके महान राष्ट्रीय पर्व के अवसर पर धोखे से आक्रमण कर पराजित किया, जबकि उरांव पुरूष नशे में धुत्त थे और केवल महिलाओं ने उनका सामना किया।[11]

ब्रिटिशकालीन एकमात्र भारतीय अध्येता एस0 सी0 राय ने भी रिजले की हाँ में हाँ मिलाते हुए 'म्लेच्छ' शब्द को मुगल के रूप में स्वीकारा है और हिंदू शब्द को भी उचित ठहराया है। उन्होंने रांची के पूर्व तथा पश्चिम स्थित उरांवों के सामाजिक एवं सांस्कृतिक अंतर की व्याख्या करते हुए कहा कि पूर्व के उरांव रोहतासगढ़ से आये प्रतीत होते हैं तथा पश्चिम के उरांव मुगलों के आक्रमण से त्रस्त होकर संभवतः 13वीं सदी में छोटा नागपुर आये थे।[12]

झारखण्ड प्रदेश में उरांवों का प्रवेश चार प्रामाणिक स्त्रोतों द्वारा सुनिश्चित किया जा सकता है। (1) नागवंशी राज का फणीमुकुट राय (2) पेलोमी का प्राचीन भूगोल (3) अशोक काल (271–231 बी0सी0) की सवर जाति (3) मेगास्थनीज का मलई या मलेर।

(1) नागवंशी राजवंश का प्रथम राजा फणीमुकुट राय था जिसका राजाभिषेक विक्रम संवत् 121 अर्थात् 64 ए0डी0 में हुआ था यह तिथि वेनी सागर मेहता की नागवंशावली में दर्शायी गयी है। उरांव एवं मुण्डा ने अभिषेक समारोह में भाग लिया था। इससे यह सिद्ध होता है कि उरांव पूर्णतः राजनीतिक अस्तित्व में स्थापित हो चुके थे। ई0 टी0 डाल्टन ने भी उस राजाभिषेक समारोह मुण्डा एवं उरांव की उपस्थिति के बारे में

लिखा है।[13] अतः झारखण्ड में उरांव तीसरी शताब्दी के पूर्व पूर्णतः बस चुके थे।

(2) द्वितीय स्त्रोत पेलोनी के वक्तव्य पर आधारित है जो उन्होंने अपनी पुस्तक प्राचीन भूगोल में उद्धृत किया है। अपनी पुस्तक में उसने छोटा नागपुर को कोकोनागाई नाम से दर्शाया है। उसने व्याख्या की है कि कोकोनागाई गंगा नदी के किनारे बसा था जिसकी राजधानी दोइसा या दोसारा थी।[14] वस्तुतः गाई या गाही शब्द कुडुख भाषा प्रत्यय (suffix) शब्द है जिसका अर्थ होता है 'कुडुख घर या देश' दरअसल पेलामी ने सर्वत्र उरांवों की बहुलता देखी, अतः उसने इस क्षेत्र का नाम ही कोकना–गाई रख दिया। इस तरह पेलोमी की पुस्तक प्राचीन भूगोल के आधार पर भी उरांव संभवतः तीसरी शताब्दी में प्रवेश कर चुके थे।

(3) मुगलकाल तथा उसके पहले शाहाबाद जिला कुरूखस प्रजाति के द्वारा शासित होता था जो मगध राज से जुड़ा हुआ था।[15] बुकानन के अनुसार करूष, भर, तीन राजपूत भाई, चेरों (दो वार) तथा सवर मगध साम्राज्य से जुटकर शाहाबाद में शासन करते थे। प्रथम तीन शासक तो निश्चित नहीं हैं किन्तु चेरों निश्चय ही इस क्षेत्र के शासक थे जो सवर से अशाोक काल (273–236 बी0 सी0)[16] में पराजित हुए थे। ऐतिहासिक तथ्यों के आधार पर यह अच्छी तरह स्वीकृत है कि उरांव रोहतासगढ़ में पराजित हुए तथा अशोक काल से लगभग एक शताब्दी पूर्व पलायित हुए थे।

(4) 305 बी0सी0 के लगभग ग्रीक राजदूत मेगस्थनीज मौर्य दरबार में आया था। जिसने इण्डिया नामक पुस्तक लिखी जिसे एक ऐतिहासिक स्रोत के रूप में मान्यता प्राप्त है। इस पुस्तक में उसने मालेर जनजाति का वर्णन किया है। विभिन्न स्त्रोतों से यह सिद्ध हो चुका है कि उरांव एवं राजमहल पहाड़ी के मालेर के पूर्वज एक ही थे। मेगस्थनीज ने अपनी व्याख्या में उद्धृत किया है कि मगध तथा नीचे के बंगाल के बीच में परासी के क्षेत्र में मालेर रहते थे। यह स्थान गंगा तथा मलस पहाड़ी से घिरा हुआ था।[17] इण्डिका में यह स्पष्ट वर्णन है कि मलई जनजाति का

देश मलस पहाड़ी में स्थित था जो गंगा नदी से घिरा हुआ था।[18] इतिहासकारों ने चिह्नित किया है कि आधुनिक भागलपुर के दक्षिण तथा संताल परगना गंगा के बहाव क्षेत्र में मलस पहाड़ी तथा माण्डर पहाड़ी अवस्थित है। अर्थात् 4 बी0सी0 के अंतिम चरण में मलई या मलेर जनजाति संताल परगना में प्रवेश कर चुके थे। इससे यह भी सिद्ध होता है कि उरांव के पूर्वज 4 बी0सी0 के पूर्ववर्ती काल में रोहतासगढ़ छोड़ चुके थे।

इस गप (gossip) या आम जनधारणा का मुख्य कारण रिजले की व्याख्या है। ऐसा प्रतीत होता है कि रिजले के समय में मलेच्छ का अर्थ तुर्क मुसलमान या मुगल होता था और शायद इसी कारण उसने मलेच्छ का अर्थ मुगल लगाया। अंग्रेजों से प्रभावित धीरे–धीरे, लोग यहाँ तक कि स्वयं शिक्षित विद्वान उरांव भी, उसी वक्तव्य को सच समझने लगे। किसी ने ऐतिहासिक दृष्टिकोण से परीक्षण करने की कोशिश नहीं की कि झारखण्ड में उरांवों ने किस काल में प्रवेश किया।

वस्तुस्थिति यह है कि मुसलमान के रूप में सर्वप्रथम बख्तियार खिलजी का पर्दापण बिहार में 12वीं सदी में हुआ और रोहतासगढ़ का इतिहास बतलाता है कि रोहतासगढ़ पर किसी भी मुसलमानों का अधिकार 1359 ई0 के पूर्व नहीं हुआ। सम्राट् अशोककालीन (ईसा पूर्व 270–23) प्रमाणों से स्पष्ट होता है कि कुड़ुखों ने चेरों द्वारा पराजित (डा0 बुकानन, ईस्टर्न इंडिया, भाग एक, पेज 406–7) होकर, रोहतासगढ़ का इलाका ई0 पू0 चौथी शताब्दी के निकट छोड़ दिया था। प्रथम नागवंशी राजा फणिमुकुट राय के राजारोहण के समय स्थापित उरांव की उपस्थिति को भी सभी स्वीकारते हैं। अन्य और भी ऐतिहासिक साक्ष्य हैं, जो प्रकाशित करते हैं कि जिस काल में उरांव जनजाति छोटा नागपुर में प्रविष्ट कर स्थापित हो चुकी थी, उस समय मुगल नाम के किसी जीव का जन्म ही नहीं हुआ था। इस संदर्भ में शाहाबाद गजेटियर पेज– 146 में हण्टर की टिप्पणी पर भी विचार करना आवश्यक है, जिसमें कहा गया है कि रांची के पश्चिमी भाग में निर्वासित उरांव, सांस्कृतिक दृष्टि से पूर्व में बसे हुए उरांवों से अधिक उन्नत हैं। और ऐसा प्रतीत होता है कि वे

12–13 वीं सदी में टुकड़ियों में शाहाबाद से चल कर छोटा नागपुर पहुँचे थे। यह कथन सही है कि शाहाबाद में उरांवों की पर्याप्त संख्या रही थी और वे टोलियों में क्रमशः आकर बस गये थे, किन्तु उस समय वे साधारण नागरिक थे। न वे राजा थे, न ही उरांवों का रोहतासगढ़ में दुबारा राज कायम हुआ था और न ही उनके ऊपर किसी मुगल के आक्रमण का ऐतिहासिक साक्ष्य मिलता है। रिजले एवं एस0 सी0 राय द्वारा प्रचारित भ्रामक घटना की पुष्टि का कोई ऐतिहासिक आधार नहीं है।

बहरहाल इतिहास के धुंधलके के बावजूद *"जनी शिकार"* की घटना ऐतिहासिक तथा मील का पत्थर प्रतीत होती है। जहाँ से उरांव जीवन का एक नया अध्याय प्रारम्भ होता है। लोक परंपरा में इसका अविस्मरणीय स्थान है और लोकगीतों में आवद्ध उल्लेखित होने से यह रिवाज, स्त्रियों के उच्च स्तरीय सामाजिक गौरव का प्रतीक है। ध्यातव्य है कि कोई भी प्रसिद्ध घटना लोकगीतों के माध्यम से जन साधारण के कंठ में तब स्थान पाती है जब वह पर्याप्त समय पूर्व घटित हो चुकी होती है और जन सामान्य को उसकी प्रामाणिकता पर कोई शंका या संदेह नहीं रह जाता है।

Reference:

1. S. C. Roy, The Oraons of Chotanagpur, Man in India office, Ranchi, 1984, p. 24.
2. L. S. S. O' Malley, Bengal, Bihar and Odisha Census Report, 1911, Part- I, p. 402, Kolkata, 1906, pp. 9, 17.
3. Buchanan, Eastern India, Vol.I, Monogonary Marteu, London, 1938, pp. 405-07.
4. P.C. Roy Choudhary, Bihar District Gazetteers : Sahabad, Govt. of Bihar, Patna, 1966, pp.461-68.
5. On the basis of Pahan conference held on 4. 10. 98 (Baro) and 5.11.98. (Murma, Ranchi)
6. N. Kumar, Bihar District Gazetteers : Ranchi, Govt. of Bihar, Patna, p. 41.
7. W.W. Hunter, quoted in Shahabad Gazetteer, p. 146.
8. P. C. Roy Choudhary, Sahabad Gazetteer, op.cit., p. 147.

9. P. V. Kane, History of Dharmashastra, Vol. IV, Bhandarkar institute, Pune, 1966.
10. H. H. Risley, Tribes and Castes of Bengal, Vol. II, Kolkata, 1891, p. 139.
11. P. C. Roy Choudhary, Sahabad Gazetteer, p. 867.
12. S. C. Roy, The Oraons of Chhotanagpur, Op.cit., p. 26.
13. E. T. Dalton, Tribal History of Eastern India, Cosmo Pub., Delhi, 1973, p. 245.
14. S. N. Majumdar Shashtrti (ed.), Ancient India as Described by Ptolemy, 2nd Edition, Kolkata, 1927, p. 53.
15. R. R. Diwakar, Bihar Through The Ages, Orient Longaman, Kolkata, 1959, P.52, Quoted in Sahabad Gazetteer, Op.Cit., p. 49.
16. Buchanan, Op.Cit., p. 407.
17. L. S. S.. O' Malley, Bengal District Gazetteer : Santal Parganas, Logas Press, New Delhi, Reprint 1999, pp. 23-24.
18. J. W. Mecrindle (ed.), Ancient India as Described by Megasthenese and Arrian, Trubner and Co., London, 1877, pp. 134-35.

अध्यायः दूसरा

तिलका मांझी

तिलका मांझी शहीद हो गये किन्तु उनके द्वारा स्थापित 'स्वराज' का आदर्श जनजातीय जनमानस को सदैव आन्दोलित करता रहा था। इस आदर्श से उत्प्रेरित संताल–हुल 1855–56 में फूट पड़ा था।

झारखण्ड के शहीदों में तिलका मांझी को 'प्रथम 'शहीद होने का गौरव प्राप्त है। तिलका मांझी ने भागलपुर के तत्कालीन कलक्टर आगस्त क्लीबलैण्ड को अपने तीर का निशाना बनाया था, जिसकी मृत्यु 13 जनवरी 1785 ई0 में हुई थी। बीस वर्षीय क्लीबलैण्ड अंग्रेजों तथा अन्य अधिकारियों के बीच बहुत प्रिय था। कंपनी शासन के विद्रोहियों की यह एक बहुत बड़ी उपलब्धि थी। क्लीबलैण्ड योजनाबद्ध रूप से तिलका मांझी और उसके संगठन के पीछे पड़ा हुआ था।

तिलका मांझी का जन्म 11 फरवरी, 1750 को हुआ था। उन्होंने बचपन से ही तीर चलाने में कुशलता प्राप्त कर ली थी। वह कुशाग्र बुद्धि बालक था। तथा मार्ग में आने वाली कठिनाइयों का बारीक विश्लेषण करता था। अंग्रेजों की चाल समझने में उसे देर नहीं लगती थी, जो निष्कर्ष निकलता था वही होता भी था। युवा होने पर तिलका की अंग्रेज–विरोधी स्वतंत्रता की नीति से पड़ोसी गाँव के युवक प्रभावित हुए थे। समान विचार वाले युवकों ने अपना एक संगठन बनाया। संगठन का लक्ष्य था, अंग्रेजों को मार भगाओ और अपना राज स्थापित करो। क्रमशः युवकों की संख्या में वृद्धि होने लगी। तिलका मांझी संगठन का नेता चुना गया और सभी सदस्यों ने तिलका की आज्ञा मानने का व्रत लिया।

इस स्थल पर, एक महत्वपूर्ण बिन्दु पर विचार कर लेना आवश्यक है। तिलका मांझी का अवसान 1785 ई0 में हो चुका था और तिलका की मृत्यु के पश्चात् संताल विभिन्न दिशाओं से दुमका तथा अन्य क्षेत्रों में आ बसे थे। इतिहासकारों का मानना है कि संताल दुमका एवं अन्य क्षेत्रों में 1790 से 1810 ई.[1] के बीच आ बसे थे।[2] तात्पर्य यह है कि दामिन–इ–कोह के संतालों से तिलका मांझी का कोई सम्बन्ध नहीं था। राजमहल की पहाड़ियों में निर्वसित पहाड़ियां जनजाति के प्रति क्लीबलैण्ड की विशेष कृपा थी। यह जनजाति सरकार द्वारा लगान मुक्त कर दी गई थी। पहाड़िया जनजाति में भी ग्राम प्रधान को मांझी कहा जाता है।

क्लीबलैण्ड ने जब स्थानीय लोगों की अर्द्धसरकारी सेना का गठन किया तो 1300 नियुक्तियों में सभी पहाड़िया जनजाति के थे इसे हिलरेंजर्स नाम से पुकारा गया। इन्हीं लोगों में सरदार पद पर पदास्थापित

एक बदमाश डाकू जौराह भी था, जिस पर कुछ टिप्पणियाँ भी हुई थीं किन्तु क्लीबलैंड का अपना तर्क था। आगे चलकर हम देखेंगे कि तिलका मांझी को जौराह ने ही गिरफ्तार किया था।

जमींदारों की परेशानी

तिलका मांझी जमींदारों के लिए आतंक हो गया था। जमींदार अपनी रैयतों से बढ़ा–चढ़ा कर लगान वसूलते थे। लगान वसूल करने के काम के लिए एक विशेष मुंशी होता था और उसकी सहायता के लिए दो–चार लठैत होते थे। कभी–कभी ऐसी भी परिस्थिति आ जाती थी कि रैयत को बांध कर जमींदार के सामने पेश किया जाता था। तिलका मांझी या उसके संगठन का कोई सदस्य घटना–स्थल पर पहुँच जाता तो मुंशी और लठैतों की अच्छी दुर्गति हो जाती थी। यदि रैयत को मुंशी लोग द्वारा बांधकर ले जाते समय यदि संगठन के लोग मिल जाते तो उसे छुड़ा लेते थे तथा चेतावनी भी दी जाती थी कि यदि अधिक अत्याचार हुआ तो जमींदार घेरे में ले लिए जायेंगे।

ऐसी घटनाएँ तिलका मांझी और उसके संगठन की लोकप्रियता में सहायक हुई थीं। जनमानस में तिलका मांझी एक नायक के रूप में उभर चुका था। इससे एक लाभ यह था कि आवश्यकता पड़ने पर ग्रामीण इनकी सुरक्षा के लिए सामने आ जाते थे। तिलका मांझी और उसके अनुयायियों से जमींदार लोग भयभीत रहते थे। कोई भी जमींदार खुल कर सामने नहीं आता था। जमींदार लोग लिखित शिकायत से घबराते थे। किन्तु भीतर से सभी तिलका मांझी का विनाश चाहते थे। फिर भी कलेक्टर क्लीबलैण्ड तक किसी न किसी प्रकार सूचना पहुँच जाती थी।[3]

गिरफ्तारी का प्रयास

भागलपुर के कलेक्टर क्लीबलैण्ड ने यहाँ से पूर्व राजमहल की पहड़ियाँ जनजाति के बीच काम किया था और झिलमिली साहब के नाम से लोकप्रिय हुआ था। पहाड़िया जनजाति में क्लीबलैण्ड ने मोरेल, हैबर, गैब्रील हीलर आस्टिकॉट तथा मिटफोर्ड अधिकारियों को निर्दिष्ट गाँवों में

जाने का आदेश दिया। उनकी सहायता के लिए जो अर्द्धसरकारी पहाड़िया पलटन गठित की गई थी, उसमें से 50–50 सैनिक प्रत्येक अधिकारी को दिये गये, इस विश्वास के साथ कि स्थानीय परिस्थितियों से ये परिचित थे तथा इनके हथियार शत्रुओं के अनुसार थे। क्लीबलैण्ड को पूरी आशा थी कि तिलका अवश्य पकड़ा जायेगा।

जंगल पार मिटफोर्ड की सैनिक टुकड़ी लम्बे–लम्बे घासों के बीच से गुजर रही थी, उन पर तीर और गुलेल की गोलियों की वर्षा प्रारंभ हो गई। घायल होकर सैनिक गिरते–पड़ते भागने लगे। अधिकांश पहाड़िया सैनिक जिनके मन में तिलका का भय समाया हुआ था, मैदान छोड़कर भागने वाले पहले सैनिक थे। उन्हें दोनों तरफ मृत्यु दिखाई दे रही थी। मैदान में तिलका के तीर मौत बन कर छाये हुए थे और छावनी लौटने पर भगोड़े सैनिक की सजा मिलती। मिटफोर्ड बन्दूक–धारियों को 'फायर'........ 'फायर' चिल्लाता बढ़ रहा था तभी तीर से घायल हो कर जमीन पर गिर पड़ा। पूरी सेना तितर–बितर हो गई थी। उनमें से कितने मर गए, कितने भाग खड़े हुए और कितने घायल होकर मदद के लिए चिल्लाते रहे। कोई गणना न थी कलक्टर क्लीबलैंड का यह दूसरा प्रयास भी विफल रहा। तिलका मांझी को पकड़ना आसान नहीं था।

क्लीबलैण्ड की दृष्टि में पहाड़ियों की अर्द्ध–सरकारी पलटन में तेजी नहीं है जो सैनिको में होनी चाहिए। इन पर पूरा भरोसा नहीं किया जा सकता था। इस बार बन्दूक–धारियों को तिलका मांझी को पकड़ने के लिए भेजा गया। तिलका मांझी जानता था इस बार का धावा भंयकर होगा। तिलका मांझी का गुप्तचर विभाग अत्यंत कुशल था। इसके आदमी कलक्टर की गतिविधियों की सूचना रखते थे। क्षेत्र के मार्ग के रूप में काम करने वाला व्यक्ति प्रायः तिलका मांझी की योजना के अनुसार उस मार्ग या स्थान पर ले जाया जाता था जहाँ तिलका के आदमी घात लगाए बैठे रहते थे।

जंगल को पार कर जब पुलिस बड़े–बड़े घास के मैदानी भाग में पहुँची,, जहाँ किनारे झुरमुट एवं झाड़ियाँ थी। सहसा वहाँ से तीर चलने लगे। झुरमुट एवं झाड़ियों को लक्ष्यकर गोली चलने लगी। तीर चालन

बड़ी निपुणता से किया जा रहा था। कुछ घायल हुए और कुछ जमीन पर घायल होकर गिर पड़े। शनैः–शनैः बन्दूक–धारियों की गोलियाँ समाप्त हो गईं। लगता है तिलका मांझी के लोग इस क्षण की प्रतीक्षा कर रहे थे। क्रमशः तीरों की मार बढ़ गई और पुलिस घायल होकर गिरती जा रही थी। एक समय ऐसा आया कि मैदान पूरा साफ हो चुका था। भागने वाले भाग चुके थे। कुछ मृत पड़े हुए थे तथा घायल चीख रहे थे। इस प्रकार कंपनी सरकार का तिलका मांझी को पकड़ने का यह तीसरा अभियान भी विफल रहा था।

क्लीबलैण्ड की हत्या

तिलका मांझी को अंग्रेजों से घृणा थी ही किन्तु क्लीबलैण्ड से उसकी घृणा–शत्रुता में बदल गयी थी। क्लीबलैण्ड, तिलका मांझी को जिन्दा पकड़ना या मुठभेड़ में मार डालना चाहता था। ज्यों–ज्यों समय बीतता जा रहा था और सरकारी प्रयास विफल हो रहे थे, आदिवासी जनमानस में तिलका भगवान होता जा रहा था और इसके साथ ही जमींदार उससे और भयभीत रहने लगे थे। जमींदारों का सरकार पर दबाब बढ़ता जा रहा था कि तिलका का अन्त कीजिए।

इधर तिलका, क्लीबलैण्ड को समाप्त कर अंग्रेजों में दहशत फैलाना चाहता था। उसने क्लीबलैण्ड की दिनचर्या के अनुसार अपनी तैयारी कर ली थी। सड़क के किनारे के ताड़ वृक्ष पर वह धनुष तीर ले कर चढ़कर छिप गया और क्लीबलैण्ड की आने की प्रतीक्षा करने लगा। कुछ समय बाद क्लीबलैण्ड घोड़े पर सवार आता हुआ दिखलाई पड़ा और तिलका ने तीर साधकर उसके सीने पर छोड़ दिया। क्लीबलैण्ड घायल होकर जमीन पर गिर पड़ा और कुछ ही क्षणों में उसकी मृत्यु हो गयी।[4] पेड़ से उतर कर तिलका अपने ठिकाने लौट आया। यह घटना 13 जनवरी 1784 ई0 की थी।

जीत की खुशी में तिलका और उसके साथी आनंद मना रहे थे। रात्रि का समय था अतः वे दुश्मनों से निश्चित थे। किन्तु इनको पकड़ने वाले कुछ लोग इन्हीं के तरह समान आदिवासी थे जो तिलका के पीछे

पड़ गये थे। आयरकुट और अर्द्ध–सरकारी पहाड़ियाँ सेना के सरदार जौराह ने अपने साथियों के साथ आनन्द में मस्त तिलका के साथियों पर छापा मारा। कुछ लोग पकड़े गए पर तिलका मांझी बच निकला और अब उसने सुलतानगंज की पहाड़ियों में शरण ली। तिलका ने यहाँ भी अपनी एक सेना संगठित कर ली तथा उन्हें गोरिल्ला युद्ध में प्रशिक्षित किया। वह पुनः वारेन हेस्टिंग के लिए एक चुनौती बन गया। किन्तु संसाधन के अभाव के कारण संगठन में अपेक्षित तेजी न आ सकी थी।

तिलका को फांसी

सरदार जौराह जो स्वयं एक कुख्यात डकैत था और जिसे क्लीबलैण्ड ने अर्द्ध–सरकारी सेना में एक सरदारी पद दिया था, तिलका मांझी के पीछे पड़ गया था। अवसर पाकर धोखे से उसने तिलका मांझी को पकड़ लिया और भागलपुर के अधिकारियों को सौंप दिया। अधिकारी तिलका मांझी की जनता के बीच स्थापित प्रतिष्ठा को गिराने के लिए तथा उन्हें भयाक्रान्त करने के लिए उसे चार घोड़ों से रस्सी से बांध कर सड़क पर भीड़ के सामने घसीटा गया और इस प्रकार घायल तिलका मांझी को बरगद के एक डाल से लटका कर सरे आम फांसी दे दी गयी।

तिलका मांझी शहीद हो गये किन्तु उनके द्वारा स्थापित 'स्वराज' का आदर्श जनजातीय जनमानस को सदैव आन्दोलित करता रहा था, जो 1855–56 में संताल–हुल के रूप में फूट पड़ा था। झारखण्ड का यह पहला शहीद था जिसे फांसी दी गई थी।

संदर्भ ग्रंथ सूचीः

1. L. S. S. O' Melley, Santal Pargana District Gazetteer, Second Indian Reprint, 1999, New Delhi, p. 41.
2. O' Malley quotes Bucchanan ..... date of their (Santhal) settlement there may be placed between 1790 and 1810, p. 9.
3. Ibid, ... Commandant being one Jaurrah, once a noted bandit.... p. 40.
4. Singh K. S., Tribal Society of India (An Anthropo- Historical perspective) page 121.

अध्यायः तीसरा

बुधु भगत

झारखण्ड के प्रथम जनजातीय स्वतंत्रता संग्राम का नायक बुधु भगत अंग्रेजों के लिए आतंक का पर्याय हो गया था। अंग्रेजों को विश्वास था कि यदि मात्र बुधु भगत जिन्दा या मुर्दा पकड़ा जा सके तो 1831–32 का विद्रोह स्वतः शान्त हो जायगा।

बुधु भगत

झारखण्ड के इतिहास में प्रथम जनजातीय स्वतंत्रता संग्राम 1831–32 का नायक बुधु भगत था। इस स्वतंत्रता संग्राम का प्रारम्भ सोनपुर के रूचांग गाँव से हुआ था। जब 11 दिसम्बर 1831 को इस गाँव से मुण्डाओं का एक दल मोहम्मद अली ठेकेदार के कुयाम गाँव पर धावा मार कर वहाँ से लगभग 200 पशुओं को हांक लाया था। 20 दिसम्बर को लगभग 700 मुण्डाओं की एक उग्र भीड़ ने सोनपुर के ही चार गाँवों में लूट–मार और आगजनी की। जिसमें 2 सिख घायल हुए थे। ये गाँव सिख हरी सिंह ठेकेदार के थे। मुण्डा जो इन ठेकेदारों एवं जमींदारों से उत्पीड़ित थे, कमर कस कर खड़े हो गए। पूरा मुण्डा क्षेत्र विद्रोहाग्नि से जल उठा।

इसके पहले भी घाटी के मुण्डाओं ने स्थानीय उत्पीड़नों को लेकर विद्रोह का झण्डा उठाया था। किन्तु कुचल दिए गए थे। घाटी की पीड़ा घाटी में ही घुट कर रह गई थी। किन्तु इस बार ऐसा नहीं हुआ। घाटी पार कर विद्रोहाग्नि मध्य पठार तक पहुँच गई और इस विद्रोह को एक आन्दोलन का रूप देते हुए बुधु भगत ने इसे प्रखरता प्रदान की।

बुधु भगत का जन्म रांची जिला के चान्हो प्रखण्ड के अन्तर्गत, कोयल नदी के तट पर स्थित सिलागाई नामक गाँव में 17 फरवरी 1792 ई. को एक सामान्य उरांव परिवार में हुआ था। बचपन से ही वह एकान्त प्रिय और चिन्तक स्वभाव का था। गाँव के अन्य बालकों से भिन्न वह नित्य अकेले कोयल नदी के किनारे स्थित एक पत्थर पर स्नान करने के बाद बैठा करते थे। वह तीर चलाने में अत्यन्त कुशल थे। कभी–कभी ऐसा लगता था कि वह बैठे–बैठे किसी दूसरी दुनिया में विचरण कर रहे हों। गाँव वालों के अनुसार बुधु भगत में दैवी शक्तियों का अविर्भाव हो गया है। एक दिन स्नान करने के पश्चात् घर न लौटकर बुधु भगत ने तीर–धनुष उठाया और बड़का टोंगरी की ओर चल पड़ा। निकट पहुँचकर टोंगरी को लक्ष्य कर तीर चला दिया। तीर टोंगरी में धंस गया और वहाँ से जल की धार फूट पड़ी। बुधु भगत की ख्याति के लिए यह घटना पर्याप्त थी। पास–पड़ोस के गाँवों में यह बात फैल गई कि बुधु भगत में

दैवी शक्ति है। वह न केवल तीर चलाना अपितु तलवार चलाने में भी अद्वितीय था। ज्यों–ज्यों समय बीतता गया भगत के समर्थकों की संख्या बढ़ती गई। कोल–विद्रोह तक यह संख्या हजारों में पहुँच चुकी थी।

मध्य भाग और बुधु भगत

यह विद्रोह तीन चरणों में विकसित हुआ था। प्रथम चरण घाटी के मुण्डाओं का क्षेत्र था। जब ठेकेदारों, जमींदारों से उत्पीड़ित मुण्डाओं ने बदले की भावना से अपने हथियार उठा लिए थे। जब यह विद्रोह मुण्डाओं की घाटी पार कर के उरांवों के क्षेत्र में पहुँचा तो इसकी उग्रता कम हो गई और यह स्थिर रूप से फैलने लगा था। उरांवों के साथ–साथ प्रत्यक्ष या परोक्ष रूप से विद्रोह को कुछ बड़ी हस्तियों का सहयोग मिलने लगा था। ब्लंट, रसेल एवं डेण्ट जैसे अधिकारी जो इस क्षेत्र से कभी जुड़े हुए थे, का पूरा विश्वास था कि इस विद्रोह के मूल में नागपुर के महाराजा जगरनाथ शाही हैं। उन्होंने सिंगराय मानकी का बयान भी उद्धृत किया।[1] वस्तुतः महाराजा से अंग्रेज सरकार के सम्बन्ध बहुत तनावपूर्ण थे, और जब विद्रोह फूट पड़ा था तो सभी अंग्रेज विरोधी लाभ उठाना चाहते थे। इसी प्रकार लेसलीगंज के सरकारी कर्मचारी गौरी चरण और आलम चंद ने अपने स्तर से विद्रोहियों की भरपूर सहायता की थी। तात्पर्य यह कि मध्य भाग में विद्रोह अंग्रेजी सरकार को उखाड़ फेंकने का एक प्रयास हो गया था। गवर्नर जनरल परिषद के उपाध्यक्ष चार्ल्स मेटकाफ ने इस सत्य को स्वीकारा था।[2]

इस प्रकार विद्रोह के मध्य भाग में इसके स्वरूप और उद्देश्य में परिवर्तन आ गया था। विद्रोह का तीसरा चरण डाल्टनगंज एवं निकटवर्ती क्षेत्र थे। चूंकि मध्य भाग में विद्रोह स्पष्टतः अंग्रेजी शासन को समाप्त करने के एक प्रयास के रूप में देखा गया था अतः तीसरे चरण में कुछ घटवाल एवं प्रभावशाली व्यक्तियों द्वारा अपने समर्थकों के साथ मिलकर विद्रोह को शक्ति प्रदान की गयी।

विद्रोह का यह मध्य भाग था जहां जनजातीय विद्रोह ने स्वतंत्रता संग्राम का रूप धारण कर लिया था। इस विद्रोह को नियंत्रित करने के

लिए सेना का सहयोग लेना पड़ा था। बुधु भगत सैनिक कार्यवाही से अवगत था। अतः उसने अपने आदमियों को तदनुसार प्रशिक्षित किया था।

संगठन क्षमता

बुधु भगत की संगठन क्षमता अद्‌भुत थी। उसने प्रत्येक गाँव को एक दूसरे से सम्बन्धित कर रखा था। वह जिस गाँव में भी होता था उसे शत्रुओं के क्रिया–कलापों की सूचना मिल जाती थी। प्रत्येक गाँव में एक सूचना–संवाहक होता था। उसकी दौड़ अगले गाँव के सूचना–संवाहक तक होती थी। उन दिनों घाटियों का महत्व था और शत्रु की सेनाएँ प्रायः घाटी के मार्ग का उपयोग करती थीं। ऊपर से पत्थर गिराकर या तीर की वर्षा कर उनका मार्ग बाधित किया जाता था। भगत ने घाटी के निकट के गाँवों को पहले से तैयारी कर रखने की सलाह दी थी। भगत का कहना था कि शत्रुओं के लिए हमारे रास्ते अज्ञात हैं। जाना कहीं होता है और कहीं अन्यत्र पहुँच जाते हैं। उनकी यह भूल कभी–कभी घातक सिद्ध होती है। जहाँ हम तैयार नहीं होते हैं ये पहुँच जाते हैं। हम शत्रुओं से सीधी लड़ाई नहीं कर सकते। भगवान ने हमें पहाड़ियाँ दी हैं, घाटी दी हैं, जंगल दिये हैं। हम उन पर तीर चलाएंगे और वे हमें देख भी नहीं सकेंगे। इस प्रकार की युद्ध–शैली अपनाने से हमारी जीत निश्चित है।

बुधु भगत का जादू अंग्रेजों पर भी छाया हुआ था। संयुक्त आयुक्त ने 50 वीं देशी पैदल सेना के नायक को लिखे पत्र में कहा था कि बुधु भगत एक ऐसा नेता है जिसकी एक आवाज पर हजारों कोल एकत्रित हो जाते हैं।[3]

छोटा नागपुर के सोनपुर प्रखण्ड से दिसम्बर 1831 को प्रारम्भ यह विद्रोह उरांवों के क्षेत्र से होता हुआ डाल्टनगंज एवं निकटवर्ती क्षेत्रों को आन्दोलित करता बनारस (अंग्रेजी दैनिक, इण्डिया गजेट कलकत्ता, 10 फरवरी 1832) की सीमा पर दस्तक देने लगा था। इतने दूर तक विस्तृत यह विद्रोह अनियंत्रित नहीं हो पाया था, विशेष कर छोटा नागपुर की

सीमा तक अंग्रेज अधिकारियों एंव सैनिक अधिकारियों का मानना था कि यह विद्रोह एक नायक के कंधे पर चल रहा था। मात्र उसकी गिरफ्तारी या मृत्यु से यह पूरा विद्रोह बिखर जायेगा।[4]

इस प्रकार बुधु भगत सम्पूर्ण आन्दोलन के केन्द्र में थे। वस्तुतः आन्दोलन का मध्य भाग प्रारम्भिक एवं अन्तिम चरण को जोड़ता है और शरीर में रीढ़ की हड्डी के समान काम करता है। किन्तु यह मध्य भाग होने की विशेषता नहीं है अपितु उस नायक की विशेषता है जिसने विद्रोह को एक नयी दिशा दी थी,, नया अर्थ दिया था। इस नए अर्थ के कारण ही कुछ विशिष्ट लोगों का सहयोग मिला था। यह जनजातीय देश को अंग्रेजों से मुक्त कराने का प्रयास था। अंग्रेजी शासन से कलकत्ता से लेकर छोटा नागपुर तक परेशान था। चिट्ठी,–पत्री, बैठकें, विचार–विमर्श और अनेक योजनाएँ बनीं किन्तु बुधु भगत नहीं पकड़ा जा सका था। सूचना मिलती कि अमुक गाँव में बुधु भगत हैं किन्तु जब तक कोई वहाँ पहुँचता, तो ज्ञात होता कि वह पहाड़ियों के बीच कहीं ओर चला गया है। परेशान अधिकारी एवं सैनिक गाँव वालों को मारते–पीटते थे कि तुम लोगों ने भगत को क्यों जाने दिया था। बुधु भगत के लिए गाँव वालों ने अंग्रेंजों के सभी अत्याचार सहन कर लिए थे।

दैवी–शक्ति

टोंगरा से जल–धार निःसृत होने की घटना बुधु भगत की ख्याति का आधार बन चुकी थी कि बुधु भगत असाधारण व्यक्ति था और वह दैवी–शक्ति से विभूषित था। बाद की घटनाओं और भगत की चपलता ने ग्रामीणों के मन–मस्तिष्क में जमे इस अंधविश्वास को और सुदृढ़ता प्रदान की थी। बुधु भगत का मुख्य कार्य–क्षेत्र यद्यपि चोरेया, नगड़ी, टिको, सिलागाई, पिठोरिया एवं अन्य निकटवर्ती क्षेत्र रहे थे, किन्तु छोटा नागपुर के अन्य भागों में भी वह प्रतिष्ठित था।

बुधु भगत का कार्य–क्षेत्र जंगल, पहाड़, घाटी, आदि ऊँची–नीची प्राकृतिक रचनाओं से भरा पड़ा था। बुधु एक कुशल घुड़सवार था। वह क्षेत्र के दीर्घ, लघु, खतरनाक किन्तु शार्ट–कट रास्तों से परिचित था।

यही कारण था कि कभी वह एक गाँव में दिखलाई पड़ता था तो दूसरे क्षण दूसरे गाँव में। इस असाधारण कौशल के कारण उसे गाँव वालों ने दैवी–शक्ति युक्त मान लिया था। उसका घोड़ा सभी मार्गों से परिचित था। बुधु भगत का एक संकेत उसके लिए पर्याप्त था। बुधु भगत के घोड़े पर सवार होते ही घोड़ा हवा में उड़ जाता था। यही कारण है कि वह एक समय में दो गाँवों में दिखलाई पड़ता था।

उस समय विद्रोह प्रभावित प्रत्येक गाँव का प्रत्येक घर ''सैनिक'' होता था। घर का प्रत्येक सक्षम व्यक्ति सैनिक था और वह गाँव के प्रधान के अनुसार काम करता था। बुधु भगत अपना स्थान बदलता रहता था। गाँव वालों को दृढ़ विश्वास था कि भगत में दैवी–शक्ति थी और वह गोरों की पकड़ से बाहर था।

अंग्रेजों की चिन्ता बढ़ती जा रही थी। विद्रोहियों का दल जब चलता था तो उनकी संख्या 4–5 हजार के बीच होती थी जिनका सामना करने में, बन्दूक, तोप रहते हुए भी, अंग्रेजी सेना घबराती थी। जब तक पर्याप्त सैनिक एवं घुड़–सवार न हों, विद्रोहियों का सामना करना हानिकर सिद्ध हो सकता था। कैप्टैन इम्पे को, बुधु भगत को जिन्दा या मुर्दा पकड़ने का दायित्व सौंपा गया। कैप्टेन इम्पे ने सैनिक कार्यवाही के लिए भगत के क्षेत्र का चुनाव किया। उसने पर्याप्त सैनिकों एवं घुड़सवारों की माँग की। कैप्टेन इम्पे बनारस से आयी 50वीं देशी पैदल सेना की 6 कम्पनी तथा घुड़सवारों की एक सेना लेकर टिकू पहुँचा। कैप्टेन इम्पे के अनुसार उसने टिकू के निकट 4000 विद्रोहियों को पकड़ा और उनके हथियार समर्पित करवा लिए। किन्तु इम्पे का यह दावा अस्वाभाविक प्रतीत होता था। इम्पे के टिकू पहुँचने के साथ–साथ टिकू और निकटवर्ती गाँवों में सैनिकों के आने और टिकने का समाचार फैल गया था।

विद्रोही कभी भी सैनिकों से सीधी टक्कर नहीं लेते। वे सदा गोरिल्ला युद्ध के पक्षपाती रहे थे। परिस्थिति देखकर यदि आवश्यक रहा तो तीव्र गति से वे पहाड़ियों या वनों में विलुप्त हो जाते थे। अतः चार हजार कैदियों का पकड़ा जाना एक आश्चर्य जनक घटना थी। कैप्टेन इम्पे विद्रोहियों से किसी युद्ध की चर्चा नहीं करता। उस समय कोई भी गाँव

ऐसा नहीं था जहाँ विद्रोही न हों। अतः प्रतीत होता है कि बुधु भगत की तलाश में टिकू और निकटवर्ती गाँवों के प्रत्येक घर की तलाशी ली गई थी और उनके घरों में रखे जनजातीय हथियार बाहर किए गए थे तथा उन्हें विद्रोही मान कर गिरफ्तार कर लिया गया था। इस प्रकार कैदी विद्रोहियों की संख्या चार हजार तक पहुँची थी। जिन्हें कै.इम्पे घाटी मार्ग से चोरिया ले जा रहा था।

जो भी पक्ष हो किन्तु यह सत्य है कि पकड़े गए कैदी निकटवर्ती गाँवों के थे तथा जब वे सैनिकों के बीच घाट से गुजर रहे थे, उनकी पत्नियाँ एवं बच्चे सीना पीट–पीट चीत्कार कर रहे थे। यह एक अन्याय था जिसे बुधु भगत के भक्तों को सहना पड़ा था। किन्तु आदिवासियों की यह चीत्कार निरर्थक नहीं गई। यह घटना 10 फरवरी 1832 ई0 की है। फरवरी माह में अकस्मात् घाटी के ऊपर घने बादल घिर आए और देखते–देखते पूरी घाटी आंधी–पानी एवं भयंकर तूफान से आक्रान्त हो गई। घाटी में सैनिक एवं घुड़–सवार अपने को सम्भाल नहीं पा रहे थे, कैदियों की कौन चिन्ता करता। कैदियों ने इतना भयंकर आंधी–तूफान कभी नहीं देखा था। स्थिति का लाभ उठाकर वे तथाकथित विद्रोही कैदी पहाड़ी रास्ते से विलुप्त हो गए। इम्पे की अन्यायी पकड़ से मुक्त हो गए।

दैवी शक्ति का इससे बड़ा प्रमाण और क्या हो सकता था! यह बुधु भगत ने आंधी–पानी और तूफान को आदेश दिया कि जाओ, हमारे आदिवासी भाईयों को कैद से मुक्त कराओ, और कैदी मुक्त हो गए। वह जब, जहाँ, जैसा चाहे, वैसा ही होता था। इस घटना से इम्पे एवं अन्य अंग्रेज हतप्रभ रह गए थे तथा सोचने को बाध्य हो रहे थे कि बुधु भगत में कुछ विशेष अवश्य है।

दोधारी तलवार

बुधु भगत की दोधारी तलवार और उसका अश्व उसकी पहचान बन गए थे। बुधु भगत यद्यपि कुशल तीर चालक था किन्तु जब वह घोड़े पर सवार होता था तो उसकी दो–धारी तलवार उसके साथ होती थी। बुधु

भगत जब अपनी तलवार को हवा में लहराता था, बिजली कौंध उठती थी। देखने वालों की आँखें चौंधिया जाती थी। भगत की दोधारी तलवार सीधी और सामान्य से कुछ कम लम्बाई की थी। युद्ध के अवसर पर उसका उपयोग होता था। किन्तु ऐसा कोई अवसर निकट अतीत में नहीं आया था। आस–पास के सभी गाँवों में भगत का दबदबा बना हुआ था। म्यान में तलवार को रखते समय भगत कुछ मंत्र पढ़ता था। मंत्र के विषय में किसी को कोई जानकारी नहीं थी। फिर भी भगत अपनी तलवार को पूरा सम्मान देता था और उससे छोटा–मोटा काम नहीं लेता था। कहा जाता है कि भगत को यह तलवार चाला पच्चो देवी ने स्वयं प्रकट होकर दी थी। बुधु भगत का घोड़ा भगत द्वारा पूरी तरह प्रशिक्षित था। किस तरह नदी–नाले पार करना था, ऊँचाई चढ़नी थी, वह जानता था। लोगों का कहना है कि भगत का घोड़ा हवा से बातें करता था। भगत का कभी एक गाँव तो तत्क्षण किसी दूसरे गाँव में दिखलाई पड़ने का यही रहस्य था। घोड़े के बिना भगत एक कदम चल नहीं पाता था। भगत घोड़े के खान–पान एवं आराम का पूरा ध्यान रखता था।

शीश पर पुरस्कार[5]

विलकिन्सन प्रशासन बहु–विधि प्रयास कर हार चुका था किन्तु बुधु भगत को जिन्दा या मुर्दा नहीं पकड़ा जा सका था। भगत का जो क्षेत्र पड़ता था वहां के लोग भगत की सुरक्षा के लिए अपने प्राण तक देने को तैयार रहते थे।

इसके अतिरिक्त ऊँची–नीची पहाड़ियों और घने जंगल थे जिसके किसी कोने में भगत कुछ दिनों के लिए अज्ञातवास में चला जाता था। कै. इम्पे द्वारा टिको पर आक्रमण और उरांवों में भगत की खोज बेकार गई थी। भगत पकड़ में नहीं आ सका था। अन्ततः निश्चित किया गया कि पैसे का प्रलोभन देकर देखा जाए। संभव है कि पैसे के लोभ में कोई भगत संबंधी सूचना सरकार तक पहुँचा दे। अतः कम्पनी सरकार ने बुद्धु भगत को जिंदा या मुर्दा पकड़वाने पर एक हजार रूपये पुरस्कार की घोषणा की। उस समय एक हजार रूपये का काफी मूल्य था।

समय बीतता गया किन्तु बुधु भगत के विषय में कोई सूचना प्राप्त नहीं हुई। भगत का प्राण पैसे से अधिक प्यारा था। वस्तुतः बुधु भगत एक ऐसा सहज व्यक्ति था कि उसकी किसी से कोई शत्रुता नहीं थी। भगत अजातशत्रु था। अपने गाँव सिलागाई में कोई भी व्यक्ति भगत से ईर्ष्या नहीं रखता था। वह न केवल जाति के नेता एवं संरक्षक थे अपितु, वह सबके प्यारे थे। अतः अंग्रेजी सरकार के, बुधु भगत के पकड़ने के सारे प्रयास निष्फल हो जाते थे।

मानव–प्राचीर

कैप्टन इम्पे, जो अपनी सेना के साथ टिकू में टिके हुए थे, को बुधु भगत के विषय में सूचना मिली कि भगत अपने गाँव आया हुआ है। कैप्टन इम्पे ने 4 कम्पनी पैदल सेना तथा घुड़सवारों के साथ सिलागाई गाँव को चारों तरफ से घेर लिया। पैदल सेना गाँव की दिशा में, बन्दूक ताने बढ़ रही थी तथा उनके पीछे घुड़सवार चल रहे थे। गाँव में खलबली मच गई। गाँव वाले जानते थे कि वह घेरा भगत को पकड़ने के उद्देश्य से डाला गया था। भगत ने कहा मैं आत्म समर्पण कर देता हूँ, इससे गाँव की बरबादी रूक जायेगी। किन्तु गाँव वाले कमर कसे खड़े थे। बुधु भगत को किसी तरह बचाना था। गाँव में 300–350 ऐसे लोग थे जो सेना का सामना कर सकते थे। निश्चय हुआ कि सभी लोग भगत को केन्द्र में रखकर मनुष्यों का चार–पांच घेरा बना लें। इस प्रकार भगत को मनुष्यों की दीवार या मानव–प्राचीर से सुरक्षित कर सैनिकों की ओर से दूर कर दिया जायेगा। यह अवश्य है कि जो सामने पड़ेगा, गोली झेलेगा।[6] वे सुदृढ़ चट्टान की तरह गोलियाँ झेलते एवं शत्रुओं का सफाया करते, भगत को सुरक्षित स्थान तक पहुँचा देने की योजना बना रहे थे।

किन्तु बन्दूक और पिस्तौल के सम्मुख तलवार और कुल्हाड़ी कब तक टिक पाते।[7] देखते–देखते सारा गाँव सैनिकों की लपेट में आ गया था। झोंपड़ियॉ जला दी गईं थीं। बच्चे, बूढ़े, महिलाएँ सब बाहर आ गए थे। गोलियाँ चल रही थीं। किसे मारना है, गोलियाँ नहीं पहचानती थीं।

बुधु भगत, उनके दोनों पुत्र, हलधर और गिरधर, भाई और भतीजा तथा सैंकड़ो अनुयायी मारे गए।[8] सिलागाई गाँव पूरी तरह ध्वस्त कर दिया गया था। जिससे ''कोई'' बुधु भगत बचकर निकल न सके।

अब सब कुछ शान्त था। मैदान शवों से पटा हुआ था। छुट–पुट जलती हुई झोपड़ियों के बीच पूरे गाँव पर निस्तब्धता पसरी हुई थी, जो रह–रह कर नंग–धड़ंग उन अबोध बच्चों की सिसकियों से लहर जाती थीं जो लगभग शवों के बीच अपनी माँ को ढूँढ़ रहे थे या उन महिलाओं के चीत्कार से भंग हो जाती थी जो पीठ पर शिशु बांधे शवों के बीच अपने सुहाग की तलाश कर रही थी।[9]

कैप्टेन इम्पे ने एक बहुत बड़ी सफलता पायी थी । इस सफलता की खुशी में एक हजार रूपये का पुरस्कार सैनिकों के बीच वितरित कर दिया गया।[10] इसके अतिरिक्त इम्पे, पिठोरिया स्थित मुख्य शिविर को भी बुधु भगत के पतन की सूचना सप्रमाण भेजना चाहता था। उसने मृत बुधु भगत, उसके भाई और भतीजे के शीश कटवाकर एक तश्तरी में सजाकर पिठोरिया शिविर भेजा था। उस समय बंगाल हरकारा का प्रतिनिधि शिविर में उपस्थित था। जब ढके हुए शीशों पर से चादर हटाई गई, वह ऐसा वीभत्स एवं अमानवीय दृश्य देखकर गनगना उठा था। सभ्य कही जाने वाली अंग्रेज जाति इतनी बर्बर हो सकती थी उसने सोचा भी न था। यह बर्बरता का चरम था।[11]

बुधु भगत के पतन का समाचार जंगल की आग की तरह चारों ओर फैल गया। ऐसा लगा जैसे आन्दोलन निष्प्राण हो गया था। न केवल बड़े–बड़े प्रभावशाली नेता अपितु गाँव के गाँव अपने पाहन या महतो के नेतृत्व में आयुक्त के सम्मुख समर्पण करने लगे थे।[12] उन्होने अंग्रेजी सरकार के प्रति स्वामी–भक्ति का वचन भी दिया। इस प्रकार के समर्पण का अन्य क्षेत्रों में घातक प्रभाव पड़ा था। कुछ ने आत्म–समर्पण किया और कुछ शान्त बैठ गए। अप्रैल माह समाप्त होते–होते यह आन्दोलन निष्प्राण हो गया।

1831–32 के जनजातीय विद्रोह ने बुधु भगत के नेतृत्व में आने के पश्चात् एक व्यापक एवं महत्वपूर्ण मोड़ ले लिया था। प्रत्यक्ष या परोक्ष

रूप में लोग इस आन्दोलन से जुटते गए थे। कतिपय प्रतिष्ठित अंग्रेज अधिकारी बल देकर कहते थे कि नागपुर के महाराजा इस विद्रोह के मूल में थे तथा जनजातियों का सहारा लेकर अंग्रेजी सरकार से मुक्त होना चाहते थे। विद्रोह के विस्तार के साथ–साथ इससे लोग जुड़ते गए। विद्रोह से कुछ ऐसे लोग भी जुड़ गए थे जो किसी न किसी रूप में कम्पनी सरकार का काम करते थे, और वे सरकारी पाला बदल कर सरकार के विरोधी हो गए। ऐसे लोगों का विद्रोही हो जाना और आगे बढ़कर किसी भाग का नेतृत्व संभालना (चमर शाही एवं अन्य) आन्दोलन में रूख को स्पष्ट करता था। इतिहासकार पी.सी. राय चौधरी ने इस आन्दोलन को जनजातियों का प्रथम स्वतंत्रता संग्राम माना है। अंग्रेज वरिष्ठ अधिकारियों का भी यहीं कहना था कि देश के अंग्रेजों को उखाड़ के फेंककर अपना शासन स्थापित करना ही इस विद्रोह का उद्देश्य था।

इस प्रकार 1831–32 का जनजातीय विद्रोह वस्तुतः आदिवासियों का प्रथम स्वतंत्रता संग्राम था और बुधु भगत इस संग्राम के प्रथम शहीद थे।

संदर्भ ग्रंथ सूचीः

1. Russel to Braddon, 18th April 1832, Enclosure Singrai Manki, quotes J.C.Jha, The Tribal Revolt of Chotanagpur 1831-32, Patna, 1987, p. 158, F.N.
2. Charles Metcalfe, ... they (Coles) did intend to expel the British Government from their own country and establish their own independence.... Minute 14th April, 1832, Beng. Cr. Jude Cons No.17, dt. 18 June, 1832, WBSA.
3. J. C. Jha quotes Jt. Commissioner, "..... so that large numbers could be assembled at a moments notice, and they had in Budhu Bhagat of Silligaon, a leader with very, great influence over them." OP.cit, p. 108.
4. Ibid- "It was confidently expected that his (Budhu Bhagat) death or seizure would soon lead in the pacificatin of the area."
5. H. H. Spry, Modern India, London, 1837, Vol. 1, pp. 121-122.
6. Major Sutherland, "The Buggat's family and followers stood up like men round their aged chief..." Bengal Hurkaru, 29 Feb. 1832.
7. Ibid.
8. J. C. Jha, "The old leader thus perished with his brother sons and hundred followers" op. cit. p. 109-110.
9. John Bull quoted in the Bengal Hurkaru, 2nd March, 1832.

10. H. H. Spry, Op.cit, p. 122.
11. Bengal Hurkaru, "I have to this instant seen the heads which have been brought in to the commissioners, how horrid it is to see such sights." 21 Feb., 1832.
12. Bengal Hurkaru- "The good effects arising from Buddoo Buggut's death are already visivle, as the chiefs of many Khole villages have come in and tendered their submission to the commissioners." 29 Feb., 1832.

अध्यायः चौथा

पोटो सरदार

जिस देश या जाति में गद्दार होते हैं। उस देश या जाति की स्वतंत्रता खतरे में रहती है। पोटो सरदार ने थॉमस विलकिन्सन को एक कड़ी चुनौती दी थी और वह घाटी दर घाटी सेना लेकर, भटकता रहा था। अन्त में कुछ लोभी गद्दारों ने पोटो सरदार और उनके साथियों को गुप्त सूचना देकर पकड़वा दिया था जिन्हें 1838 के नववर्ष के दिन फांसी पर चढ़ाया गया था।

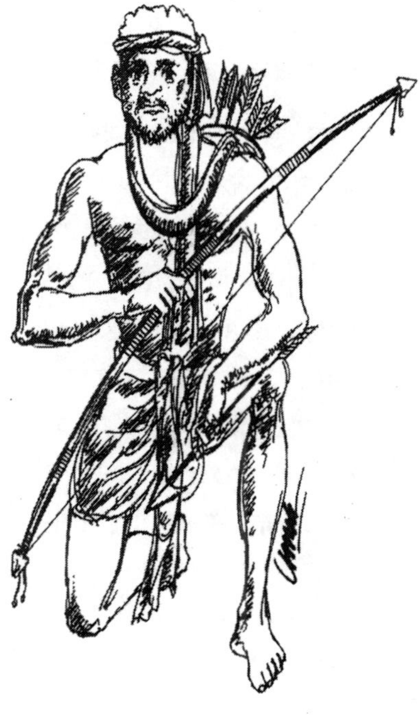

पोटो सरदार

मुण्डा परम्परा के अनुसार नागपुर प्रवेश के उपरान्त वे पश्चिमोत्तर पठारी भाग में बस गए थे। नागपुर में जब उरांवों ने प्रवेश किया, मुण्डाओं ने अपना स्थान उरांवों के लिए त्यागकर स्वयं पूर्व–दक्षिण दिशा में घाट के नीचे समतल मैदान में जा बसे थे। इन्हीं में से कुछ मुण्डा दक्षिण दिशा में फैलते हुए आज के सिंहभूम के पास पहाड़ एवं वनों में जा बसे। ये अपने प्राचीन जनजाति नाम *"हो"* से पहचाने गए। अपने लड़ाके स्वभाव के कारण ये *"लड़ाकू हो"* नाम से विख्यात हुए। इनके नाम पर इनका देश कोल्हान कहलाया। कोल्हान *"पीड़ो"* में बंटा हुआ था। 12–15 गाँव को मिलाकर एक पीड़ बनता है। कोल्हान की प्रमुख विशेषता यह है कि यह ऊँची–नीची पहाड़ियों एवं घाटों से बना हुआ है। इन पहाड़ियों एवं वनों का सहारा लेकर *"हो"* स्वयं को सुरक्षित कर लेते थे और घाटियों से होकर गुजरने वाली अंग्रेजी सेना को विषैले तीरों की बौछार झेलनी पड़ती थी। *"हो"* की अपराजेयता का मुख्य कारण कोल्हान की प्राकृतिक भौगोलिक संरचना रही थी। वैसे इनके साहस एवं वीरता का लोहा स्थानीय राजाओं एवं ब्रिटिश अधिकारियों ने सहज स्वीकारा था। शहीद पोटो सरदार कोल्हान की धरती पर जन्मा एवं फला–फूला था।

पोटो ने 1819–20 के *"हो"* विद्रोह को देखा था। 1831–32 के कोल (जनजातीय) विद्रोह की गूंज से प्रभावित हुआ था। गवर्नर जनरल के एजेन्ट थामस विलकिन्सन ने 1831–32 के विद्रोह से सिंहभूम के लरका हो की सहभागिता का आकलन करने तथा विद्रोह का मूल कारण पता लगाने के लिए सरायकेला में 8 जून 1833 को एक "हिल एसेम्बली" बुलाई थी, जिसमें कोल्हान के अधिकांश मानकी एवं मुण्डा सम्मिलित हुए थे।[1] विलकिन्सन का उद्देश्य था, विद्रोह के कारणों का पता लगाना। कोल्हान के मानकियों ने जो कुछ हुआ उसे भूल जाने तथा क्षमा करने की नीति के अनुसरण करने की सलाह दी।जिससे विलकिन्सन आश्वस्त हो गया था। यद्यपि विलकिन्सन जानता था कि 1831–32 के विद्रोह के विस्तार तथा इसकी ज्वाला में कोल्हान के *"हो"* की बहुत प्रभावी भूमिका रही थी और यह शान्त रहने वाली जनजाति नहीं है फिर भी उसने

कोल्हान पर अपनी अधीनता थोपने एवं उन्हें शिक्षित करने का संकल्प लिया था। उसे कोल्हान के अशान्त होने की भी सूचना मिली थी और वह 1836 के मध्य कोल्हान को घेरना चाहता था। नवम्बर 1836 से प्रारम्भ विलकिन्सन का घेरा फरवरी 1837 के आने तक समाप्त हो गया।[2] प्रायः सभी मानकियों ने ब्रिटिश शासन को स्वीकार कर लिया। लेफ्टिनेन्ट टिकैल ने जो उदार एवं प्रकृति प्रेमी थे।[3] कोल्हान का प्रशासन संभाला था।

ऊपर से दिखने में सब शान्त था किन्तु सदा से स्वतंत्र जीवन जीने वाली *'हो'* जनजाति एक असह्य घुटन अनुभव कर रही थी। इस पीड़ा से प्रभावित राजाबासा पीड़ के पोटो ने अपने साथ अनेक साथियों को खड़ा पाया। बालडिया का बोड़ा और डीब, पलसा गाँव का पोटेल, गोपाली, पान्डुआ, नरा, बड़ाए एवं इनके 20–25 साथी जनजातीय कोई न कोई हथियार लेकर तैयार थे। देखते–देखते अन्य गाँवों से भी पीड़ितों ने पोटो को अपना समर्थन प्रस्तुत किया। कुछ दिनों में ही कोल्हान का एक सशक्त शहीदी जत्था तैयार हो गया। स्वतंत्रता का मूल्य समझने वाले *"हो"* स्वतंत्रता की एक नई लड़ाई को तैयार थे। लालगढ़, आवला, बाढ़, पीड़ सहित लगभग 22 गाँवों के लोग अंग्रेजी सत्ता के विरूद्ध खुला विद्रोह करने के लिए तैयार थे। क्रमशः दिन–ब–दिन लोगों के सम्मिलित होने से इस विद्रोह ने जन–आन्दोलन का रूप ले लिया था। केवल पूरा कोल्हान अपितु सरायकेला से लेकर उड़ीसा के क्योंझर जिले तक आन्दोलन प्रभावी रूप से फैल गया था।

इस आन्दोलन को सफल बनाने के लिए बड़बिल, उड़ीसा के भागुनी नायक भी सम्मिलित हो गए। भगुनी नायक एक सिद्ध व्यक्ति माने जाते थे जिनके तंत्र–मंत्र में असीम शक्ति होती थी। उनका नाम क्योंझर के अतिरिक्त सरायकेला एवं कोल्हान में भी प्रसिद्ध था। पोटो के नेतृत्व में नायक के साथ बालन्डिया का टेपोय, सरबिल का कोये और वरदान तथा पाटा डुमरिया का पान्दुआ, जोटोंग एवं जोंकर जैसे दुर्दान्त योद्धा आन्दोलन में कूद पड़े। इन प्रसिद्ध लड़ाकों के आन्दोलन में आ जाने से आन्दोलन में नयी शक्ति का संचार हुआ था।

गुप्त बैठकें

यह स्पष्ट था कि अभी–अभी जिस कोल्हान की सत्ता अंग्रेजों ने अपने हाथ में ली थी वे अंग्रेज किसी भी प्रकार कोल्हान के प्रति लचीला रूख नहीं अपनाएँगे। अंग्रेजों के गुप्तचर या अन्य कर्मचारियों द्वारा कोल्हान में होने वाले उथल–पुथल की सूचनाएँ अंग्रेजों तक पहुँचती थीं। ऐसी स्थिति में आन्दोलन को नियंत्रित करना तथा इसे सही दिशा में ले जाना आवश्यक था। इसके लिए गुप्त बैठकें करनी पड़ती थीं। अभी तक बैठकें पोकाम गाँव में होती थीं किन्तु अंग्रेज अधिकारियों को पोकाम गाँव की सूचना मिल चुकी थी। अतः नया गुप्त केन्द्र मरिया के निकट वालन्डिया ग्राम में बनाया गया। यहाँ की एक गुप्त बैठक में पोटो की अध्यक्षता में निर्णय लिया गया[5]–

1. नवम्बर 1836 से फरवरी 1837 तक कोल्हान क्षेत्र में अंग्रेजों द्वारा गोली–वर्षा एवं आगजनी के कारण जिनके सम्बन्धी मारे गए या जिनके घर जलाए गए, उनका अंग्रेजों से बदला लेना,
2. सामरिक दृष्टि से महत्वपूर्ण सेरेंगसिया एवं बागलिया घाटियों को अपने अधिकार में करना,
3. समस्त अंग्रेजों एवं अन्य लोगों को कोल्हान की धरती से बाहर खदेड़ना, और
4. इस क्षेत्र के अन्य लोगों को अपने संघर्ष में सम्मिलित करने तथा विदेशी शत्रुओं को मार भगाने के लिए अन्य गाँवों में तीर भेजकर उन्हें आमंत्रित करना।

उपरोक्त उद्देश्यों को सामने रख कर पोटो सरदार ने स्वतंत्रता प्रिय कोल्हानवासियों को पुनः संगठित किया। कैप्टेन थामस विलकिन्सन 1832 के जनजातीय विद्रोह में लड़ाका *'हो'* की सशक्त भूमिका देख चुका था और उसका दृढ़ विश्वास था कि जब तक कोल्हान पूरी तरह सरकार के अधीन नहीं हो जाता, जनजातीय क्षेत्र में शान्ति बनाए रखना कठिन होगा। विलकिन्सन का अनुमान सही निकला। फरवरी 1837 के कोल्हान दमन की अग्नि अभी शान्त भी नहीं हो पाई थी कि पोटो सरदार के नेतृत्व में हजारों–हजारों *'हो'* पारम्परिक हथियार से सज्जित कोल्हान की

मुक्ति के लिए उठ खड़े हुए थे। विलकिन्सन ने विगत विद्रोह पर टिप्पणी करते हुए कहा कि इन विद्रोहों का परिणाम कुछ नहीं निकलेगा अतिरिक्त इसके कि कुछ लोग अपनी नेतागिरी को कुछ समय के लिए चमका लें।[6] किन्तु विलकिन्सन अपने अनुमान में गलत था। कोई नेतागिरी के शौक के लिए जीवन की कुर्बानी नहीं देता। अन्तर्मन में झूठा रहकर कोई प्राण की आहुति नहीं करता है। यह एक शहीदी जत्था था। संभव है विलकिन्सन ने ये बातें अपने साथियों का मनोबल बढ़ाने के लिए कही हों क्योंकि इस विद्रोह के दमन के लिए उसने विभिन्न स्त्रोतों से सहायता ली थी।

दक्षिण पश्चिम सीमान्त एजेन्सी की सीमा में सिंहभूम का क्षेत्र आता था। सिंहभूम में सर्वाधिक प्रशासनिक समस्याएँ कोल्हान से जुड़ी होती थीं। पोटो सरदार सम्बन्धी विद्रोह की सूचनाएँ प्राप्त करने पर इसे सहजता से लेते हुए गिरफ्तारी का आदेश जारी कर दिया गया किन्तु पोटो सरदार एवं उनके साथी अपने कार्यक्रम यथावत चलाते रहे। स्थानीय अधिकारियों का विचार था कि पोटो सरदार अब कोल्हान की स्वतंत्रता का प्रतीक बन चुका है। उसे विस्तृत जनमानस का समर्थन प्राप्त है। उसके प्रभाव से समस्त कोल्हान पुनः आन्दोलित हो चुका है। सेना भेजना आवश्यक था।

12 नवम्बर 1837 को थॉमस विलकिन्सन ने चाईबासा और स्थानीय अधिकारियों से विचार–विमर्श के उपरान्त निश्चित किया कि कैप्टेन आर्मस्ट्रांग के नेतृत्व में विद्रोहियों को दबाने के लिए एक सेना भेजी जाए।

17 नवम्बर 1837 को 2 तोप, 400 सशस्त्र सैनिक एवं 60 घुड़सवार लेकर कैप्टेन आर्मस्ट्रांग बाढ़ पीड़ की ओर रवाना हुआ। इस अभियान में सरायकेला के राजा ने 200 सैनिकों का योगदान किया तथा बाकुड़ा के जमींदार को भी तैयार रहने का आदेश भेज दिया गया।

आर्मस्ट्रांग अपने सैनिकों के साथ निर्बाध आगे बढ़ता गया। 19 नवम्बर 1837 को जब अंग्रेजी सेना सेरेंगसिया घाटी के मध्य में पहुँची

अचानक उन्हें जहरीले तीरों की मार झेलनी पड़ी। यह घाटी दोनों ओर पहाड़ियों से घिरी हुई है और आर्मस्ट्रांग के सैनिक जंगली मार्ग से अपरिचित थे। उनके लिए प्राण रक्षा करना कठिन था। कितने ही सैनिक एवं घोड़े मारे गए एवं घायल हुए। अंग्रेजी सेना की यह पहली असफलता थी।

विलकिन्सन को अपनी सैन्य शक्ति बढ़ाना आवश्यक लगा उसने तेराई के मानकी लक्ष्मण सिंह तथा सागुनडीह के मानकी बालासिंह से 100–100 सैनिकों की तुरंत मांग करने के पश्चात् केड़र के जमींदार एवं खरसावां के ठाकुर से सेना को अविलम्ब भेजने की मांग की। नए सैनिकों से सज्जित पहला आक्रमण पोटो सरदार के राजा लाखा पीड़ पर किया गया। सैनिकों ने पोटो सरदार के पिता को कैद कर लिया और गाँव में आग लगा दी, संभवतः इस विचार से कि पोटो या उसके आदमियों के शरण पाने का एक स्थान नष्ट कर दिया जाए।

इस झूठी सूचना पर कि विद्रोही तड़ागहातु में छिपे हुए हैं, सौ सैनिकों तथा कुछ घुड़सवारों ने तड़ागहातु गाँव को चारों ओर से घेर लिया, किन्तु सैनिकों को कुछ न मिला अतिरिक्त साठ महिलाएँ मिली जिन्हें कैद कर लिया गया और गाँव में चारों दिशाओं से आग लगा दी गई। सारा गाँव जलकर राख हो गया।

अंग्रेजी सेना की बढ़ती हुई बर्बरता अब सहन शक्ति की सीमा पार कर चुकी थी। निरपराध व्यक्तियों की हत्या, आगजनी, गाँव एवं अनाज की बरबादी। इससे अंग्रेजों को पता नहीं क्या लाभ मिलता था? अंत में स्वतंत्रता–सेनानियों ने अंग्रेजी सेना से सीधा टक्कर लेने का निर्णय ले लिया और निश्चय हुआ कि जयपुर एवं रूइया गाँवों के बीच शत्रुओं को चुनौती दी जाए। किन्तु इसके पहले कि स्वतंत्रता सेनानी रूइया गाँव पहुँचते उन्हें अंग्रजी सैनिकों द्वारा घेर लिया गया। यह एक विचारणीय विषय था कि क्रान्तिकारियों के उपस्थित स्थान की सूचना किस गद्दार ने अंग्रेजों तक पहुँचाई थी। गुप्त सूचना को आधार मान कर लेफ्टिनेन्ट टिकेल ने सेना की एक टुकड़ी लेकर जयपुर गाँव की दिशा से विद्रोहियों को घेरना प्रारम्भ किया जब कि कैप्टेन आर्मस्ट्रांग और लेफ्टिनेन्ट

सिम्पसन ने रामगढ़ बटालियन के तीन सौ सैनिकों को लेकर विद्रोहियों को रूइया गाँव की दिशा की ओर से घेरना प्रारम्भ किया। यद्यपि कुछ स्वतंत्रता सेनानी पकड़े गए किन्तु कुछ पकड़ में न आ सके विशेषकर वे स्वतंत्रता सेनानी जिनके हाथ में नेतृत्व था, बच निकले थे।

थॉमस विलकिन्सन इस सफलता को आधी सफलता मानता था। उसके अनुसार जब तक पोटो सरदार एवं अन्य नेतागण नहीं पकड़े जाते हैं, सिंहभूम सदा अशान्त रहेगा। विलकिन्सन ने फोर्ट विलियम सरकार से विद्रोहियों पर मुकदमा चलाने तथा आवश्यकता एवं अपराध के अनुरूप उन्हें मृत्यु दण्ड देने के अधिकार की मांग की। विलकिन्सन की मांग कम्पनी सरकार ने स्वीकार की। अब विलकिन्सन को अधिक अधिकार प्राप्त था तथा मृत्यु दण्ड देने के लिए भी सरकार से अधिकृत था।

कैप्टेन थामस विलकिन्सन एक अत्यन्त सफल अधिकारी माने जाते थे। एक ओर उनकी कठोरता तो दूसरी ओर उनकी नम्रता। विलकिन्सन नीति दोनों का समन्वय था। उन्होंने कुछ गद्दार विद्रोहियों से बात की और उन्हें कम्पनी सरकार का सच्चा भक्त बना दिया था। कुछ विद्रोहियों ने लोभ में आकर पोटो एवं अन्य विद्रोहियों के गुप्त स्थानों की सूचना दी तथा उन्हें गिरफ्तार करवाने में अंग्रेजी अधिकारियों की सहायता की थी। यह एक पुरानी कथनी है कि भारत में अंग्रेजी शासन की नींव आपसी द्वेष एवं गद्दारी के कारण पड़ी थी। यह एक मौलिक समीकरण था।

कोल्हान के स्वतंत्रता सेनानियों के साथ भी यही हुआ। गद्दारों द्वारा निर्दिष्ट स्थानों पर सघन छापामारी कर 1837 के सिंहभूम के क्रान्तिकारियों में प्रमुख बोड़ो, नारो, बड़ाय और पण्डुआ जैसे वीर गिरफ्तार कर लिए गए। 8 दिसम्बर 1837 को पोटो और उसका सहयोगी डीवे भी अंग्रेजों द्वारा पकड़ लिए गए। इन स्वतंत्रता सेनानियों पर जगन्नाथपुर में विलकिन्सन की संक्षिप्त अदालत में 18 दिसम्बर 1837 में मुकदमा चलाया गया जो 25 दिसम्बर तक चला था। 31 दिसम्बर 1837 को मुकदमे का फैसला सुनाया गया। पोटो, बोड़ो, पण्डुआ, नारो और बड़ाय को मृत्युदण्ड की सजा दी गई और शेष सेनानियों को विभिन्न वर्षों के कारावास की

सजा दी गई। अब तक थामस विलकिन्सन को मृत्युदण्ड देने का अधिकार प्राप्त हो चुका था।

1 जनवरी, 1838 को जगन्नाथपुर के विशाल जन–समूह के सम्मुख पोटो, नारा और बोड़ाय को फांसी के फन्दे से लटका दिया गया। जगन्नाथपुर की जनता को आतंकित करने का यह एक सहज उपाय था जिसका उपयोग विलकिन्सन और साथियों ने किया था। विलकिन्सन ने अपने सेवा काल में फांसी देने का प्रारम्भ नव वर्ष से किया था। तदनुसार 2 जनवरी, 1939 को सेरेंगसिया गाँव में प्रशासन द्वारा जन समूह के सम्मुख बोड़ो और पण्डुआ को फांसी पर लटका दिया गया।

पोटो और साथियों की कुर्बानी निरर्थक नहीं गई। दो दशक के भीतर ही 1857 में सिंहभूम का कोल्हान क्षेत्र पुनः विद्रोही हो उठा था। पोटो द्वारा स्थापित शहीदी परम्परा कोल्हान की धरती पर सजीव रही थी। थामस विलकिन्सन ने पोटो सरदार को 1 जनवरी 1838 को फांसी पर लटका कर कम्पनी सरकार को नव वर्ष का उपहार दिया था। भारतवर्ष में शायद *'हो'* जनजातियाँ ही ऐसी रही है जिसने प्राचीनकाल से आधुनिक काल तक किसी का भी साम्राज्य का आधिपत्य स्वीकार नहीं किया।

अंग्रेज अधिकारियों में थॉमस विलकिन्सन सबसे कुशल अधिकारी माना जाता था। वह युद्ध के साथ सहानुभूति एवं सम्मान की नीति अपनाता था। वह 'मुनरो' स्कूल के विचारों का समर्थक था। दक्षिण पश्चिम सीमान्त एजेन्सी के विस्तृत क्षेत्र का एजेन्ट था और अपने कार्यों के लिए गर्वनर जनरल के प्रति सीधा उत्तरदायी था। सही प्रशासन के लिए विलकिन्सन निजामत अदालत के समान 14 वर्ष तक सश्रम कारावास की सजा देने का अधिकार पाना चाहता था,[7] कम्पनी सरकार ने इस अधिकार से उसे सज्जित किया।

कोल–विद्रोह को व्यवस्थित करने के उपरान्त एजेन्ट विलकिन्सन ने सिंहभूम के लड़ाका *'हो'* को इस प्रकार नियंत्रित करने का प्रयास किया कि वे पुनः विद्रोह न कर सकें। विलकिन्सन ने देखा था कि 8–10 वर्ष

की सजा पाकर गाँव में वापस आने वाले विद्रोहियों का सम्मान एवं प्रभाव बढ़ जाता था। विलकिन्सन ने सोचा कि इस तरह के राजनीतिक विद्रोही को उनके अपराध के अनुसार या राजद्रोह के अपराध पर फांसी दे देनी चाहिए किन्तु विलकिन्सन को फांसी देने का अधिकार प्राप्त नहीं था। 1837 को कोल्हान–अधिग्रहण के क्रम में कम्पनी सरकार से फांसी की सजा देने के अधिकार की मांग की। 1837 में कोल्हान जल रहा था। पोटो सरदार जैसे कुछ अन्य लड़ाका *'हो'* विदेशियों को कोल्हान को मुक्त कराना चाहते थे। लोभी गुप्तचरों ने पोटो सरदार एवं उनके साथियों की सूचना अंग्रेजों तक पहुँचा दी। फांसी की सजा देने के लिए कम्पनी सरकार से अधिकृत विलकिन्सन ने पहली बार पोटो सरदार एवं उनके साथियों को 1838 की पहली जनवरी को फांसी दे दी। विलकिन्सन द्वारा कम्पनी सरकार को दिया गया नववर्ष का एक वीभत्स उपहार था।

फांसी की सजा के साथ–साथ संभवतः पोटो सरदार ने नये इतिहास की रचना की कि छोटा नागपुर के वह पहले शहीद थे जिसे फांसी पर लटकाया गया था।

एजेण्ट थामस विलकिन्सन ने स्वतंत्रता सेनानियों का दमन करने तथा उन्हें सदा के लिए मिटा देने के लिए कम्पनी से फांसी की सजा देने का अधिकार प्राप्त कर लिया था और इसका पहला प्रयोग पोटो सरदार पर हुआ था। उस समय छोटा नागपुर में विलकिन्सन सर्वोच्च अधिकारी था और उसे फांसी की सजा देने का अधिकार नहीं था। उसे कम्पनी से यह अधिकार मांगना पड़ा था। परिस्थितियों से स्पष्ट है कि पोटो सरदार विलकिन्सन के पहले शिकार थे। साथ ही यह भी प्रतीत होता है कि पोटो सरदार के पूर्व किसी स्वतंत्रता सेनानी को छोटा नागपुर में फांसी की सजा नहीं दी गई थी। तिलका मांझी छोटा नागपुर से बाहर के क्षेत्र से थे और बुधु भगत की शहादत की यह विशेषता थी कि उन्हें दो बार मारा गया, युद्ध मैदान में गोली लगने से मृत्यु हो गई और जमीन पर गिर पड़े। पुनः बुधु भगत का गला काटा गया। बुधु भगत के पश्चात् छोटा नागपुर के शहीदों में पोटो सरदार आते हैं जिन्हें फांसी की सजा दी गई। तत्कालीन परिस्थितियों से प्रतीत होता है कि छोटा नागपुर के शहीदों में

यह गौरव पोटो सरदार को जाता है कि फांसी पर लटकने वाले स्वतंत्रता सेनानियों में वह पहले शहीद थे, जिन्होंने बढ़कर फांसी का फंदा चूमा था।

संदर्भ ग्रंथ सूचीः

1. P. Kumar, Mulinies and Rebellions in Chotanagpur (1831-57)- Patna, 1991, p. 89.
2. Ibid.
3. Singhbhum Gazetteer, Patna, 1958, p. 8.
4. J.A.S.B., 1840, p. 696.
5. Singhbhum Gazeetter, Annexation of The Kolhan, pp. 87-88.
6. Ibid, "The men who it appeared desirable to make a example of, in consequence of their having been leaders in the previous disturbances, were given up or captured ....", p. 87-88.
7. J. C. Jha, op.cit., p. 249.

अध्यायः पाँच

सिद्धू और कान्हू

''हमें मरंग–वुरू ने आदेश दिया है कि अपना राज स्थापित करो।''

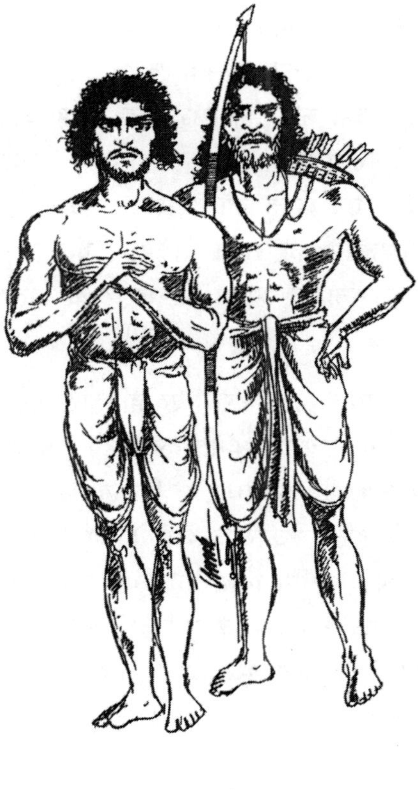

सिद्धू और कान्हू

वीर प्रसूता झारखण्ड की धरती का पूर्वोत्तर भाग संताल परगना कहलाता है। संताल परगना अपने गौरवमय इतिहास के लिए प्रसिद्ध है। इस इतिहास का एक स्वर्णिम अध्याय 1855–56 ई. का संताल विद्रोह रहा था। यह विद्रोह संतालियों एवं सहयोगियों द्वारा ब्रिटिश शासन से "मुक्ति" तथा "अबूआ राज" की स्थापना हेतु किया गया संघर्ष था, जिसे इतिहासकारों ने "संथालहुल" अर्थात् संताल विद्रोह का नाम दिया है, किन्तु यह वस्तुतः एक सीमित क्षेत्र की जनजातीय समुदाय का, अपने पैमाने पर, स्वतन्त्रता संग्राम था। इस स्वतंत्रता संग्राम के नायक भगनाडीह के वीर एवं मेधावी सिद्धू एवं उसका छोटा भाई कान्हू थे। इन्होंने तीर–धनुष एवं कुल्हाड़ी तथा इससे भी अधिक अपने पीछे क्षेत्र की जनता का अपार संबल लेकर तोप एवं बन्दूक वाली शोषक एवं शोषकों की पक्षधर कम्पनी सरकार के विरूद्ध संघर्ष किया था। एक समय ऐसा आया था जब पूरा परगना उनकी विजय पताका के अधीन आ गया था। किन्तु, अन्तोगत्वा उन्हें पराजय का सामना करना पड़ा था। इस देश में "मीर जाफरों" की कमी नहीं है। सिद्धू एवं कान्हू को, ब्रिटिश सरकार को गुप्त सूचना देकर पकड़वा दिया गया। आम जनता में भय उत्पन्न करने के लिए सिद्धू एवं कान्हू को क्रमशः 26 जुलाई 1856 को बरहैत एवं भगनाडीह में फाँसी की सजा दी गई। वीर सपूत शहीद होकर न केवल संताल परगना के अपितु झारखण्ड के इतिहास में अमर हो गये।

सदा की तरह अंग्रेज अधिकारियों एवं इतिहासकारों ने संताल विद्रोह के स्वतंत्रता–संघर्ष के सच को भ्रमित करते हुए इसे महाजनों, जमींदारों तथा पुलिस के शोषण और अत्याचार के विरूद्ध अर्द्ध–सभ्य जनजाति का आक्रोश बताया है।[1] इतिहासकार ने इसे ब्रिटिश सरकार के विरूद्ध नहीं बतलाया है।[2] यह एक पक्षीय विचार है। महाजन, जमींदार एवं पुलिस आदि के अत्याचार एक कारण है किन्तु विद्रोह का मुख्य कारण संतालियों की स्वतंत्रता प्रियता था। इन तथ्यों के आधार पर यह स्वीकारना होगा

कि सिद्धू और कान्हू की शहादत के महत्व को मूल्यांकित करने के लिए निम्नलिखित बिन्दुओं पर विचार करना होगाः–

(क) संताल परगना एवं संताल

(अ) संताल प्रवेश एवं निवसित होना

(ख) नायक का विकास

(अ) जनजातीय त्रासदी

(ब) हमत्व की भावना

(ग) धार्मिक कट्टरता(उन्माद)

(अ) ठाकुर का आदेश

(घ) उद्घोषणा एवं पयान, शहादत

(क) संताल परगना और संताल

अपने भौगोलिक एवं प्राकृतिक विशेषताओं के साथ वर्तमान संताल परगना भारतीय इतिहास के प्रत्येक काल में महत्वपूर्ण रहा है। प्राचीन काल में पहाड़ियों से घिरा हुआ यह क्षेत्र, पराजित जनजातियों के लिए उपयुक्त शरणस्थल रहा था। इस क्षेत्र की प्राचीन जनजाति "मालेर" या माल पहाड़ियों जैसे सुरक्षित स्थान की तलाश में यहाँ आ बसी थी। कहा जाता है यह जनजाति ई.पू. चौथी सदी में आकर बसी थी। प्रसिद्ध यूनानी इतिहाकार मेगस्थनीज ने अपनी पुस्तक "इंडिका" में मालेर का उल्लेख "मली" के रूप में किया है।[3] मेगस्थनीज चन्द्रगुप्त के दरबार में ई. पू. 302 ई. में आया था। आदिकाल के प्रारंभिक वर्षों में राजमहल की पहाड़ी और नीचे का मैदान मालेर के प्रभाव में रहा था। मुगलकाल में बंगाल के सूबेदार मानसिंह ने राजमहल को अपने अधिपत्य में लिया। यह प्रमाणित है कि राजमहल की 'मालेर' जनजाति एवं छोटा नागपुर की उराँव जनजाति सहोदर है। रोहतासगढ़ तक के जीवनकाल में दोनों के पूर्वज एक थे। रोहतासगढ़ से पलायन के क्रम में ये दो दल में विभक्त हो गए थे। एक दल गंगा नदी का किनारा पकड़ कर राजमहल तक पहुँचा और मालेर कहलाया, दूसरा दल कोयल नदी पार कर पलामू होते हुए छोटा नागपुर में प्रविष्ट हुआ और उरांव कहलाया। मेगस्थनीज का विवरण

कथन इस स्थापना की पुष्टि करता है कि उरांव जनजाति छोटा नागपुर में ई.पू. चौथी सदी में प्रविष्ट हुई थी। राजमहल की प्राकृतिक एवं सामाजिक स्थिति देखकर मान सिंह ने राजमहल बंगाल की राजधानी बनाई थी। शाहसुजा की भी पसंद राजमहल थी। ईस्ट इंडिया कम्पनी के लिए तो राजमहल जीवनदायी सिद्ध हुआ था। कंपनी अपना एक कार्यालय राजमहल में रखती थी। हम जानते हैं कि कभी न सूखने वाली गंगा नदी राजमहल की पहाड़ियों से टकराकर बंगाल की दिशा पकड़ती है तथा कलकत्ता एवं उत्तर भारत से व्यापार हेतु एक सहज जलमार्ग बनाती है। इस जलमार्ग का नियंत्रण राजमहल से होता था। अतः ईस्ट इंडिया कंपनी के और अस्तित्व का बहुत कुछ राजमहल की कृपा पर निर्भर करता था। यह राजमहल ही था जहाँ शाहसुजा ने कंपनी को "मुक्त व्यापार" की सुविधा देकर भारत में पैर जमाने का मार्ग प्रशस्त किया था। अतः कंपनी सरकार के लिए संताल परगना मार्ग सामरिक एवं व्यापारिक दृष्टि से अत्यंत महत्वपूर्ण था।

संताल प्रवेश एवं निवसित होना

संताल परगना में प्रवेश करने वाली संताल सबसे बाद की जनजाति है। इतिहासकारों के अनुसार पहली बार यह जनजाति वीरभूमि से उत्तर दिशा में चलकर दुमका जिले में 1790–1810 ई0 के बीच आ बसी थी। परिश्रमी और जुझारू संतालियों के सम्मुख यह धरती घने वनों से आच्छादित थी और पूरी तरह चुनौतीपूर्ण थी। उन्होंने वनों को काटा, क्षेत्र को खूँखार और हिंसक जन्तुओं से मुक्त किया और भूमि को कृषि योग्य बनाया। उनके परिश्रम एवं साहस से स्थानीय जमींदार एवं अंग्रेज अधिकारी प्रसन्न थे। मिस्टर सदरलैंड के अनुसार 1818 ई0 के संताल गोड्डा की पहाड़ियों के घने वनों को साफ करने में व्यस्त पाए गए थे। 1827 ई0 तक वे गोड्डा के उत्तरी भाग के अंतिम छोर पर निवसित पाए गए थे। 1836 ई0 में भागलपुर के कलक्टर श्री डनवर की एक रिपोर्ट अधिकारियों के सामने आयी थी। जिसमें कम–से–कम संताली, दामिनी–ई–कोह के 423 गाँव पाए गए थे, यद्यपि कुछ गाँव भुईयाँ के भी थे।

वस्तुतः कंपनी सरकार संतालों के साहस एवं उद्यम का उपयोग कर इस क्षेत्र के घने वनों की कटाई एवं सफाई करना चाहती थी। अंग्रेज अधिकारियों के अनुसार वनीय भूमि को कृषि योग्य बनाने से न केवल जनजातियों को लाभ होगा, अपितु लगान की वसूली से सरकार की आय में भी वृद्धि होगी। इस उद्देश्य से प्रेरित कंपनी सरकार ने एक विशेष अधिकारी के रूप में श्री पोन्टेट को 21 नवंबर 1836 को, संताल परगना भेजा थी। पोन्टेट जंगली भूमि को कृषि योग्य बनाने के लिए संतालों को प्रोत्साहित करेंगे तथा विशेष अधिकारी के रूप में संतालों के हितों की रक्षा भी करेंगे।[4] श्री पोन्टेट से प्रोत्साहन पाकर संताली लोग संताल परगना में फैलते गए। उनके सामने सुस्त एवं लापरवाह पहाड़ी जनजातियाँ कोई विशेष बाधा खड़ी न कर सकीं। वे बरहैत की घनघोर वनाच्छादित घाटी में क्रमशः प्रविष्ट कर गए और हिंसक पशुओं को मार भगाते हुए राजमहल के इस हृदयस्थल का कायापलट करने में सफल हुए थे।[5] कैप्टेन सेरविल ने 1851 में, राजमहल के हृदयस्थली बरहैत की घाटी देखने के बाद टिप्पणी की थी – "यह घाटी, जो पहाड़ियों से घिरी हुई थी, जनजातियों की सहायता से घने वनों को काटकर सैकड़ों संताली गाँव में परिवर्तित हो गई। अब इस घाटी की सुंदरता देखते बनती है। यहाँ के संताल अपार पशु धन और लहलहाते हुए खेतों से घिरे पूरी तरह संपन्न थे।[6]

1851 ई0 के एक सर्वेक्षण के अनुसार संतालों के अधिकार में 451744 बीघा जमीन थी, जिससे ₹ 47555 लगान स्वरूप वसूल होते थे। किंतु इस बीच संतालों की जनसंख्या में उल्लेखनीय वृद्धि हुई और 1838–51 के मध्य उनकी जनसंख्या 3 हजार से बढ़कर 82795 तक पहुँच गई।[7]इनके अतिरिक्त दामिन–ई–कोह की बाहरी सीमा पर लगभग 10,000 संताल बसते थे। इतनी अधिक जनसंख्या की तुलना में भूमि की मात्रा बहुत कम थी। परिणाम स्वरूप अधिकांश संतालों की आजीविका का साधन कृषि न होकर मेहनत मजदूरी हो गया था। यह कठिन परिस्थिति थी कि सभी के लिए रोजगार की व्यवस्था की जाए।

(ख) जनजातीय त्रासदी और नायकों का उदय

नायकों के उदय के पूर्व संताल जनजाति का जीवन अनेक त्रासदियों से भरा था। प्रायः सभी अंग्रेज इतिहासकारों, ईसाई मिशनरियों तथा सरकारी अधिकारियों ने संतालों के जीवन की त्रासदी को अपने–अपने ढंग से प्रस्तुत किया है। इनका प्रयास रहा था कि संताल आन्दोलन को सरकार के विरूद्ध न प्रमाणित करके महाजन, जमींदार, छोटे तबके के कर्मचारियों को निशाना बनाया जाए। इस प्रकार पूरा संताल परगना संताली और गैरसंताली दो वर्गों के बीच में विभक्त किया जाए। संतालियों के आक्रोश का कारण जमींदार, महाजन आदि को प्रमाणित कर इन इतिहासकारों या अधिकारियों ने कंपनी सरकार को साफ–सुथरा बनाने का प्रयास किया था। एल.एस.एस. ओमैले ने संताल विद्रोह पर प्रकाश डालते हुए निम्नलिखित कारण बतलाए हैं–

झूठ, साहबों की उपेक्षा, महाजनों का शोषण, सरकारी अमलाओं एवं पुलिस का अत्याचार।[8]

एल.एस.एस. ओमैले के अतिरिक्त जे.बी.ब्रेडले बर्ट, डब्लू.डब्लू.हण्टर, ए.सी.विडवेल तथा अन्य ने विद्रोही जनजातियों की त्रासदी और नायकों के उदय, पर प्रकाश डाला है। इन लोगों का मानना है कि संताल इतने अधिक शोषित और प्रताड़ित किए गए कि संताली तत्कालीन परिस्थितियों से मुक्त होना चाहते थे। सिद्धू–कान्हू का उदय इन्हीं शोषणों और अत्याचारों के विरूद्ध संतालों का जन समर्थन जुटाना था। अतः उन परिस्थितियों को, जो नायकों के उदय के कारण थी अंग्रेज इतिहासकारों एवं अधिकारियों की दृष्टि में निम्नलिखित थे–

डब्लू.डब्लू.हण्टर ने नायकों (सिद्धू–कान्हू) के उदय के कारणों पर प्रकाश डालते हुए अपने विचार व्यक्त किए हैं। उनकी पुस्तक ''एनल्स ऑफ रूरल बंगाल''[9] 1864 में प्रकाशित हुई है। मूल रूप से उन्होंने प्रमाणित करने का प्रयास किया है कि हिन्दूओं के शोषण और अत्याचार के विरूद्ध संतालों ने 1855–56 में अपने हथियार उठाए थे। हण्टर ने 'हिन्दू' शब्द का खुल कर प्रयोग किया है। उनकी दृष्टि में जो गैर

आदिवासी हैं वे हिन्दू हैं। हण्टर ने इस प्रसंग में कतिपय उदाहरण भी प्रस्तुत किए हैंः–

यदि एक संताली को कुछ ऋण की आवश्यकता होती थी तो वह 'हिन्दू' (महाजन) के पास जाता था और उससे 33% चक्रवृद्धि ब्याज के दर पर ऋण लेता था। चूँकि ऋण के लिए बंधक स्वरूप उसके पास जमीन या कोई वस्तुएँ नहीं होती, अतः वह अपनी सेवाएँ महाजन के पास बंधक के रूप में रखता था। इस प्रकार महाजन ऋणी का ऋण चुकाने में, जो चक्रवृद्धि ब्याज की दर से बढ़ता था, का जीवन समाप्त हो जाता था तथा उसके बच्चे पिता से उत्तराधिकार के रूप में, महाजन की 'गुलामी' पाते थे। हण्टर के अनुसार संतालों को महाजनों की यह गुलामी पीढ़ी दर पीढ़ी का रोग हो जाता था।[10]

हण्टर ने 'हिन्दूओं' (बनियों) के शोषण और मक्कारी का भी उल्लेख करते हुए बताया है कि किस प्रकार सामानों के लेन–देन में बनिया संतालों को ठगता था। वह सामान लेते समय भारी वजन का प्रयोग करता था तथा देते समय हल्के वजन का प्रयोग करता था। इसके अतिरिक्त यदि किसी संताल ने बनिया से चावल उधार में ले लिया, तो एक दिन ऐसा आता था कि सरकारी अमला संताल के गाय–बैल को नीलाम करने उसके दरवाजे पर पहुँच जाते थे।[11]

हण्टर के अनुसार गरीब संतालों के लिए न्यायालय की सुविधा दुर्लभ होती थी। प्रायः न्यायालय संताल गाँव से 100 मील की दूरी पर होते थे, जहाँ तक पहुँचना संतालों के लिए एक दुष्कर काम था। पुनः अंग्रेज अधिकारी सरकारी लगान की वसूली में अधिक रूचि रखते थे तथा उनके पास संतालों की पीड़ा का निराकरण करने का समय नहीं होता था। इस प्रकार गरीब संताल की गुहार सुनने वाला कोई नहीं था।[12]

हण्टर कंपनी सरकार का पक्ष लेते हुए लिखते हैं, संतालों पर होनेवाले अत्याचारों की जानकारी सरकार को नहीं थी। हण्टर द्वारा अत्याचारी के रूप में 'हिन्दू' शब्द का बहुतायत से प्रयोग हुआ है। यह प्रयोग उस विभेदक नीति का परिचायक है, जो ब्रिटिश प्रशासन का एक

भाग रहा था। यद्यपि संतालों के साथ इस विद्रोह में लोहारों ने दिन–रात मेहनत कर के तीर–तलवार बनाये थे और हिन्दूओं ने भी साथ दिया था।

हण्टर की अपेक्षा ए. सी. बिडवेल का अध्ययन अधिक तटस्थ और खोज पूर्ण है। बिडवेल का लक्ष्य विद्रोह के प्रति समाज के विभिन्न वर्गों से सूचना एकत्रित करना था। नायकों के उदय में बिडवेल ने एक स्पष्ट चित्र रखने का प्रयास किया है।

ए. सी. बिडवेल संताल विद्रोह के दमन के लिए सरकार द्वारा विशेष आयुक्त नियुक्त किए गए थे।[13] बिडवेल ने नायकों एवं विद्रोहियों के उदय के कारणों का पता लगाने के लिए क्षेत्र के विभिन्न वर्गों के विचार जानने का प्रयास किया था। बिडवेल महाजनों द्वारा संतालियों पर किये गए शोषण एवं अत्याचार के प्रति निश्चित थे। उन्होंने कैप्टन शेरबिल के रिपोर्ट का उदाहरण अपने पत्र में दिया है कि विद्रोह के क्रम में दामिन की राजधानी बरहे के पचास बंगाली महाजनों की हत्या की गई थी। इसके अतिरिक्त बोरियों के बंगाली महाजनों की हत्या भी की गई थी।[14] संतालों द्वारा प्रशासन के विरूद्ध हथियार उठाने का एक कारण महाजनों का अत्याचार हो सकता है किन्तु जनजाति के जागरण के लिए मात्र एक कारण नहीं है, कुछ और भी महत्वपूर्ण कारण है जिन्होंने संतालों को स्वतंत्रता की लड़ाई के लिए उत्प्रेरित किया था। कुछ विचार निम्नलिखित हैं–

चार्ल्स वार्न्स

श्री चार्ल्स वार्न्स, नील की खेती से अनेक वर्षों से जुड़े हुए थे तथा उन्हें संतालियों के स्वभाव एवं प्रकृति का अच्छा ज्ञान था। वार्न्स का विचार था कि नायक सिद्धू–कान्हू तथा अन्य के उदय का एक मात्र कारण धार्मिक उन्माद था। उन्होंने जमींदार महाजन या पुलिस के अत्याचारों के विद्रोह को किसी प्रकार का कारण मानने से सीधा इन्कार कर दिया था। श्री वार्न्स का कहना था कि संताल जमींदारों द्वारा संरक्षित थे तथा वे इतने शान्ति प्रिय थे कि उन्होंने कभी भी कोई पुलिस–थाना

नहीं देखा था। वार्न्स के अनुसार कुछ असामाजिक तत्वों ने संतालियों के धार्मिक उन्माद को उभार कर अपना उद्देश्य सिद्ध करना चाहा था।[15]

महेशपुर के राजा के अनुसार लगान में वृद्धि, महाजनों का शोषण, रेलवे प्रबंधकों का अत्याचार (कम पैसा देकर अधिक काम लेते थे) तथा ऐसी ही कुछ अन्य परिस्थितियों का लाभ सिद्धू और कान्हू ने उठाया था। नायकों के विकास में जनजातियों पर किये गये अत्याचार की प्रमुख भूमिका थी।[16]

टायलर

श्री टायलर रेलवे विभाग में अभियंता थे और संताल श्रमिकों का उनसे निकट का संबंध था। उन्होंने नायकों के उदय और संताल जनजाति के हथियार उठाने का कारण, विभिन्न तर्क दिये हैं। उन्होंने इस बात से इन्कार किया कि मजदूरों को कम पारिश्रमिक दिया जाता था। उनके अनुसार संताल पैसे से सम्पन्न थे। फिर भी उनके ऊपर सरकारी लगान अधिक थोपा गया था। संताल परिश्रमी थे और दारू पीकर दीन दुनिया से ऊपर हो जाते थे। टायलर का कहना है कि कुछ धूर्त संतालियों ने ''ठाकुर'' के नाम का उपयोग कर संतालियों की धार्मिक भावना को उभारा था। ये नायक सिद्धू और कान्हू थे।[17]

बाबू गिरधारी कोल

बाबू गिरधारी कोल सरकारी वकील एवं जमींदार थे। उनका कहना है कि संताल अत्यधिक नशा करते थे और आरामतलब हो गये थे। उनका स्वभाव उन्मादी हो गया था। कुछ धूर्त संतालियों की भावना को उभार कर उनसे कहा हत्या करो, लूटपाट करो तथा अपने राज की स्थापना करो।[18]

उपरोक्त उदाहरणों से ज्ञात होता है कि महाजन, जमींदार और मजदूरों के ठेकेदारों के शोषण के कारण विद्रोह हुआ था किन्तु ये सामान्य उदाहरण है। मुख्य कारण ब्रिटिश सरकार को भगाकर अपने

राज की स्थापना था और इसके लिए सिद्धू और कान्हू ने धर्म का सहारा लिया था।

इस प्रकार महाजनों के शोषणों एवं अत्याचार के अतिरिक्त अधिक लगान, न्याय का न मिलना, पुलिस का अत्याचार आदि कई कारण थे जिनसे जनजातियाँ त्रस्त थीं। नायकों के उदय में ये कारण सहायक थे क्योंकि सभी लोग परिवर्तन चाहते थे।

'हमत्व' की भावना

संताल जनजाति में अद्भुत एकता थी। वे सब एक–दूसरे को स्वयं अपना समझते थे। यह 'हमत्व' की भावना (We feeling) बहुत गहरी थी। एक आवाज पर सभी संताल उठ खड़े होते थे। उनकी इस प्रकृति के कारण लोगों को समूह जुटाने और कोई सामूहिक काम करने में बड़ी सफलता होती थी। सिद्धू–कान्हू के द्वारा बुलायी गयी जनसभा, के लिए सूचना मिलते ही हजारों–हजार की संख्या में लोग भगनाडीह में एकत्रित हो गये। तथा नायकों के आह्वान पर मर मिटने को तैयार थे। 30 जून 1855, रात्रि की सभा इस बात का प्रमाण है।

धार्मिक कट्टरता

नायकों के उदय में संतालों की धार्मिक कट्टरता ने भी अच्छा काम किया था। धर्म के नाम पर लोगों का एकत्रित होना और ठाकुर की आज्ञा का पालन करना आवश्यक था। सिद्धू और कान्हू ने जनता को बतलाया था कि उन्हे ठाकुर ने आदेश दिया है कि वे अत्याचारियों का विनाश कर अपने राज की स्थापना करे। 30 जून 1855 की घोषणा में सिद्धू और कान्हू ने स्वराज की घोषणा की थी और एक शासक के रूप में अधिकारियों की नियुक्ति सूचना भी जनसभा में दी थी।[19] जनसभा ने तालियों की गड़गड़ाहट द्वारा इसे स्वीकारा भी था।

संताल धर्म के नाम पर मर–मिटने वाली जनजाति थी। जनजाति की धार्मिक कट्टरता कभी–कभी धर्मोन्माद के रूप में दिखलाई पड़ती थी।

कुछ विद्वान मानते हैं कि सिद्धू–कान्हू के नायकत्व के उदय और विकास में संतालों की धार्मिक कट्टरता प्रभावी रही थी।

नायकों का उदय

तत्कालीन जनजातीय समाज में नायकों से संबंधित एक प्रचलन व्याप्त था कि नायक जो कुछ कर रहे हैं वस्तुतः वह एक ईश्वरीय आज्ञा है, जिसका पालन जाति के लोगों का धर्म हो जाता है। ऐसी ही एक घटना सिद्धू–कान्हू के साथ घटी थी। सिद्धू–कान्हू के सम्मुख साक्षात् 'मरांगवुरू' प्रकट हुए थे और इन्होंने आदेश दिया था कि संतालियों का कष्ट दूर करें और संताल राज की स्थापना करें।

सिद्धू और कान्हू रात को अपने भगनाडीह मकान में बैठे तत्कालीन कष्टप्रद दशा पर विचार–विमर्श कर रहे थे कि कागज का एक टुकड़ा सिद्धू के हाथ पर आ गिरा। सिद्धू इसके पहले कुछ समझ सके आकाश से परमेश्वर 'मरांगवुरू' आ प्रकट हुए। दोनों भाईयों की दृष्टि आश्चर्यचकित थी। प्रकट हुई आकृति जनजातीय वेश–भूषा में थी और बिल्कुल सफेद थी। उसके प्रत्येक हाथ में दस अंगुलियाँ थीं। वे एक सफेद किताब लिये हुए थे। किताब के साथ 20–20 पृष्ठों का पाँच सेट था। पुस्तक और कागज सिद्धू को दिया गया। आकृति क्रमशः आकाश की ओर जाती हुई विलीन हो गई। कुछ समय बाद आकाश से कागज का एक और टुकड़ा आया और सिद्धू के सर पर गिरा। देखते–देखते आकाश से दो मनुष्य सिद्धू–कान्हू के सामने प्रकट हुए। उसके प्रत्येक हाथ में छः अंगुलियाँ थीं। उन दोनों ने सिद्धू–कान्हू को मरांगवुरू के धरती पर आने का उद्‌देश्य बताया और साथ ही ठाकुर की आज्ञा सुनाने के पश्चात् आकाश की ओर चल पड़े। थोड़े ही समय में विस्तृत आकाश में विलीन हो गये।[20]

अब तक संतालियों के धर्म में उनके परमेश्वर अदृश्य थे। 'मरांगवुरू' का प्रकट होना और सिद्धू–कान्हू को आदेश देना पूरी संताल जनजाति के लिये एक रोमांचक घटना थी। कुछ लोगों ने सिद्धू–कान्हू के घर पहुँचना शुरू कर दिया। साल की टहनी के साथ ईश्वरीय कागज का टुकड़ा जोड़कर सभी दिशाओं में संदेश भिजवाया गया। देखते–देखते

एक गाँव से दूसरे गाँव उसी प्रकार तीसरे, चौथे गाँव, पूरा संताल क्षेत्र, रोमांच से भर गया। संतालियों में कुछ कर गुजरने का उत्साह जन्म लेने लगा। आपस में विचार–विमर्श करना एवं एक निर्णायक कदम लेना था। आन्दोलन की भावी गतिविधियों को संयोजित करना था। इस काम के लिये 30 जून 1855 की पूर्णिमा की रात उपयुक्त मानी गयी।

उद्घोषणा

अब वह समय आ गया था जब नायकों को अपने भाई बन्धुओं के सामने विद्रोह की पूरी स्थिति स्पष्ट करने की आवश्यकता थी। 30 जून 1855 को भगनाडीह में एक विशाल जनसभा का आयोजन किया गया।

जनसभा को संबोधित करते हुए सिद्धू ने संताल क्षेत्र से महाजन, पुलिस, जमींदार आदि तत्वों को भगा देने का आह्वान किया। ये शोषक तत्व संतालों की गरीबी के कारण हैं। हमें अपने आन्दोलन को नियंत्रित रूप से आगे बढ़ाना है। सिद्धू ने जनसभा में स्वराज की घोषणा की और तदनुसार कुछ नियुक्तियों की भी सूचनाएं दी गईं।

जनसभा में विभिन्न संतालियों द्वारा जो विचार प्रकट किये गये उससे ज्ञात होता है कि संतालियों का यह आन्दोलन महाजनों एवं पुलिस अधिकारियों, जमींदारों के विरूद्ध तो था ही, लेकिन मूल उद्देश्य "अबुआ राज" की स्थापना था। इस विषय पर तत्कालीन सरकारी अधिकारियों की टिप्पणियाँ भी प्रकाश में आयी हैं। किन्तु उन्होने सरकार का पक्ष लेते हुए विद्रोह को महाजन पुलिस तक सीमित रखा है। सरकार द्वारा उत्पन्न पीड़ा का कोई उल्लेख नहीं किया गया।[21]

अनुमानतः भगनाडीह की जनसभा में दस हजार से ऊपर संतालियों ने भाग लिया था। वैसे कुछ लोगों ने आन्दोलन की गरिमा को कम करने के लिये आन्दोलनकारियों की संख्या घटा कर लिखा है। डा. दत्ता ने 'पंचकठिया' के विवरण के अनुसार यह संख्या दस हजार बताई है।[22] हण्टर ने यद्यपि संतालियों के शोषक, उत्पीड़क के रूप में 'हिन्दूओं' का नाम बार–बार लिया है। हण्टर का हिन्दू का तात्पर्य बनिया एवं महाजन

से था, हिन्दूओं के एक समुदाय लोहारों ने रात–दिन मेहनत कर आन्दोलन को सफल बनाने की चेष्टा की है। विद्रोही तीर–धनुष, भाले आदि अस्त्र–शस्त्र लोहारों के सहयोग से पा सके थे। जनसभा में प्रकट किये गये विचारों में महाजन जमींदार के अतिरिक्त उन सरकारी अधिकारियों की भी आलोचना की गई जो संतालों को उचित न्याय दिलाने में असमर्थ थे। किन्तु आन्दोलन का मुख्य उद्देश्य "स्वराज" था।[23] जनसभा क्रमशः कलकत्ता अभियान के लिए तैयार हो गयी। भगनाडीह से सभी संताली अपने अस्त्र–शस्त्र के साथ चल पड़े। सर्वप्रथम उन्होने पंच–कठिया बाजार स्थित देवी का दर्शन किया तदन्तर वे बड़हैत की ओर रवाना हो गये।

बड़हैत की जनसभा अभूतपूर्व थी। जंगल–पहाड़ तथा सुदूर स्थानों से चलकर आये संतालों ने इस सभा में भाग लिया था। इस सभा में भगनाडीह में घोषित उद्देश्यों को पुनः दोहराया गया और संताल राज की स्थापना पर जोर दिया गया। आगे के अभियान तथा अन्य कार्यक्रमों पर निर्णय लिया गया।

नेतृत्व–कौशल

सिद्धू–कान्हू का नेतृत्व बहुत सुलझा और साफ था। सर्वप्रथम उनके सामने इतनी बड़ी जनसंख्या वाले जुलूस के नियंत्रण की समस्या थी। इसलिए जुलूस के विभिन्न भागों को बाँटकर उसके छोटे–छोटे नेता नियुक्त किये गये थे। सिद्धू बहुत शांत स्वभाव का गम्भीर युवक था। उसकी चिंता थी कि इतनी बड़ी जनसंख्या को एक राय में चलाना कठिन था। परिणामस्वरूप कान्हू और सिद्धू अधिकांश लोगों से मिलते थे और आन्दोलन के जड़ में बैठे नवयुवकों से सम्पर्क बनाने का प्रयास करते थे। क्रोध नाम मात्र का भी न था। सिद्धू जानता था कि ब्रिटिश सरकार उसके आन्दोलन को बदनाम करने के लिये लूट–पाट करने वाले डकैतों की संज्ञा देगी। इसलिए सिद्धू जिन क्षेत्रों में जाने का कार्यक्रम बनाता था उस क्षेत्र के बड़े अंग्रेज अधिकारियों को अपने आने की सूचना दे देता था। उसकी बोलने की क्षमता भी अद्भुत थी। हजारों लोगों को वह अपनी बात से सम्मोहित कर लेता था। संताल परगना के छोटे–बड़े सभी

लोग सिद्धू और कान्हू को आदर एवं स्नेह प्रदान करते थे। वे एक कुशल नेता थे।

दरोगा की हत्या

7 जुलाई, 1855 को दिग्घी के महेशलाल दत्त दरोगा और नायब सजावल अपने थोड़े से सिपाहियों को लेकर संतालों के बढ़ते हुए अभियान को रोकने के लिए भीड़ के सम्मुख आये और उन्हें समझाना चाहा कि उनकी जो भी माँगें हैं वे पूरी की जाएंगी, कि तभी भीड़ में अफवाह फैल गई कि दरोगा दोनों भाईयों को पकड़ने के लिये आया है। भीड़ उत्तेजित हो गयी और दरोगा और उनके सहायक को रस्सी में बाँधकर सिद्धू के सामने पेश किया गया। दरोगा के भविष्य को निश्चित करने के लिये एक अदालत बैठायी गयी। सिद्धू ने दोनों पक्ष की बात सुनी। दरोगा और कांस्टेबल को मौत की सजा दी गई।

संतालियों का अभियान आगे बढ़ा।

पाकुड़ राज पर आक्रमण

गोचो मांझी की पाकुड़ राज से पुरानी दुश्मनी थी। राज के आदमियों ने उन्हें अपमानित किया था। संतालों के आगमन की सूचना पाकर पाकुड़ राज में सर्वत्र दहशत छा गयी। लोग अपनी पत्नी और पुत्रों को सुरक्षित स्थान पर ले गये। इसके लिये जमींदार की कोठी उपयुक्त समझी गई। सिद्धू और कान्हू अपने संताल भाईयों के साथ 8 जुलाई 1855 को पाकुड़ पहुँचे। पाकुड़ के लोग अपनी सुरक्षा के लिए पहले से चिंतित थे। अधिकांश लोगों ने महाराजा की कोठी में शरण ले रखी थी। सिद्धू ने पूरी कोठी को घेर रखा था। यह घेरा 12 जुलाई 1855 के प्रातः काल तक चला था। 12 जुलाई को सिद्धू–कान्हू अपने कुछ सहायकों के साथ कोठी में घुसे किन्तु उन्हें निराशा ही मिली। राजा और उसका परिवार अपनी सम्पत्ति के साथ किसी दूसरे स्थान पर चला गया था। तदनन्तर सिद्धू कोठी के बाहर आया। कोठी में पड़े कुछ बीमार लोगों, विशेषकर महिलाओं को खाना और पैसा दिया गया। जनता के बीच

लोकप्रियता अर्जित करने का प्रयास था। सिद्धू ने 12 जुलाई को कोठी का घेरा हटा दिया और महेशपुर के राजा को अपना अगला निशाना बनाया।

महेशपुर

पाकुड़ राज पर संतालों के आक्रमण की सूचना सरकार को मिल चुकी थी। संताल विभिन्न टुकड़ियों में दक्षिण से उत्तर, पूर्व से पश्चिम फैले हुए थे। सिद्धू–कान्हू का नेतृत्व प्रभाव सभी टुकड़ियों पर था। पाकुड़ से चलकर संताल महेशपुर पहुँचे और वहाँ राजमहल को पूरी तरह से लूटा।[24] 15 जुलाई को जब संताल विजय का गीत गाते हुये बढ़ रहे थे कि सातवीं रेजिमेन्ट नेटिव इन्फेन्ट्री से उनका मुकाबला हुआ उस समय संतालियों की संख्या 3000–4000 के बीच थी। इसी प्रकार रेजिमेंट का कुछ भाग पाकुड़ के निकट बहने वाली तराई–नदी के किनारे पहुँचा। वहाँ 200 सैनिकों का 5000 विद्रोहियों से सामना हुआ। गोली–बन्दूक के आगे तीर–धनुष, कुल्हाड़ी–तलवार क्या कर पाते। देखते–देखते तराई–नदी का तट विद्रोहियों के शवों से पट गया। लगभग 200 संताल मारे गए और भारी संख्या में घायल हुए।

के.के दत्ता के अनुसार संताल विद्रोह पूरे क्षेत्र में फैल गया था। विद्रोही वीरभूमि के दक्षिण–पश्चिम तलदंगा से लेकर ग्रैंडटेंक रोड और दक्षिण–पूर्व सेनठिया तथा भागलपुर और राजमहल गंगा के किनारे भागलपुर जिला के पश्चिमोत्तर और पूर्वोत्तर भाग तक विद्रोहियों का दबदबा बना हुआ था। विद्रोहियों का अगला लक्ष्य मुर्शिदाबाद था। मुर्शिदाबाद की रक्षा के लिये मुर्शिदाबाद की सीमा पर अनेक रेजिमेंट तैनात थे। अब कम्पनी सरकार इन विद्रोहियों को गम्भीरता पूर्वक अनुभव करने लगी थी।

कम्पनी सरकार ने पूरे संताल क्षेत्र में 15 अगस्त 1855 को एक घोषणा करवायी कि जो संताल विद्रोही संतालियों का साथ छोड़कर हजूर (सरकार) की सेवा में आना चाहते हैं, वे निकट के अँग्रेज अधिकारी

के सामने जाकर क्षमा माँगे और आत्मसमर्पण कर दे। जो ऐसा करेगा उसका अपराध क्षमा कर दिया जायेगा। किन्तु जो विद्रोहियों के साथ जुड़ा हुआ रहेगा उसे सजा भुगतनी पड़ेगी।[25]

कम्पनी सरकार ने यद्यपि संतालियों को माफी का एक अवसर दिया था किन्तु प्रतीत होता है कि इस घोषणा की संतालों पर अनुकूल प्रतिक्रिया नहीं हुई थी। जो संताल अपने नेता सिद्धू एवं कान्हू से जुड़े हुए थे वे पूरी तरह समर्पित थे।[26]

कम्पनी सरकार जानती थी कि उसके बन्दूक और तोप के सामने विद्रोही टिक नहीं पायेंगें। इसलिए बड़े–बड़े जमींदार एवं राजा विद्रोहियों का सामना करने के लिए ''टावर'' बना कर रहते थे। पाकुड़ में भी ऐसा ही एक टावर बना हुआ था। यह टावर ''मार्टिला टावर'' के नाम से प्रसिद्ध था। यह एस.डी.ओ के बंगले के निकट था। इस टावर का घेरा 20 फीट और ऊँचाई 30 फीट थी। टावर में 42 छेद थे और दो खिड़कियाँ भी थीं। यह सारी व्यवस्था बारूद की कमी के कारण प्रभावी न हो सकी। सिद्धू–कान्हू को तराई नदी के तट पर बन्दूकों से लेस सैनिकों का सामना करना पड़ा। लगभग 200 सैनिकों ने 3000 विद्रोहियों को मार भगाया। कम्पनी सरकार ने 14 हजार सैनिकों को संताल क्षेत्र में उतारा और 10 नवम्बर 1855 को ''मार्शल लॉ'' घोषित कर दिया। जो 2 जनवरी 1856 तक लागू था।[27]

इस प्रकार पूरा क्षेत्र सैनिकों से भर गया था। सैनिक बदले की भावना से भी काम कर रहे थे। महेशपुर की मुठभेड़ में सिद्धू–कान्हू भी गोली से घायल हो गये थे, और गुप्त स्थान में उपचार करा रहे थे। संगठन का भी काम चल रहा था। इधर यह मान कर कि सिद्धू और कान्हू भगनाडीह में छिपे होंगें, सैनिकों ने भगनाडीह जलाकर राख कर दिया। इस क्रम में सिद्धू के पिता चुन्नी माझी मारे गये। संतालियों का गढ़ बड़हैत माना जाता था। बड़हैत पर भी पूरा नियंत्रण कर लिया गया। बड़हैत पर भी पूरा नियंत्रण रखने के लिए अधिकारी उत्सुक थे। बड़हैत पर आक्रमण कर दिया गया। इस आक्रमण में चाँद एवं भैरव शहीद हो

गये और भी अनेक वीर मारे या पकड़े गए। किन्तु अभी तक सिद्धू–कान्हू सरकार की पकड़ में नहीं आ पाये थे। इन नायकों को पकड़वाने वाले को भी कुछ लालच दिया गया था।

सिद्धू–कान्हू को वीरगति

संताल क्षेत्र में सैनिकों की बहुतायात के कारण आन्दोलन शिथिल होता जा रहा था, किन्तु जब तक सिद्धू और कान्हू नहीं पकड़े जाते आन्दोलन को समाप्त नहीं माना जा सकता था। महेशपुर प्यान के क्रम में तराई नदी के किनारे जो सैनिकों से मुठभेड़ हुई थी उसमें सिद्धू और कान्हू दोनों गोली लगने से घायल हो गये थे और इस समय अज्ञातवास में जीवन निर्वाह कर रहे थे। इन नायकों को पकड़ने के लिए कम्पनी सरकार छल–बल या अन्य कोई भी तरीका अपनाने को तैयार थी। फरवरी के तीसरे सप्ताह में ऊपरबंदा, जो जामताड़ा के पूर्वोत्तर पड़ता है कान्हू पकड़ा गया। कान्हू को कुंजरा के घटवार ने पकड़ा और अँग्रेज अधिकारी पोन्टेट को सौंप दिया। इसी प्रकार कुछ दिनों बाद बड़हैत में सिद्धू को भी गिरफ्तार कर लिया गया। और दोनों भाईयों को 26 जुलाई को क्रमशः बड़हैत और भगनाडीह में फाँसी की सजा दे दी गयी। संतालियों में दहशत पैदा करने के लिये फाँसी की सजा देने का काम दिन में संतालों की भीड़ के सामने किया गया। अँग्रेजी सरकार का विश्वास था कि जनता में भय उत्पन्न कर वे शासन को शांतिपूर्वक चला सकते थे। किन्तु उनकी धारणा गलत थी। आवश्यकता थी कि सरकार संतालियों का विश्वास अर्जित करे।

सिद्धू और कान्हू तथा हजारों संतालों का बलिदान निरर्थक नहीं गया। कुछ भाग भागलपुर तथा कुछ भाग वीरभूमि का मिलाकर संताल परगना का एक विस्तृत भू–भाग तैयार किया गया। इसके चार उपजिला थे–दुमका, देवघर, (जामताड़ा सहित) गोड्डा और राजमहल (पाकुड़ सहित)। संतालों का यह क्षेत्र सामान्य कानूनों से मुक्त कर दिया गया और इनके लिए 1855 का अधिनियम लागू किया गया। यह अधिनियम संतालों का हितरक्षक था।

संदर्भ ग्रंथ सूचीः

1. J. B. Bradley Birt, ".... cry was death to the Mahajan, the Zamindar, the police and all who had taken part or share in the long years of their oppression.- The Story of Indian upland, London (1905)" p.189.
2. Ibid., p. 189.
3. LSSO Malley, "District Gazetteer Santal Parganas," second Indian Reprint, New Delhi, Edition 1999, p. 23-24.
4. LSSO Malley, 1790 and 1810 have made their way northwards from Birbhum." p. 45.
5. Dr S. P. Sinha, Santal Hul T. R. I. Ranchi, 1992, p. 15.
6. LSSO Malley, quotes Captain Sherwill, ".... this valley was a wilderness, inhabited, here and there by hill men," the remainder was over run with heavy forest, in which wiled elephants and tigers were numerous, But in 1851 several hundred substatial santal villagers with an abundance of cattle and surrounded by luxcuriant crops, occupy this hitherto neglected spot. The hillmen have will a few exception retireed to the hill, op., cit,. p. 45.
7. Dr S. P. Sinha, Santal Hul, 1991, p. 25.
8. LSSO Malley, ... The causes of the rebellion were several, the Santal themselves declaring that their chief grievances were the prevalence of falschood the negligence of the sahibs, the extortion of the mahajans the corruption of the amla, and oppression of the police." op.cit. p. 49-50.
9. W.W. Hunter, Annals of Rural Bengal, London. (1869).
10. Ibid., p. 233.
11. Ibid., p. 229.
12. W.W. Hunter Old Missionary Oxford, 1896, p. 67-69.
13. A.C. Bidwell, Special Commissioner for suppression of the Santal Insurrection.
14. A.C. Bidwell to secretary to the government of Bengal the 18th December, 1855, Bengal W.B.S.A.
15. Ibid.
16. Ibid.
17. Ibid.
18. Ibid.
19. O' Malley, It appears however, that Khanu and Siddhu proetaimed themselves Lords of the Country under the title of Sabahs and appointed naibs, darogas and other subordinate offcers.
20. K. K. Dutta, "The Santal Insurrection, Kolkata (1940)", pp. 14-15.
21. Bradley Birt J. B., The Story of Indian Upland, London (1905), p.189.
22. Karun records, Panchakathia record as quoted in Dr Dutta's Santal insurrection, Kolkata (1940), p. 16.

23. Karun records, Panchakathia as quoted Dr Dutta's "The Santals declared their determination to do away with the Bengali and up Country Mahajans, to take possession of the Country and set up a government of their own." Santal insurrection, Kolkata. (1940), p. 16.
24. K. K. Dutta, op.cit., p. 35.
25. The Calcutta Review, Kolkata, 1856.
26. W.W. Hunter, Annals of Rural Bengal, Vol. 1, 1868, p. 249.
27. F.B. Bradley Birt, The Story of an Indian upland, London, (1905), p. 205.

अध्यायः छ

ठाकुर विश्वनाथ शाहदेव

ठाकुर विश्वनाथ शाहदेव जानते थे कि विद्रोहियों से जुड़ने की कीमत उनका "शीश" है, किन्तु कुछ ऐसे लोग भी होते हैं जो स्वतंत्रता के लिये शीश की आहुति देने से पीछे नहीं हटते। विश्वनाथ शाहदेव ऐसे ही वीर थे।

ठाकुर विश्वनाथ शाहदेव

छोटा नागपुर राज का पूर्वी भाग अन्य भागों की अपेक्षा अधिक असुरक्षित था। रामगढ़ और सिंहभूम आदि क्षेत्रों से अकस्मात् हमले होते थे और पशुधन हाँक ले जाते थे या खड़ी फसल काट ले जाते थे। पूर्वी क्षेत्र को सुदृढ़ करने के लिए तत्कालीन महाराजा रघुनाथ शाहदेव ने उदयपुर तथा कुंडु परगना को मिलाकर बड़कागढ़ राज की स्थापना की और इसका दायित्व अपने छोटे भाई ऐनी शाह को सौंप दिया। ऐनी शाह की सातवीं पीढ़ी के ठाकुर विश्वनाथ शाहदेव का जन्म 12 अगस्त 1817 ई0 को हुआ था। इनके पिता का नाम रघुनाथ शाहदेव और माता का नाम बानेश्वरी कुँवर था। उचित आयु पर विश्वनाथ शाहदेव का विवाह गाँगपुर के महाराजा की बहन से हुआ था।

1840 ई0 में पिता रघुनाथ शाहदेव का निधन हो गया और राज का सारा दायित्व विश्वनाथ शाहदेव के कंधे पर आ गया था। तेईस वर्षीय युवक विश्वनाथ शाहदेव यद्यपि राज–काज से अवगत थे किन्तु उनमें उत्साह अधिक था और अनुभव की कमी थी। उन्होंने अपने राज की राजधानी हटिया में बनाई। हटिया से शासन प्रबंध निष्पादित करने में अधिक सुविधा थी।

ठाकुर विश्वनाथ शाहदेव राजा होते हुए भी अंग्रेजों की अड़ंगेबाजी के कारण स्वयं को पंगु अनुभव करते थे। उनके लिए ईसाई पादरी भी एक समस्या थे। ठाकुर विश्वनाथ शाहदेव को ईसाई धर्मान्तरित आदिवासियों से बहुत घृणा थी। उन्होंने अनुभव किया था कि उनके राज के रैयत सीधे–साधे नम्र एवं शालीन हुआ करते थे। किन्तु धर्मान्तरण के पश्चात् वे ही रैयत उदण्ड एवं अनुशासनहीन हो जाते थे। वे समझते थे कि अंग्रेजों का धर्म अपनाकर वे अंग्रेजों के समतुल्य हो गए हैं। उनके सामने राजा या जमींदार का कोई भी महत्व नहीं था। धर्मान्तरित आदिवासियों का व्यवहार विश्वनाथ शाहदेव को कभी भी सहन नहीं था। उन्होंने अपनी राज–सीमा में ईसाई पादरियों के प्रवेश पर प्रतिबंध लगा दिया था। विश्वनाथ शाहदेव के रैयत अपने राजा का पूरा सम्मान करते थे। शाहदेव को भी अपनी प्रजा पर पूरा भरोसा था।

छोटा नागपुर में परम्परा से चली आ रही कुछ रीतियाँ थी, जिसकी उपेक्षा अंग्रेज सरकार ने सहज रूप में की थी। डोरंडा की जगह नियमानुसार बड़काराज की जमीन थी और यदि वहाँ सैनिक छावनी बनाई गई तो अंग्रेजी सरकार ने इस स्थान के उपयोग की अनुमति राज से क्यों नहीं ली थी। इसी प्रकार जर्मन ईसाई पादरी किसकी आज्ञा से बसते और फैलते जा रहे थे। विश्वनाथ शाहदेव ने बंगाल के लेफ्टिनेन्ट गवर्नर मि0 हालीडे को एक अपील शिकायती पत्र 15 अगस्त 1856 को लिखा कि धर्मान्तरित ईसाई उनके राज में आतंक फैलाए हुए हैं। वे बिना मेरी अनुमति के डोरण्डा के निकट बसते और फैलते जा रहे हैं।[1]

धर्मान्तरित कोलों के पीछे पूरी जर्मन मिशनरीज काम कर रही थी और यह कहना अनुचित न होगा कि इनकी पीठ पर एक संरक्षक के रूप में अंग्रेज अधिकारियों का हाथ था। ये अंग्रेज अधिकारी परोक्ष रूप से ईसाई धर्म के प्रसार में सहायक हो रहे थे। ठाकुर विश्वनाथ शाहदेव के आदमियों ने जिन धर्मान्तरित कोलों को राजा की अनुमति की उपेक्षा कर बसने का प्रयास किया था, उन्हें बसने नहीं दिया, तो जर्मन पादरियों ने इन धर्मान्तरित कोलों से पृथक–पृथक तीन आरोप पत्र दाखिल करवाये।

पक्षपात एवं अन्याय

ठाकुर विश्वनाथ शाहदेव को मिशनरियों तथा सरकारी अधिकारियों की मिली भगत के कारण पक्षपात एवं अन्याय का दंश झेलना पड़ रहा था। धर्मान्तरित तीन कोलों के पीछे जर्मन पादरी काम कर रहे थे। उन तीनों कोलों द्वारा अलग–अलग तीन प्रार्थना पत्र जिला अधिकारी जे0 एच0 डेविस की अदालत में दाखिल किया गया था जिसकी सुनवाई और फैसला 28 फरवरी 1856 को हुआ था। लगभग निश्चित था कि फैसला धर्मान्तरित कोलों के पक्ष में जायेगा। इससे ईसाई धर्म प्रसार को बल मिलेगा विश्वनाथ शाहदेव और उनके आदमी तोड़–फोड़ और धर्मान्तरित कोलों पर आक्रमण के दोषी पाये गए और उनपर ₹ 200, उनके एक

आदमी पर ₹ 100 और अन्य तोड़–फोड़ करने वालों पर प्रति व्यक्ति ₹ 50 दण्ड लगाए गए। दण्ड की कुल राशि ₹ 2297–8 थी।[2]

इस फैसले के विरूद्ध न्यायायुक्त डब्लू. एच. ओक्स की अदालत में अपील की गई। न्यायायुक्त ने मुकदमें की तह तक जाने तथा वास्तविक तथ्य पर विचार करने की कोई प्रयास नहीं किया तथा निचली अदालत के फैसले को यथावत रखते हुए विश्वनाथ शाहदेव की अपील खारिज कर दी। इससे असंतुष्ट विश्वनाथ शाहदेव ने सदर निजामत अदालत का दरवाजा खटखटाया। हार मान लेने से छोटा नागपुर के सभी जमींदारों का अधिकार हनन होगा और मिशनरीज नए उत्साह से जमींदारों को नीचा दिखाना प्रारम्भ कर देंगे। वस्तुतः यह मुकदमा राजाओं एवं जमींदारों के पारम्परिक अधिकार और मिशनरियों के बलात् कब्जे के विरूद्ध था। प्रश्न मात्र अर्थ–दण्ड एवं विश्वनाथ शाहदेव का नहीं था। इसके फैसले से सभी जमींदार प्रभावित थे।

सदर निजामत अदालत ने मुकदमें में कोई कानूनी त्रुटि नहीं पाई। यह गवाहों तथा प्रत्यक्षदर्शियों के बयानों पर आधारित था। अतः सदर निजामत अदालत ने मुकदमे को यथावत लौटा दिया। अब कोई न्यायालय शेष नहीं रह गया था। अतः लेफ्टिनेन्ट गवर्नर के पास अपील करने के अतिरिक्त अन्य कोई विकल्प शेष नहीं बचा था। अतः पीताम्बर सिंह एवं ललित राय बड़कागढ़ राज के मैनेजर के रूप में सामने आए और इन्होंने 16 अगस्त 1856 के दिन अपनी अपील में लेफ्टिनेन्ट गवर्नर एफ. डी. हॉलिडे का ध्यान इस पक्षपात की ओर आकर्षित करने का प्रयास किया गया जो अंग्रेज अधिकारी सदैव ईसाई मिशनरियों के प्रति किया करते थे।[3] धर्म के नाम पर न्याय बिका हुआ था।

अपील में उन्हीं जैसे एक राजा लाल लोकनाथ शाही का भी उल्लेख किया गया था जिन्हें सरकार ने सब–असिस्टेन्ट कमिश्नर के रूप में प्रोन्नति दी थी क्योंकि वह अंग्रेज आफिसरों एवं ईसाई पादरियों का सदैव पक्ष लेते रहते थे।

एक अन्य अपील 23 जुलाई 1856 की कन्हाई राम तिवारी की थी जिसमें नव धर्मान्तरित कोलों की शिकायत थी जो बलात जमीन पर

अधिकार कर लेते थे। धर्मान्तरित कोलों की पैरवी जर्मन मिशन के पादरी करते थे और अदालत उनकी बातें सुनती थी। फैसला उनके पक्ष में होता था। अपील में यह भी कहा गया था कि यदि इस प्रकार पक्षपात चलता रहा तो कुछ ही समय में आधा नागपुर ईसाई हो जायेगा तथा कृषि हेतु जमीन बच नहीं पायेगी।

बंगाल के ले. गवर्नर एफ. डी. हॉलिडे ने छोटा नागपुर के आयुक्त एलेन को सभी अपील सौंप दी और सुझाव देने का दायित्व सौंप दिया। एलेन ने विश्वनाथ शाहदेव तथा उनके कर्मचारियों के विषय में धारणा बना ली थी कि ये लोग कड़े मिजाज के व्यक्ति थे।[4] कालान्तर सभी अपील अस्वीकार कर दी गई।

ठाकुर विश्वनाथ शाही अपील के अस्वीकृत होने से भीतर–भीतर बहुत उदास हुए। उन्हें लगा कि इस सरकार से न्याय की आशा करना निरर्थक है। यह सरकार ईसाई मिशनरियों एवं चाटुकारों की है। नीचे के या जिला स्तर के सरकारी कर्मचारी तो मिशनरियों के पक्ष में थे ही केन्द्रीय स्तर के अधिकारी भी न्याय करने के पक्ष में नहीं थे। ठाकुर विश्वनाथ शाहदेव इस अंग्रेजी सरकार से देश को मुक्त कराने के अवसर की संभावना पर चिन्तन करने लगे।

विश्वनाथ शाहदेव प्रमुख

विश्वनाथ शाहदेव स्वतंत्रता सेनानियों के प्रमुख चुने गए। रामगढ़िया सैनिकों के नेता माधो सिंह और नादिर अली खां से विश्वनाथ शाहदेव पूर्व परिचित थे और विश्वनाथ शाहदेव ने उन्हें 23 जून को ही विद्रोह करने का सुझाव दिया था क्योंकि 23 जून रथयात्रा के मेले का दिन था। किन्तु उस समय तक सैनिक नेताओं की एक राय नहीं बन पायी थी। सैनिक नेताओं में माधो सिंह, नादिर अली के अतिरिक्त जयमंगल पाण्डेय भी थे, जो डोरण्डा छावनी स्थित सैनिकों के नेता थे, काफी अनुभवी भी थे।

सैनिक नेताओं के अनुसार जब तक एक प्रमुख तथा एक सेनापति की नियुक्ति नहीं हो जाती सैनिकों का एक सुव्यवस्थित संगठन विकसित

नहीं हो सकता। सैनिक नेताओं ने सर्वप्रथम नागपुर के महाराजा जगन्नाथ शाही को अपने साथ जोड़ने का प्रयास किया था किन्तु महाराजा ने विद्रोहियों से दूर रहना ही हितकर समझा। महाराजा जगन्नाथ शाही का विद्रोहियों से कोई सम्बन्ध न रहने की सूचना डेविस ने डाल्टन को दी थी।[5] तदन्तर सैनिकों ने महाराजा के भतीजे और राज के उत्तराधिकारी उपेन्द्र नाथ शाही से बात की किन्तु वह भी सैनिकों से नहीं जुड़ना चाहते थे। इन परिस्थितियों में विश्वनाथ शाहदेव को निर्भय आगे बढ़कर "प्रमुख" का दायित्व संभालना एक साहस का काम था। इससे सैनिक बिखरने नहीं पाये। इससे सैनिकों में बिखराव नहीं आने पाया। पाण्डेय गणपत राय ने सेनापति का दायित्व संभाल कर सैनिक संगठन को एक व्यवस्थित रूप प्रदान किया।

ठाकुर विश्वनाथ शाहदेव ने डोरण्डा के एक खाली बंगले को अपना कार्यालय बनाया और नियमित "कचहरी" लगाने लगे। व्यक्ति की कुछ कुंठाए होती हैं। ठाकुर विश्वनाथ शाहदेव ईसाई पादरियों तथा धर्मान्तरित कोलों को देखना नहीं चाहते थे। वह जानते थे कि ईसाई बने कोल सदैव सैनिक सरकार के विरूद्ध काम करेंगे। अतः इन्हें कुचल देना आवश्यक था। इनके अतिरिक्त कुछ जमींदार एंव राजा अंग्रेजों द्वारा सताए गए थे। वे भी पक्षपात एवं अन्याय के शिकार हुए थे। यह एक अच्छा अवसर था कि अंग्रेज पीड़ित लोगों को एक मंच पर लाया जाये। अंग्रेजी सरकार के अन्याय एवं पक्षपात के शिकार और नागपुर के निकट रहने वाले प्रमुख लोग इस प्रकार थे –

(क) – राजा नीलमणि सिंहदेव – पंचेत के राजा।

(ख) – अर्जुन सिंह – राजा सिंहभूम अंग्रेज इन्हें गिराने और इनके पट्टीदारों, खरसावां आदि के राजाओं को उभारने का प्रयास करते थे।

(ग) – भवानी बक्स राय – जमींदार पलामू।

(घ) – नीलाम्बर एवं पीताम्बर शाही – पलामू।

सभी सिपाही विद्रोह से प्रसन्न थे और अपने देश को अंग्रेजों से मुक्त कराना चाहते थे।

ठाकुर विश्वनाथ शाहदेव का सुझाव बहुत अच्छा था किन्तु इन शक्तियों को एक मंच पर लाने का प्रयास नहीं हुआ। ठाकुर की ''पादशाही'' सरकार के सामने अनेक समस्या थी। इन सबके बावजूद आम जनता का विश्वास जीतने के लिए पादशाही सरकार का एक सूचना विभाग आवश्यक था। इस काम के लिए जमींदार कुर्बान अली को नियुक्त किया गया कुर्बान अली की सहायता के लिए बाल गोबिन्द शाही और नाथी खां को भी नियुक्त किया गया। कुर्बान अली ने 4 अगस्त से "प्रोपेगण्डा" का काम शुरू कर दिया।

हजारीबाग एवं पिठोरिया

ठाकुर विश्वनाथ शाहदेव सर्वप्रथम उन ठिकानों को नष्ट कर उसे अपने अधिकार क्षेत्र में ले लेना चाहते थे, जो अंग्रेजों के भक्त थे तथा उनके लिए काम कर रहे थे। देश के इन गद्दारों में रामगढ़ के राजा शम्भूनाथ सिंह और पिठोरिया के जमींदार जगतपाल सिंह प्रमुख थे। ये दोनों स्थान राँची की सीमा पर पड़ते थे। हजारीबाग की राजधानी इचाक एक सुरक्षित स्थान था और डाल्टन आदि के छुपने का एक भरोसे का स्थान था। पिठोरिया के जगतपाल सिंह डाल्टन को सैनिक सरकार की सूचनाएँ भेजने का काम करते थे। डाल्टन की पुनः वापसी में राजा हजारीबाग और जमींदार पिठोरिया का सहयोग अत्यन्त उपयोगी सिद्ध हुआ था।

डोरण्डा की सैनिक छावनी के सैनिक तीन धड़ो में बँटे हुए थे— रामगढ़िया सैनिक, भागलपुरिया एवं हिन्दुस्तानी सैनिक। इन्हें मिला–जुलाकर, संतुष्ट रखते हुए चलना धैर्य एवं मेधा का काम था। ठाकुर विश्वनाथ शाहदेव रागढ़िया सैनिकों के निकट माने जाते थे। हजारीबाग पर आक्रमण करने का प्रस्ताव सभी सैनिकों ने निर्विकार मान लिया था।

राँची से हजारीबाग की यात्रा चुटुपालु राज की भूमिका महत्वपूर्ण थी। ओरमांझी यद्यपि रामगढ़ राज के अनन्तर आता था किन्तु ओरमांझी में अपनी राजधानी रखने वाले टिकैत उमराव सिंह अंग्रेजी शासन के

विरूद्ध थे। उन्होंने ठाकुर विश्वनाथ शाहदेव को सूचना भिजवाई कि हजारीबाग पर आक्रमण की स्थिति में हमारा पूरा सहयोग आपको प्राप्त होगा।

काँटे का ताज

प्रारम्भ में जितना सहज लग रहा था। प्रमुख की कुर्सी उतनी ही जटिल थी। सैनिकों के अगले कदम को लेकर गहरा मतभेद उभर आया। तीन धड़ों में उभरते हुए मतभेद के कारण सैनिकों में अनुशासनहीनता आने लगी थी। भागलपुरिया जय मंगल पाण्डेय का प्रस्ताव था कि हमें कलकत्ता पर विजय पाना है। हमें डोरण्डा से पहले सिंहभूम जाना है, जहाँ से सिपाहियों को मुक्त कराकर अपनी शक्ति बढ़ानी होगी। तदन्तर सम्बलपुर से भी सिपाहियों को मुक्त कराकर मिदनापुर पर अपना अधिकार स्थापित कर अगला निशाना कलकत्ता पर साधना होगा। वर्तमान परिस्थितियों में कलकत्ता का महत्व दिल्ली से अधिक है।

जय मंगल पाण्डेय के विपरीत माधो सिंह ने पहले बाबू कुँवर सिंह से मिलना उचित माना था। यह एक महत्वपूर्ण समस्या थी जिसके समाधान के लिए परेड ग्राउण्ड में एक सभा बुलाई गई।

ठाकुर विश्वनाथ शाहदेव की अध्यक्षता में सभा प्रारम्भ हुई। बोलने वालों की कमी नहीं थी। अनुशासनहीनता चरम पर थी। अन्ततः बाबू कुंवर सिंह से मिलना उचित माना गया। माधो सिंह ने सैनिक एकता के नाम पर जय मंगल पाण्डेय को अपने पक्ष में ले लिया। ठाकुर विश्वनाथ शाहदेव के रोब–दाब की धज्जी उड़ गई थी। सिपाही अचरज सिंह, पहलवान सिंह, कव्वाब अली खां ने न केवल ठाकुर को धिक्कारा अपितु सिर काट लेने की धमकी भी दी। ठाकुर विश्वनाथ शाहदेव इस प्रकार की अनुशासनहीनता सहन करने को तैयार नहीं थे। वह अपने हटिया के समर्थकों के साथ सभा से बाहर आ गए।

इस घटना के बाद ठाकुर विश्वनाथ शाहदेव डोरण्डा छावनी में नहीं दिखलाई पड़े। उन्होंने इन सैनिक नेताओं को "ओक्स और डेविस" से

कम अत्याचारी नहीं पाया। उनकी मानसिक स्थिति "किंकर्तव्यविमूढ़" सी थी। वह पाला, डाल्टन के विपरीत डाल चुके थे। अब वापस लौटना संभव नहीं था। विश्वनाथ शाहदेव ने छोटा नागपुर के महाराजा जगन्नाथ शाही से बातचीत की। उन्होंने पिठोरिया के जगतपाल सिंह से भी सम्पर्क किया। सिपाहियों के प्रति अपनी घृणा अभिव्यक्त की।[6] अंग्रेजी शासन से मुक्त होने की भावना उनके स्वभाव का एक पक्ष था अतः प्रकृति रूप में वे विद्रोही थे। महाराजा जगन्नाथ शाही या पिठोरिया के जगतपाल सिंह अंग्रेजों के आदमी थे। ऐसी संभावना नहीं प्रतीत होती कि ठाकुर विश्वनाथ शाहदेव ने जगतपाल से सम्पर्क की पहल की है। छोटा नागपुर के राजा जगन्नाथ शाही इस विषय में अंग्रेजों के पक्षधर थे। वह कभी भी खुलकर अंग्रेजों के विरूद्ध नहीं गए, अपितु आवश्यकता पड़ने पर आन्दोलन को कुचलने में अंग्रेजों की सहायता की थी।[7] इन परिस्थितियों में डाल्टन की यह टिप्पणी विश्वनाथ शाहदेव की छवि को धूमिल करने का एक प्रयास था। यह अवश्य था कि डोरण्डा में एकत्रित सैनिकों के विचारों में मतभेद था किन्तु एक बिन्दु पर सभी सहमत थे कि देश के अन्य विद्रोही सैनिकों से कटकर पृथक नहीं रहा जा सकता था।

पुनः अंग्रेज चुपचाप बैठे हुए नहीं थे। उन्हें सिख सैनिकों पर पूरा भरोसा था तथा उनके पास साधन का अभाव नहीं था। वे आवश्यकतानुसार नए रंगरूट भी भरती कर रहे थे। अंग्रेजों के अधीन सैनिक मात्र आज्ञा का पालन करते थे, नीति निर्धारण का काम सैनिक अधिकारियों का था। डोरण्डा के सैनिक नेताओं में वैचारिक एकता की कमी थी। सैनिक आँख बन्द कर आज्ञा का पालन करने के लिए होते हैं, डोरण्डा सैनिकों में यह अनुशासन नहीं रह गया था। परेड ग्राउण्ड की सभा में यह बात स्पष्ट हो चुकी थी। फिर भी बाबू कुंवर सिंह से मिलने की बात पर एक सहमति बन चुकी थी।

माधो सिंह और ठाकुर विश्वनाथ शाहदेव के बीच डोरण्डा छोड़ने के समय को लेकर मतभेद था। विश्वनाथ शाहदेव दशहरा के बाद अक्टूबर माह में जाना चाहते थे। किन्तु माधो सिंह के अनुसार काफी देर हो चुकी थी। अंग्रेज चुप नहीं बैठे रहेंगे। देर करना घातक सिद्ध हो सकता है।

विश्वनाथ शाहदेव ने माधो सिंह के अनुभव को महत्व दिया और 10 सितम्बर को, रोहतासगढ़ के लिए, सैनिक निकल पड़े। आयुक्त इ. टी. डाल्टन ने 14 सितम्बर के अपने पत्र में लिखा कि विद्रोही सैनिकों के लूटपाट से पूरा राँची नगर भयाक्रान्त था।[8]

डोरण्डा स्वतंत्रता सैनिकों की संख्या लगभग 600 थी और उनके पास अन्य अस्त्र–शस्त्रों में 4 तोप थी जिससे 6 पौण्ड के गोले छोड़े जा सकते थे। टिकू का घाट पार करने के पश्चात् सैनिकों को 10 मील का रास्ता पार करने में दो दिन लगे तब बालूमाथ पहुँचे। बालूमाथ के महन्त को पहले से सूचना दी जा चुकी थी कि वह सैनिकों के लिए पर्याप्त रसद तथा व्यापारियों से चंदा एकत्रित कर रखें।

महन्त का धोखा

ठाकुर विश्वनाथ शाहदेव को महंत के व्यवहार से गहरा आघात लगा। सैनिकों के पहुँचने के लगभग दो दिन पहले से महंत गायब था। वह कह गया था कि चंदा वसूलने जा रहा है। यह एक गहरी चोट थी जो सैनिकों पर बहुत भारी पड़ी। चतरा के व्यापारियों ने भी साथ नहीं दिया। जब कि मेजर इंगलिश जो अपनी सेना लेकर चतरा में पड़े थे, रसद और अन्य सुविधाओं के प्रति निश्चिंत थे। बालूमाथ के महंत के समान चतरा के व्यापारियों ने भी अपना हाथ पीछे खींच लिया था।

इस बीच चतरा के व्यापारियों को सूचना मिल चुकी थी कि डोरण्डा छावनी पर पुनः अंग्रेजों का अधिकार हो गया था। इस समाचार से न केवल व्यापारी लोग प्रभावित हुए थे अपितु स्वतंत्रता सेनानियों का भी मनोबल टूट गया था।

पैसे की परेशानी को हल करने के लिए ठाकुर विश्वनाथ शाहदेव वापस हटिया जाना चाहते थे, किन्तु सितम्बर के तीसरे सप्ताह में परिस्थितियाँ तीव्र गति से अंग्रेजों के पक्ष में होती जा रही थीं। डाल्टन ने डोरण्डा छावनी को पुनः अपने अधिकार में ले लिया था और इसे वह एक प्रकार से जनता के बीच मनोवैज्ञानिक विजय मान रहा था।

स्वतन्त्रता सेनानी कठिनाइयों से घिरते जा रहे थे। बालूमाथ से चलकर वे चतरा पहुँचे। खान–पान की कोई व्यवस्था नहीं थी। माधो सिंह कुछ सैनिकों के साथ चतरा के व्यापारियों से अपेक्षित वसूली नहीं कर पा रहे थे। चतरा के व्यापारियों को अंग्रेजी सेना के आने की सूचना मिल चुकी थी। 2 अक्टूबर, प्रातः काल 'अंग्रेजी सेना ने अपनी एनफील्ड' बंदूक से स्वतंत्रता सेनानी को घेरने का प्रयास किया। उस समय एनफील्ड बन्दूक सबसे अच्छी मानी जाती थी। इसकी मारक क्षमता 900 गज थी।[9] दो अक्टूबर को प्रातःकाल मेजर इंगलिश की सेना ने स्वतंत्रता सेनानियों को घेर लिया। आमने–सामने की लड़ाई होती तो तोप काम करती। मेजर इंगलिश के सैनिक एक आम के बगीचे से वृक्षों की ओट लेकर गोली चलाते थे। कुछ समय तक युद्ध चलता रहा। क्रमशः स्वतंत्रता सेनानियों की संख्या क्षीण होने लगी। आम के वृक्षों से मिले लाभ को सिम्पसन ने एक पत्र में स्वीकारा है।[10] जिलाधिकारी हजारीबाग के रूप में सिम्पसन ने सरकार को डोरण्डा सैनिक विद्रोहियों से हो रहे युद्ध की सूचना दी कि हमारे सैनिकों के सम्मुख डोरण्डा विद्रोही सैनिक नहीं टिक पाए। उनकी चार तोपों के अतिरिक्त पर्याप्त गोला–बारूद, बंदूकें हम लोगों के हाथ लगे।[11] जयमंगल पाण्डेय सहित सैकड़ों युद्ध बन्दियों को पेड़ से लटका कर फांसी दे दी गई। उनके मुकदमे की सुनवाई एक्ट XVII 1857 के अन्तर्गत हुई थी।

ठाकुर विश्वनाथ शाहदेव और पाण्डेय गणपत राय युद्धरत सैनिकों के साथ उनका हौसला बढ़ा रहे थे। उन्हें युद्ध–कौशल का कोई ज्ञान नहीं था। डोरण्डा सैनिकों को बिखरते देख कर उन्होंने राँची या लोहरदगा लौट जाना उचित समझा। 3 अक्टूबर को जंगल में विश्वनाथ शाहदेव की पालकी पायी गई तथा दो पालकी–वाहक नौकर भी पकड़े गए। इन पालकी–वाहकों के बयान से पता चलता है कि युद्ध के समय ठाकुर विश्वनाथ शाहदेव और पाण्डेय गणपत राय सैनिकों के साथ रहे थे।[12]

पालकी वाहकों के अनुसार शत्रुओं की पकड़ से बचने के लिए रात के अंधेरे का लाभ उठाते हुए ठाकुर विश्वनाथ शाहदेव और गणपत राय

रांची की ओर चल पड़े। ठाकुर विश्वनाथ शाहदेव लोहरदगा के निकट एक अवरोधक सेना तैयार करना चाहते थे।[13] इस कार्य में उन्हें जेल से मुक्त हुए कैदी बहोरन सिंह से भी सहयोग मिला। जिसने 200 सैनिकों की अपनी एक सेना प्रशिक्षित कर ली थी।

1857 की जनक्रान्ति, यद्यपि सरकारी भाषा में 'सिपाही–विद्रोह' कहलाती थी किन्तु व्यावहारिक रूप में यह जनक्रान्ति थी। जब डोरण्डा के सैनिकों ने अपना नेतृत्व संभालने के लिए महाराजा उनके भतीजे तथा राजपरिवार के अन्य लोगों से आग्रह किया किन्तु सभी ने अपना हाथ खींच लिया। अन्त में ठाकुर विश्वनाथ शाहदेव ने डोरंडा सैनिकों की डगमगाती नैया की पतवार संभाली। सैनिक कुवंर सिंह से मिलने के लिए निकल पड़े। सैनिकों ने दो गलती की। जिसका पछतावा सभी को था– (1) कुंवर सिंह तक पहुँचने के लिए चतरा की अपेक्षा पलामू का मार्ग अपनाना चाहिए था और (2) चतरा के व्यापारियों पर भरोसा करना। ठाकुर विश्वनाथ शाहदेव रसद का कुछ प्रबंध करते कि अंग्रेजी सेना का आक्रमण हो गया। ऐसी स्थिति में सैनिकों का मैदान छोड़ना अवश्यंभावी था।

कर्नल इ. टी. डाल्टन का मानना था कि हिन्दुस्तानियों के मन को इतना भयाक्रान्त कर दिया जाए कि अगले दो–सौ साल तक कोई हिन्दुस्तानी ब्रिटिश सरकार के विरूद्ध सिर उठाने का साहस न कर सके। इस उद्देश्य से प्रभावित अंग्रेजों ने खुले आम फांसी देना प्रारम्भ कर दिया। इसके साथ ही बागियों की खोज का काम भी युद्धस्तर पर आरम्भ किया गया। पुरस्कार का लोभ भी घोषित किया गया। एक सत्य निर्विवाद है कि भारत में अंग्रेजी राज के बने रहने में "विश्वासघातियों" ने महत्वपूर्ण भूमिका निभाई है।

ठाकुर विश्वनाथ शाहदेव भी विश्वासघात के शिकार हुए थे। विश्वनाथ दुबे नामक एक व्यक्ति ने अंग्रेजी सरकार को सूचना देकर विश्वनाथ शाहदेव को पकड़वाया था। विश्वनाथ शाहदेव पर निम्नलिखित आरोप लगाये गये।[14]

(क) – रामगढ़ के विद्रोही सैनिकों के साथ संयुक्त होना।

(ख) – घाटों का मार्ग अवरूद्ध करना जिससे सरकारी अधिकारी रांची न पहुँच सके।

(ग) – सिपाहियों को 'बादशाही' वेतन देने का आश्वासन देकर उन्हें भड़काना।

(घ) – व्यापारियों से बलात पच्चीस हजार रूपये वसूलना।

न्यायुक्त की अदालत में विश्वनाथ शाहदेव पेश किए गये। जैसी संभावना थी, उन्हें फांसी की सजा सुना दी गई। वर्तमान शहीद चौक स्थित जो कदम की डाल थी, उसमें लटकाकर ठाकुर विश्वनाथ शाहदेव की जीवन–लीला समाप्त कर दी गई। ठाकुर विश्वनाथ शाहदेव शहीद होकर झारखण्ड के इतिहास में अमर हो गए। शुक्रवार 16 अप्रैल, ठाकुर विश्वनाथ शाहदेव के अमरत्व का दिन है।[15] अंग्रेजों की धारणा थी कि भरी भीड़ के सम्मुख फांसी देने से भीड़ के लोग भयाक्रान्त होंगे। इनके अंग्रेजी मस्तिष्क में यह बात नहीं आई कि भीड़ में एकत्रित कुछ युवकों के मन में शहादत की तमन्ना भी जाग उठेगी।

स्वतंत्रता की सजा 'फांसी' तक सीमित नहीं थी। छोटा नागपुर के आयुक्त ने बंगाल सरकार को लिखा कि विश्वनाथ शाहदेव की सभी सम्पति सरकार जब्त कर ले।[16] आयुक्त के सुझाव के अनुसार बड़कागढ़ राज के सभी 97 गाँव तथा जगन्नाथ मंदिर की सम्पत्ति दिसम्बर 1857 में जब्त कर ली गई।[17] कालान्तर में जगन्नाथ मंदिर के नाम पर लिखी सम्पत्ति बंगाल सरकार ने पुजारी को वापस कर दी।

ठाकुर विश्वनाथ शाहदेव का पूरा परिवार बिखर गया। पत्नी ठकुरानी वानेश्वरी कुंवर के लिए पति की फांसी की सजा असहनीय थी। अतः वह अपने एकमात्र पुत्र कपिलनाथ शाहदेव को लेकर गुमला जिला के खोरा गाँव में जा बसी थी। वह फांसी लगने के कुछ दिन पूर्व ही राँची छोड़ चुकी थी। खोरा गाँव में उनके 14 वर्ष तपस्या के वर्ष थे। उन्होंने वकीलों से विचार–विमर्श कर 1872 ई. में कलकत्ता उच्च न्यायालय में बड़कागढ़

राज लौटाने के लिए एक मुकदमा दायर किया। मुकदमे में मिताक्षरा उत्तराधिकार के नियम का उल्लेख किया गया था। किन्तु अदालत ने ब्रिटिश सरकार के पक्ष में फैसला दिया। फैसले में यह भी कहा गया है कि विशेष विवाद की स्थिति में जमींदारी मूल राजा के पास वापस चली जायेगी। इस मुकदमे में महाराजा जगन्नाथ शाही ने कपिलनाथ शाही के पक्ष में बयान दिया था कि जमींदारी "खोरपोस" थी और आजीविका हेतु दी गई थी। मुकदमा हारने के पश्चात् ठकुरानी की परेशानियाँ बढ़ गई थीं।

विद्रोह करने के उपरान्त डोरण्डा स्थित छावनी में विभिन्न मूल के सैनिक एकत्रित हो गए थे। रामगढ़िया, दरभंगिया एवं हिन्दुस्तानी तीन मूल स्पष्ट थे तथा प्रत्येक मूल के अलग–अलग कमाण्डर थे। इन सबके ऊपर एक सेनापति तथा एक "प्रमुख" या राजा की आवश्यकता थी अन्यथा सैनिकों में बिखराव आ जाता। विद्रोही सैनिकों ने सर्वप्रथम महाराजा जगन्नाथ शाही से सम्पर्क किया। उनके अस्वीकार करने पर उनके उत्तराधिकारी उदय नारायण शाही तथा महाराज से सीधे सम्बन्धित जमींदारों से सम्पर्क किया किन्तु कोई भी विद्रोहियों से जुड़ना नहीं चाहता था। ठाकुर विश्वनाथ शाहदेव ने आगे बढ़कर कमान संभाली और सैनिकों का एक संगठित रूप उभर सका। ठाकुर विश्वनाथ शाहदेव जानते थे कि विद्रोहियों से जुड़ने की कीमत उनका "शीश" है। किन्तु कुछ ऐसे भी लोग होते हैं जो स्वतंत्रता के लिए "शीश" की आहुति देने से पीछे नहीं हटते। ठाकुर विश्वनाथ शाहदेव भी ऐसे ही वीर थे। जब बड़े–बड़े जमींदार एवं राजा विद्रोही सैनिकों से अपना पल्ला झाड़ रहे थे, उस समय ठाकुर विश्वनाथ शाहदेव ने बढ़कर सैनिकों के नेतृत्व की मशाल जलायी थी।

संदर्भ ग्रंथ सूचीः

1. Petition of Thakur Bishwanath Shahdev, Mallick of Barkagarh in Chotanagpur, at 15 Aug. 1856, Bengal (Crim) Proceed No.238, dt. 11 Sept. 1856
2. P. Kumar, Mutinies and Rebellions in Chotanagpur, Delhi, 1991, p. 99.

3. Petition of Pitamber Singh etc. dt. 16 Aug. 1856, Beng. Judl (Crim) Proceed No. 239, dt. 11 Sept. 1856.
4. Thakur Bishwanath Sahi was generally not well spoken of in his neighbourhood., Extract from the letter Allen to C.T. Backland Junior secy, 22 Dec., 1856, Beng. Judl. (Crim). Proceed No. 248, dt. 15 Jan. 1857.
5. J. S. Davis District officer to E.T. Dalton dt. 27 Oct. 1857, Lohardaga Des. Vol. No. 73.
6. Dalton Young, Hazaribag dt. 5 Sept. 1857. Home (Pub.) Cons No. 26, dt. 18 Sept. 1857.
7. Ranchi Gazetteer "The Maharaja and other important zamindars, however, helped the British authorities to crush the movement." p. 58.
8. Dalton to Young : "....... the Mutinous sepoys arfe all said to have behaved in the most brutal manner to the towns people, plundering, torturing and violating their women" 14 Sept. 1857, Home (pub) Cons. No. 94. dt. 25 Sept. 1857.
9. P. C. Roy Choudhary, 1857 in Bihar (Chotanagpur and Santal Pargana) Patna, 1957, p. 41.
10. Simpson to Dalton "Had there not been the trees to afford parties cover to them the loss on their side must have been greater....." Kali Pahar Chatra, dt. 4th Oct. 1857, Home (Pub.) Con. No.107, dt. 10 Oct. 1857.
11. Simpson to Secy. Govt. of Bengal dt. 4 Oct. 1857. Home (Pub.) Cons No. 107 dt. 30 Oct. 1857.
12. सिम्पसन का डाल्टन को लिखा पत्र दिनांक 4 अक्टूबर, 1857, उद्धृत पी0 सी0 राय, पूर्वोक्त पृ0 41–46.
13. R. G. "Thakur Bishwanath returned to Chotanagpur and organised a resistance movement against the British in the neighbourhood of Lohardaga," p. 69.
14. Ranchi Gazettear, p. 60.
15. Ibid. p. 60.
16. Commissioner Chotanagpur to Secy, Govt. of Bengal, letter No. 9. dt. 4 Oct. 1858, Ibid. to 61 F.N.
17. R. G. p. 61.

अध्यायः सात

पाण्डेय गणपत राय

व्यक्ति पैदा होते हैं, और समाप्त हो जाते हैं किन्तु उनका विचार और आदर्श नहीं मरता। पाण्डेय गणपत राय ने शहीद होकर स्वतंत्रता की जो ज्योति जलाई थी, उससे आज भी यहाँ की धरती प्रकाशमयी है।

पाण्डेय गणपत राय

झारखण्ड के शहीदों में पाण्डेय गणपत राय का नाम बड़े सम्मान के साथ लिया जाता है। बचपन से ही पाण्डेय गणपत राय अत्यन्त मेधावी और चपल थे। इनका जन्म लोहरदगा के एक गाँव भौंरो में 17 जनवरी, 1809 को हुआ था। बचपन से ही युद्ध कला में रूचि थी तथा तलवार चलाने में बालक गणपत राय अत्यन्त कुशल थे। गाँव–जंगलों के बीच होने के कारण वनों में आना–जाना एक साधारण बात थी। इनके चाचा सदाशिव राय छोटा नागपुर के महाराजा के दीवान थे, और पालकोट में रहते थे। बालक गणपत राय को अपने चाचा के संरक्षण में भेज दिया गया।

उन दिनों पालकोट छोटा नागपुर की राजधानी थी। राज दरबार में विद्वानों की कमी नहीं थी। संस्कृत के विद्वान और अरबी, फारसी के मौलवी पालकोट में उपलब्ध थे। गणपत राय ने राजभाषा "नागपुरी" के साथ–साथ अरबी और फारसी की अच्छी शिक्षा ली थी। इनकी कुशाग्र बुद्धि और तर्क करने की क्षमता अद्वितीय थी। पालकोट में रहकर गणपत राय ने राजदरबार के बहुत से तरीकों की जानकारी प्राप्त की थी।

गणपत राय की तर्क क्षमता और कुशाग्र बुद्धि की लोगों ने भूरि–भूरि प्रशंसा की थी। घटना इस प्रकार है कि अपने चाचा के साथ एक बारात में गणपत राय भी गये हुए थे। उन दिनों एक प्रचलन था कि बाराती और धराती के बीच शास्त्रार्थ हुआ करता था। लोगों ने बारातियों की ओर से गणपत राय को प्रतिनिधि बनाकर सामने किया। 15 वर्षीय गणपत राय ने धरातियों को निरूत्तर कर दिया और इस प्रकार शास्त्रार्थ में बारातियों की जीत हुई।

पाण्डेय गणपत राय की ऐसी प्रखर बुद्धि से प्रभावित होकर उनके चाचा के सामने विवाह का प्रस्ताव आया, और चाचा की सहमति के उपरान्त लड़की वालो ने तत्काल उनका तिलक कर दिया तथा उसी मण्डप में विवाह भी सम्पन्न कर दिया। इस प्रकार बाराती गणपत राय दुल्हा बनकर दुल्हन के साथ लौटे।

इस पत्नी से कोई संतान पैदा नहीं हुई। अतः परिवार के लोगों ने पहली पत्नी के आग्रह पर दूसरा विवाह किया। पलामू जिला के बंगलाडीह करार के मोहन सिन्हा की पुत्री सुगन्धकुंवर से इनका दूसरा विवाह सम्पन्न हुआ। दूसरी पत्नी से दो पुत्र तथा तीन पुत्रियाँ हुईं। अपने चाचा सदाशिव राय के देहान्त के पश्चात् गणपत राय छोटा नागपुर के महाराजा के दीवान बनाये गये। वह राजदरबार के कायदे कानून से पूरी तरह परिचित थे। दीवान बनने के कारण उनका पालकोट में रहना आवश्यक हो गया इसलिए अधिकांशतः उनका समय पालकोट में ही बीतता था। एक दीवान के रूप में गणपत राय काफी प्रसिद्ध हुए। जितनी ही लोकप्रियता पाण्डेय गणपत राय को मिली उसी अनुपात में जलने वालों की संख्या बढ़ती गयी। गणपत राय सामान्यतः सरल और उदार व्यक्तित्व वाले दीवान थे।

उन दिनों छोटा नागपुर राज "उत्तराधिकारी" के प्रश्न को लेकर कानूनी लड़ाई लड़ रहा था। मुकदमा प्रीवी काउंसिल तक गया। किन्तु निर्णय नागवंशी राजा के विरूद्ध हुआ। इस कानूनी लड़ाई के कारण महाराजा जगन्नाथ शाहदेव की जान पर खतरा आ गया था। उनकी सुरक्षा हेतु उन्हें दीवान गणपत राय के जन्म स्थल भौंरो लाया गया और राज की राजधानी के रूप में भौंरो का विकास हुआ। 1870 में ब्रिटिश सरकार ने छोटा नागपुर का राज चलाने के लिए एडम ह्यूम को राज का प्रशासक नियुक्त कर दिया। इस प्रकार परोक्ष रूप में छोटा नागपुर पर अँग्रेजी शासकों का अधिकार हो गया। इस घटना से पाण्डेय गणपत राय भी काफी क्षुब्ध थे।

1857 के स्वतन्त्रता संग्राम या सिपाही विद्रोह से पूरा देश आक्रांत था। छोटा नागपुर के हजारीबाग जिले में 30 जुलाई 1857 ई0 को आठवीं देशी पैदल सेना ने छावनी में विद्रोह कर दिया। इसके उपरान्त डोरण्डा छावनी में जब सैनिक विद्रोह की सूचना मिली तो 1 अगस्त 1857 ई0 को सेना ने विद्रोह का झण्डा उठा लिया। इन विद्रोहियों को किसी नेता या सेनापति की आवश्यकता थी, जिसके लिए इन सैनिकों ने

बड़कागाँव के जमींदार ठाकुर विश्वनाथ शाहदेव को प्रमुख तथा भौंरो के जमींदार और महाराजा के भूतपूर्व दीवान पाण्डेय गणपत राय को सेनापति बनाया।[1]

देखते–देखते राँची स्वतन्त्रता सेनानियों के अधिकार में आ गया। सेनानियों ने डोरण्डा तथा राँची स्थित अंग्रेजों के सभी बंगले तोड़–फोड़ डाले कुछ जला दिये। राँची कचहरी में आग लगा दी गयी। राँची का खजाना लूट लिया गया और राँची जेल फाटक तोड़कर लगभग 300 कैदियों को मुक्त कर दिया गया। 21 दिनों तक राँची पर स्वतन्त्रता सेनानियों का अधिकार बना हुआ था। डोरण्डा में ठाकुर विश्वनाथ शाहदेव की कचहरी बैठती थी। मुकदमें की सुनवाई होती थी और तुरन्त फैसला भी सुना दिया जाता था।

ठाकुर विश्वनाथ शाहदेव तथा पाण्डेय गणपत राय सहित विभिन्न सैनिक नेताओं की अब एक मात्र चिन्ता थी कि अगला कदम कब, कैसे और किस उद्देश्य से बढ़ाया जाये। विभिन्न गुटों की आपस में पटेगी अथवा नहीं ? यह भी चिन्ता थी कि पैसे एवं रसद का प्रबंध किस प्रकार होगा। सैनिक, नेताओं तथा अन्य प्रभावी लोगों में उमराव सिंह, शेख पहलवान और जसपुर के दुखु के अतिरिक्त माधो सिंह, जय मंगल पाण्डेय, नादिर अली डोरण्डा में उपस्थित थे। कुछ सैनिक नेता इस विचार के थे कि डोरण्डा से चाईबासा और सिंहभूम से सैनिकों को साथ लेते हुए मिदनापुर पर आक्रमण कर उस पर अधिकार कर लिया जाये मिदनापुर के पश्चात् अगला निशाना कलकत्ता होगा। कलकत्ता, दिल्ली से कम महत्व नहीं रखता। अंग्रेजों का गढ़ दिल्ली की अपेक्षा कलकत्ता है। कुछ लोग ठाकुर विश्वनाथ शाहदेव सहित इस विचार के थे कि सर्वप्रथम जगदीशपुर चल कर बाबू कुंवर सिंह से मिला जाये और आगे का कार्यक्रम बाबू कुंवर सिंह की सलाह पर तैयार किया जाये। पाण्डेय गणपत राय इस विचार विमर्श में शान्त रहें क्योंकि स्वतः ऊँट उनकी करवट बैठ रहा था।

पाण्डेय गणपत राय की सूचना

1857 की क्रान्ति के संदर्भ में एक नाम उजागर होता है और वह है

पिठोरिया के जमींदार जगतपाल सिंह। जगतपाल सिंह परम अंग्रेज भक्त और आयुक्त डाल्टन के विश्वास पात्र थे। वह हजारीबाग स्थित डाल्टन को राँची में घटने वाली घटनाओं से अवगत कराते रहते थे। जगतपाल सिंह ने गणपत राय के विषय में भी सूचना भेजी कि 5–6 दिनों से पाण्डेय गणपत राय विद्रोही सैनिकों के बीच दिखलाई पड़ रहे हैं। गणपत राय नागपुर के महाराजा के दीवान थे, किन्तु दोनों के बीच बढ़ते हुए अविश्वास के कारण गणपत राय दीवानी से विलग होकर भौंरो लौट आए और अपनी जमींदारी का काम देखने लगे। हजारीबाग और डोरण्डा में जब सैनिकों ने विद्रोह कर दिया तो गणपत राय ने उन्हें बधाई का पत्र भेजा था। इकहरे बदन और सांवले रंग के पाण्डेय गणपत राय 1857 में 45 वर्ष के थे।[2]

गणपत राय और नागपुर राज की गद्दारी

जनजातियों के बीच रहने वाले गणपत राय के मानसिक विकास में व्यावहारिकता की कमी पाई जाती है। कुछ ऐसी ही मानसिक तनाव के बीच पाण्डेय गणपत राय चल रहे थे, जब से सूचना मिली थी कि बहादुर शाह जफर अब भी वास्तविक बादशाह बने हुए हैं। गणपत राय के संवेग आसमान छूने लगे।[3] गणपत राय को लगा कि बहादुर शाह उसकी सहायता करेंगे। सारी शक्ति दिल्ली में निहित है। देश की राजनीति दिल्ली से नियंत्रित होती है। पाण्डेय गणपत राय के मस्तिष्क में नागपुर राज की गद्दी चमकने लगी। जिस प्रकार दुर्जनसाल ने शहंशाह जहांगीर से राज करने का फरमान पाया था, कुछ उसी प्रकार इतनी बड़ी सैन्य शक्ति दिखलाकर नागपुर का राजा नवार्ड का फरमान पाया जा सकता है।

पाण्डेय गणपत राय की मुलाकात माधो सिंह, जयमंगल पाण्डेय तथा कुछ अन्य सैनिक नेताओं से हुई। गणपत राय नेताओं को यह समझाने में सफल रहे कि इस समय सारी लड़ाई दो खेमों में बंटी हुई है, शाह आलम बनाम अंग्रेज। हमें शहंशाह के पक्ष में उतरना है। इसके लिए हमें वीर कुंवर सिंह से मिलना आवश्यक है।

गणपत राय की अतिरिक्त योजना के अनुसार सर्वप्रथम कुंवर सिंह से मिलना आवश्यक था। ठाकुर विश्वनाथ शाहदेव सहित अधिकांश लोग एक मत थे कि सर्वप्रथम कुंवर सिंह के पास चलना उपयुक्त होगा। चूंकि यह निर्णय गणपत राय की योजना के अनुकूल था, अतः वह मौन रहे। अन्ततोगत्वा सभी एक मत थे कि अगला पड़ाव जगदीशपुर होगा।

आपूर्ति की समस्या

सैनिकों के लिए गोला–बारूद के अतिरिक्त कुछ मजदूरों एवं खान–पान की आपूर्ति की समस्या सामने थी और कोई आगे नहीं आ रहा था। कुछ सैनिक नेताओं ने हजारीबाग के राजा पर चढ़ाई करने का सुझाव दिया जिससे तत्काल आर्थिक समस्या का हल निकाला जा सके। परिस्थिति को इस प्रकार करवट लेते देखकर पाण्डेय गणपत राय को सामने आना पड़ा। यद्यपि डोरण्डा स्थित सैनिक तीन भागों में विभक्त थे और एक राय नहीं हो पायी थी कि किस दिन किस ओर प्रस्थान किया जाये। विलम्ब करना अच्छा नहीं था। अतः माधो सिंह ने रविवार, 2 सितम्बर 1857 को रोहतास गढ़ की ओर प्रस्थान करना निश्चित कर दिया। इसके पहले कि कर्नल फिशर अपनी सेना लेकर आ जाये हम सभी को डोरण्डा छोड़ देना चाहिए। पाण्डेय गणपत राय को कुलियों, मजदूरों तथा अन्य संसाधनों की आपूर्ति के लिए कहा गया। पाण्डेय गणपत राय ने महाराजा नागपुर को सूचित किया कि वह विद्रोही सैनिकों के सेनापति चुने गए हैं और सैनिकों को आगे के कार्यक्रम के लिए दस हजार कुली और मजदूरों की आवश्यकता है।[4] किन्तु यह आसान काम नहीं था कि दस हजार कुली या भारवाहक का प्रबन्ध हो सके। जयमंगल पाण्डेय जो एक अनुभवी सैनिक थे और मेजर रसेज तथा विलकिन्सन के साथ काम कर चुके थे, कहा कि ठाकुर विश्वनाथ शाहदेव, गोविन्द शाही, गणपत राय आदि सबको साथ मिलकर प्रयास करना होगा।[5]

पाण्डेय गणपत राय ने अनुमान लगाया था कि विद्रोही सेना का सेनापति होना एक बड़ी शक्ति थी तथा महाराजा जगन्नाथ शाही इससे भयाक्रान्त होकर "आपूर्ति" का प्रबन्ध कर देंगे। किन्तु, इसके विपरीत

पाण्डेय गणपत राय का पत्र इ. टी. डाल्टन के पास पहुँच गया। महाराजा से पाण्डेय गणपत राय के सम्बन्ध मधुर नहीं थे। सैनिकों ने रोहतासगढ़ की यात्रा के क्रम में शुक्रवार 11 सितम्बर 1857 को डोरण्डा छोड़ दिया था। सैनिकों की संख्या लगभग 600 थी। पुरानी बंदूकों के अतिरिक्त छोटे–बड़े तोप भी थे। सैनिक टिकू घाट पार कर आगे बढ़ते गये। इनकी सबसे बड़ी समस्या धन की कमी और समुचित आपूर्ति का अभाव था। पाण्डेय गणपत राय ने बालूमाथ के महंत को तथा चतरा के व्यवसायियों को सहयोग के लिए संदेश भिजवा दिया था किन्तु इन लोगों ने स्वतंत्रता सेनानियों को धोखा दिया।

मेजर इंगलिश सिखों एवं मद्रासियों की एक सेना लेकर चतरा पहुँच चुके थे। स्वतंत्रता सेनानी इसके लिए तैयार नहीं थे। अकस्मात् दोनों सेनाओं में टक्कर हो गई। 3 अक्टूबर के अपने टेलीग्राम में मेजर इंगलिश ने अपने विजय की सूचना दी और बताया कि 4 तोपें और गोला बारूद प्राप्त किया। उनके पक्ष के 45 सैनिक हताहत हुए। मेजर इंगलिश ने 100 सैनिकों की और मांग की है।[6] डोरण्डा स्वतन्त्रता सेनानियों की पराजय और बिखराव को दुर्भाग्यपूर्ण मानते हुए इसका कारण जनता एवं व्यापारियों का असहयोग माना है। टिकू घाट पार करते–करते रसद की कमी को पूरा करने के लिए सैनिकों को लूट–मार करनी पड़ी थी।

अतः जनता के बीच इनकी छवि खराब हो गई थी। यदि बालूमाथ का महंत एवं चतरा के व्यापारी साथ दिए होते तो विजय निश्चित थी।[7] इसके विपरीत मेजर इंगलिश को रसद की कोई समस्या नहीं थी। चतरा की इस पराजय का परिणाम यह हुआ कि सैनिक बिखर गए।

ठाकुर विश्वनाथ शाहदेव ओर पाण्डेय गणपत राय रात के अंधेरे की ओट में सुरक्षित स्थान में जा छिपे। गिरफ्त में आए लगभग 150 सैनिकों को हरिजीवन तालाब के किनारे के पेड़ों पर लटका कर फांसी की सजा दे दी गई। जयमंगल पाण्डेय एवं नादिर अली को भी इसी तालाब के किनारे फांसी दी गई थी जो अब फांसी तालाब के नाम से प्रसिद्ध है।

चतरा की हार से अप्रभावित ठाकुर विश्वनाथ शाहदेव तथा पाण्डेय गणपत राय पुनः संगठन के काम में लग गए। अब यह एक कठिन काम था। क्योंकि विश्वनाथ शाहदेव और गणपत राय दोनों अंग्रेजी सरकार की निगाह में आ चुके थे और इन्हें गिरफ्तार करने के प्रयास में थे। कुछ दिनों के लिए गणपत राय अपने गाँव भौंरो आ छिपे थे। इसकी सूचना मेजर नेशन के पास पहुँची। मेजर एक सौ सिपाहियों का एक दस्ता लेकर भौंरो गाँव पहुँचा और गणपत राय के भौंरो गाँव को चारों ओर से घेर लिया। यह एक कठिन परिस्थिति थी। किन्तु गणपत राय भी कम नहीं थे। उन्होंने कम्बल ओढ़कर एक चरवाहे का रूप बनाया और देखते–देखते मेजर नेशन को चकमा देकर उसकी पकड़ से बाहर हो गए।

पाण्डेय गणपत राय अपने क्षेत्र में जितने लोकप्रिय थे, उनके शत्रुओं की भी संख्या इससे कम नहीं थी। महाराजा के दरबार से लेकर छोटे–बड़े जमींदार भी उनके शत्रु बने हुए थे। डोरण्डा छावनी के सैनिकों के विश्वनाथ शाहदेव प्रमुख थे तो पाण्डेय गणपत राय सेनापति थे। पाण्डेय गणपत राय ने सेनापति के रूप में महाराजा से दस हजार सामान ढोने वालों की मांग की थी। लेकिन राजा इनके दबाव में नहीं आये थे और विश्वनाथ शाहदेव को कुछ अन्य प्रबंध करना पड़ा था।

पाण्डेय गणपत राय एक उत्साही व्यक्ति थे तथा नीति–निर्धारण में वह पारंगत माने जाते थे। डोरण्डा के सैनिक यदि विश्वनाथ शाहदेव को ''शक्ति'' मानते थे तो गणपत राय को ''बुद्धि'' मानते थे। इनकी सलाह या सुझावों को महत्व दिया जाता था। यद्यपि पाण्डेय गणपत राय अपने वचन के अनुसार आपूर्ति नहीं कर पाये थे! जिसके लिए विश्वनाथ शाहदेव को हटिया निवासियों से सहायता लेनी पड़ी थी। गणपत राय का दृढ़ विश्वास था कि महाराजा के विरोध के कारण अपना वचन पूरा नहीं कर सके थे। उनका विचार था कि सबसे पहले हजारीबाग के राजा शम्भू नाथ सिंह को जो छोटा नागपुर में अंग्रेजों का शरण–स्थल था, अपने कब्जे में ले लिया जाय, उसके पश्चात् ही कोई दूसरा कदम उठाया जाना चाहिए। आगे आने वाली घटनाएँ प्रमाणित करती थीं कि गणपत

राय का विचार कितना सही था। अंग्रेजों की रांची वापसी में हजारीबाग की भूमिका कितनी महत्वपूर्ण थी। लेकिन सभी कुंवर सिंह तक जल्द से जल्द पहुँच जाना चाहते थे और चतरा तक पहुँच कर बिखर गए। मेजर इंगलिश सिख बहुल सेना लेकर चतरा पहुँचे और पिछले दो दिन से भूखे सैनिक अभी संभल भी नहीं पाये थे कि एक अक्टूबर को दोनों सैनिकों में मुठभेड़ हो गई। जैसी संभावना थी, डोरंडा छावनी के स्वतंत्रता सेनानी मेजर इंगलिश की सेना के सामने नहीं टिक सके। कुछ मारे गए, कुछ मौका देखकर भाग गए और कुछ घायल होकर पड़े रहे और दूसरी सुबह फांसी पर चढ़ा दिए गए।

पाण्डेय गणपत राय के लिए भौंरो गाँव अब सुरक्षित स्थान नहीं रह गया था। उन्हें अब दूसरा ठिकाना निश्चित करना था। वह रातों–रात अपने पुरोहित उदयनाथ पाठक को साथ लेकर लोहरदगा की ओर चल पड़े। रात व्यतीत करने के उद्देश्य से वह अपने एक पुराने और पूरे भरोसे के मित्र के पास जाना चाहते थे जो कैम्बो गाँव में रहता था। किन्तु दुर्भाग्यवश रात के अंधेरे में दिशा भ्रम के कारण कैम्बो गाँव न जाकर परहेपाट पहुँच गए। परहेपाट का जमींदार महेश शाही जो अंग्रेजों का पक्षधर था। महेश साही ने प्रसन्न होकर गणपत राय का स्वागत किया और साथ ही लोहरदगा सूचना भी भिजवा दी। महेश शाही के विश्वासघाती स्वभाव से अनभिज्ञ गणपत राय ने वहाँ रात बिताना उचित समझा। महेश शाही ने अवसर देखकर दरवाजे की सिकड़ी या कुण्डी बाहर से लगा दी।

सुबह की किरण फूटते–फूटते लोहरदगा से कैप्टन नेशन कुछ सैनिकों के साथ परहेपाट गाँव पहुँच गए और महेश शाही का मकान चारों ओर से घेर लिया गया। नेशन ने द्वार की कुंडी खुलवाई और कैप्टेन नेशन ने पाण्डेय गणपत राय को गिरफ्तार कर लिया। नागपुर की धरती का एक स्वतन्त्रता सेनानी विश्वासघात का शिकार हुआ।

21 अप्रैल 1858 को पाण्डेय गणपत राय आयुक्त इ.टी. डाल्टन के सम्मुख पेश किए गए और जैसा कि पूर्व–निश्चित था, पाण्डेय गणपत राय को फांसी की सजा सुना दी गई। अधिकारी गण पहले से तैयारी

किए बैठे थे। शहीद चौक स्थित जिस कदम्ब की डाल से 16 अप्रैल को ठाकुर विश्वनाथ शाहदेव को फांसी की सजा दी गई थी। ठीक उसी डाल से 21 अप्रैल को पाण्डेय गणपत राय को लटकाकर फांसी की सजा दे दी गई।

व्यक्ति पैदा होते हैं और समाप्त भी हो जाते हैं किन्तु उनका विचार एवं आदर्श नहीं मरता। पाण्डेय गणपत राय ने शहीद होकर स्वतंत्रता की जो ज्योति जलाई उससे आज भी यहाँ की धरती प्रकाशमयी है।

संदर्भ ग्रंथ सूचीः

1. Bihar District Gazetteer Ranchi, Patna, 1970, p. 58.
2. Cecy to Govt. of Beng. to Secy. Govt. of India, No. 849 dt. 20 March, 1858, For Sec. Cons No. 358.
3. P. Kumar "When he heard the news of the Coup of Hazaribag and Ranchi and that Bahadur Shah was now again the defact Emperor of India, all these events with a vast opportunity fired his imagination"-Mutinues and Rebeltions in Chotanagpur Delhi, 1991, p. 185.
4. Col. Dalton quotes the letter of Pandey Ganpat Rai to Maharaja Chotanagpur in his letter to Davis No.58, dt. 5 Oct., 1857, Chotanagpur Commer's Des. Vol. 214.
5. Evidence of Jai Mangal Pandey at Chatra, on 4th Oct., 1857, Daltons to Young, No.61, dt. 23 Oct., 1857, Chotanagpur Commer's Des. Vol. 218.
6. P. C. Roy Choudhary 1857 in Bihar, Stanfon to Secy, Govt. of India, Transmitted the message of Major English from Sherghati ElectricTelelgraph office to Calcutta on 3rd Octo., 1857.
7. R. G., "The tgragic lack of intelligence regarding the movement of enemy and the treachery of the mahajan's of Chatra cost them their victory," p. 59.

अध्यायः आठ

टिकैत उमरांव सिंह

चारू–चुटुपालू (रामगढ़ घाट) मार्ग से कोई भी विदेशी सेना रांची नहीं जाने पायेगी।

टिकैत उमरांव सिंह

10 मई 1857 को मेरठ की सैनिक छावनी में "स्वतंत्रता" की जो चिन्गारी फूटी थी उसे पूरे देश में फैलने में अधिक समय नहीं लगा। जुलाई के अन्तिम सप्ताह में हजारीबाग सैनिक छावनी में असंतोष की लहर व्याप्त थी और वे कभी भी विद्रोह कर सकते थे। रांची में बैठे कर्नल एवं छोटा नागपुर के आयुक्त ई.टी. डाल्टन तथा अन्य अधिकारी तत्कालीन सैनिक समस्याओं पर विचार–विमर्श कर रहे थे। अन्त में निश्चित हुआ कि लेफ्टिनेन्ट ग्राह्म के नेतृत्व में सेना भेजकर हजारीबाग के सैनिकों से हथियार जमा करवा लिया जाये। ग्राहम दो कम्पनी सेना, 30 घुड़सवार और दो तोप लेकर पहली अगस्त को हजारीबाग के लिए रवाना हो गए। कुछ दूरी तय करने पर सूचना प्राप्त हुई कि हजारीबाग के सैनिकों ने विद्रोह कर दिया था।[1]

यह सूचना ले. ग्राहम के लिए विस्फोटक सिद्ध हुई। घुड़सवारों को छोड़कर उसी समय सैनिक एवं तोपची, तोप हाथी सहित डोरण्डा की ओर लौट पड़े। सैनिकों का नेतृत्व जमादार माधो सिंह कर रहा था तथा नादिर अली तोपों की जिम्मेदारी संभाले हुए थे। घाट पार कर जब माधो सिंह ओरमाझी पहुँचा तो टिकैत उमरांव सिंह एवं उनके सहयोगियों से मुलाकात हुई। टिकैत उमराव सिंह ने माधो सिंह को सूचित किया कि यूरोपीय सैनिकों के लिए घाट का मार्ग अवरूद्ध कर दिया जायेगा।[2] स्वतंत्रता सेनानियों को देखने के लिए ओरमाझी में भीड़ उमड़ आई थी।

टिकैत उमराव सिंह का जन्म ओरमाझी प्रखण्ड के खटंगा गाँव में हुआ था। वह बचपन से विद्रोही प्रकृति के थे। अपने आदर्श पर मर–मिटने का साहस लिए हुए युवक उमरांव सिंह ने आजीवन अविवाहित रह कर अपना पूरा समय अपनी प्रजा और देश के हित में समर्पित किया था। टिकैत उमरांव सिंह की 12 गाँवों की जमींदारी थी। बारह गाँव थे – (1) खटंगा, (2) हरचंडा, (3) झीरी, (4) डहु, (5) बरवे, (6) बरटोली, (7) हेसातु, (8) कुटे, (9) गगारी, (10) सिलदीरी, (11) कोवालु और

(12) चापावाइट। इनका घाटी में विस्तार क्षेत्र चुटुपालू से चारू तक था। सामरिक दृष्टि से टिकैत उमरांव सिंह का राज क्षेत्र बहुत महत्वपूर्ण था।

घाटी का महत्व

टिकैत उमरांव सिंह के अधिकार में जो घाटी पड़ती थी वह रांची को हजारीबाग से जोड़ती थी। यदि हजारीबाग से रांची की ओर चला जाये तो रामगढ़ के बाद घाटी की चढ़ाई शुरू होती है। दाहिनी ओर ऊँचे पहाड़ और बांयी ओर गहरी घाटी, बीच के संकरे मार्ग से ऊपर चढ़ना पड़ता था। थोड़ी भी असावधानी होने पर कोई भी सैकड़ों फीट नीचे जा गिरेगा। किन्तु इस मार्ग के अतिरिक्त हजारीबाग से होकर अत्यन्त टेढ़ा और समय लेने वाला मार्ग है। यही कारण है कि यह घाटी व्यापारियों के, आने–जाने वालों और सैनिकों के लिए अत्यन्त उपयोगी थी। टिकैत उमरांव सिंह इस घाटी के रखवाले या घटवाल थे।

घाटी के महत्व को देखते हुए सभी पक्ष के लोग टिकैत उमरांव सिंह को अपनी ओर मिलाना चाहते थे। अंग्रेज जो इस समय अस्तित्व की लड़ाई लड़ रहे थे। इस घाटी की सुरक्षा पर काफी बल दे रहे थे यदि यह मार्ग बीच–बीच में काट दिया जाता है, तो किसी के लिए भी घाटी पार करना असम्भव हो जाएगा। यही कारण है कि कर्नल ई. टी. डाल्टन ने टिकैत उमरांव सिंह को एक पत्र लिखकर चेतावनी दी थी कि यदि घाटी का मार्ग तोड़ा–फोड़ा या विकृत किया गया तो इसकी सारी जिम्मेदारी तुम्हारी होगी और इसके लिए तुम्हें प्राण दण्ड दिया जा सकता है।[3]

टिकैत और राजा हजारीबाग

हजारीबाग के राजा शम्भूनाथ सिंह और टिकैत उमरांव सिंह में सदा छत्तीस का समीकरण रहा था। वे एक दूसरे के कट्टर दुश्मन थे। सैनिक विद्रोह के समय राजा शम्भूनाथ सिंह की अंग्रेज भक्ति चरम पर थी। किसी भी अकस्मात् आई विपत्ति के समय राज महल का द्वार खुला हुआ था। इसके विपरीत टिकैत उमरांव सिंह देश की स्वतंत्रता के पक्षधर

थे तथा चाहते थे कि ठाकुर विश्वनाथ शाहदेव पर आक्रमण कर हजारीबाग को अधीन कर लिया जाय। इससे दो लाभ प्रत्यक्ष थे किः– (1) अंग्रेजों का हजारीबाग से रांची जुड़ना समाप्त हो जायेगा तथा (2) एक आशंका कि यूरोपीय सैनिक हजारीबाग और रामगढ़ घाटी से होकर रांची पहुँचने वाले हैं, जो मात्र एक अफवाह सिद्ध हुई। यद्यपि ठाकुर विश्वनाथ शाहदेव तथा रामगढ़ी सैनिक हजारीबाग पर शीघ्र आक्रमण के पक्ष में थे। अन्यथा हजारीबाग के कारण यूरोपीय सेना का नागपुर में प्रवेश का मार्ग प्रशस्त हो जायगा।

इस प्रसंग में टिकैत उमरांव सिंह का ठाकुर विश्वनाथ शाहदेव को पूरा समर्थन प्राप्त था। टिकैत उमरांव सिंह हजारीबाग के राजा को एक कुटिल, फितरती और स्वाभिमान रहित राजा मानते थे। इस आशंका से प्रभावित कि यूरोपीय सेना चुटुपालू घाटी को पार करके रांची में प्रवेश करेगी। उमरांव सिंह एवं उनके सहयोगी घाटी के मार्ग को अवरूद्ध कर देना चाहते थे। यद्यपि यूरोपीय सेना के आने की खबर शम्भूनाथ सिंह ने फैलायी थी।[4]

मार्ग–अवरोधन

ठाकुर विश्वनाथ शाहदेव ने टिकैत उमरांव सिंह से अपेक्षा की थी कि वह शत्रुओं को घाटी पार करने से रोकेंगे। टिकैत उमरांव सिंह सामरिक दृष्टि से एक महत्वपूर्ण घाटी के घटवाल थे। डाल्टन किसी प्रकार उमरांव सिंह को अपने पक्ष में करना चाहता था। उसने अपने पत्र में उमरांव सिंह को फांसी की सजा की चेतावनी भी दी थी। हजारीबाग के राजा शम्भूनाथ सिंह ने डाल्टन के दिमाग को टिकैत उमरांव सिंह के विरूद्ध भर दिया था। उमरांव सिंह पर चौतरफा दबाव पड़ रहा था। किन्तु टिकैत विशेष माटी के बने थे।

उमरांव सिंह ने अपने छोटे भाई घासी सिंह एवं दीवान शेख भिखारी से मंत्रणा की और निश्चित हुआ कि चुटुपालू से चारू घाटी तक जो उमरांव सिंह की राज सीमा थी, उसे विकृत कर दिया जाये। कुछ आदमियों को साथ लेकर ओरमाझीं के ये तीनों वीर, मार्ग काटने में लग

गए। घाटी का मार्ग पहले से ही संकरा और खतरनाक था। बीच–बीच में मार्ग को काट कर गढ़्ढ़ा कर देने से सैनिकों का ओरमाझीं तक पहुँचना दुष्कर हो गया था।

उमरांव सिंह ने अपनी शक्ति के अनुसार जहाँ तक हो सकती थी, पूरी सहायता की। वीर ठाकुर विश्वनाथ शाहदेव और सैनिकों को घाटी का मार्ग काटने एवं ध्वस्त करने की सूचना भेज दी गई। इसकी सूचना हजारीबाग शम्भूनाथ सिंह तक पहुँच गयी। स्वाभाविक है कि अंग्रेज अधिकारी भी मार्ग के कटाव एवं अवरोधों से क्रमशः अवगत हो गए।

विभिन्न कटावों से घाटी को अवरूद्ध करना सहज नहीं था। इस काम से अंग्रेजों की परेशानी बढ़ गई। अब अंग्रेजों के शत्रुओं की सूची में टिकैत उमरांव सिंह, घासो सिंह एवं शेख भिखारी का नाम प्रमुखता से उभर आया था। स्वतंत्रता सेनानियों को डोरण्डा सैनिकों से एक बहुत बड़ी आशा थी।

डोरंडा सैनिकों का बाबू कुंवर सिंह से मिलने जगदीशपुर जाना घातक सिद्ध हुआ। इन सेनानियों को चतरा की अपेक्षा पलामू का मार्ग पकड़ना चाहिए था जो अपेक्षाकृत अधिक सुरक्षित था। अंग्रेज सरकार जी. टी. रोड को यातायात के लिए निर्बाध रखना चाहती थी। अतः जी. टी. रोड से दूर पलामू होते हुए जाना अधिक सुरक्षित था। चतरा के व्यापारियों ने भी स्वतंत्रता सेनानियों का साथ नहीं दिया। भूखे पेट कब तक लड़ते। 2 अक्टूबर 1857 को मेजर इंगलिश की सेना, जो अच्छे आयुधों से लैस थी, स्वतंत्रता सेनानियों पर भारी पड़ी । कुछ पकड़े गए, कुछ तितर–बितर हो गए।

डोरण्डा छावनी उजाड़ थी। कर्नल डाल्टन को छावनी में प्रवेश में किसी प्रकार का अवरोध नहीं हुआ। वह रांची में अंग्रेज सरकार की वापसी का संकेत था।

स्थिर होने के उपरान्त कर्नल एवं आयुक्त डाल्टन ने क्रमशः विरोधियों को पकड़ना और उन्हें फांसी देना प्रारम्भ किया। इसी क्रम में टिकैत उमरांव सिंह, घासी सिंह और शेख भिखारी गिरफ्तार कर लिए गए।

टिकैत घासी सिंह को लोहरदगा जेल में बन्द कर दिया गया, जहाँ उसकी मृत्यु हो गई।

टिकैत उमरांव सिंह तथा इनके दीवान शेख भिखारी को गिरफ्तार कर लिया गया। इन पर 6 जनवरी 1858 को मुकदमा चलाया गया और जैसा अपेक्षित था टिकैत उमरांव सिंह तथा उनके दीवान शेख भिखारी को फांसी की सजा सुनाई गयी और दो दिन बाद 8 जनवरी 1858 को चुटुपालू के एक बट वृक्ष की दो डालियों पर लटका कर फांसी दे दी गई।[4]

भारत में अंग्रजी शासन का आधार आतंक और भय था। सरकार उन सभी अवसरों का लाभ उठाना चाहती थी जिनसे भारत की जनता भयाक्रान्त की जा सके। स्थान क्षेत्र विशेष में पहले से प्रचारित रहता था कि अमुक विद्रोही को इस स्थान पर, प्रातः इतने बजे फांसी दी जायेगी।

न्यायायुक्त विलियम ओक्स की देख–रेख में टिकैत उमरांव सिंह तथा शेख भिखारी को फांसी दी जानी थी। निकट के गाँवों से भीड़ उमड़ पड़ी थी और भीड़ बढ़ती जा रही थी। बढ़ती भीड़ देखकर ओक्स अधिक समय तक रूकना नहीं चाहता था। दोनों स्वतंत्रता सेनानियों को शीघ्रता में फांसी देकर, शव लटकता हुआ छोड़कर वे रांची लौट आये।

संदर्भ ग्रंथि सूचीः

1. Bihar District Gazetteer Ranchi, Patna, 1970, p. 57.
2. P. Kumar, "Madho Singh and the Sheikh that after them the road to Ranchi through Ormajhi would remain closed for the enemy." op.cit., p. 126.
3. Dalton to Young, "..... be liable to axamplary Punishment" of hanging and forfeiture of his Ghatwali Estate, if it was found that the roads, Ghats and streams in question had "been purposely injuried." No.7, at 21 Aug. 1857, Home Cons No.30, dt. 18 Sept. 1857, Chotanagpur Commissioners Des, Vol. 218.
4. Dalton to W.H.Ookes, "An attack upon the Ichak palace of the residence of Ramgarh Raja" Hazaribag, 8 Sept. 1857, Home Cons No. 30, dt. Sept. 1857.
5. Bihar District Gazetteer Ranchi, "Tikait Omraon Singh and Sheikh Bhikhari were sentenced to death on 6th January and executed only two days after." p. 61.

अध्यायः नौ

नीलाम्बर–पीताम्बर

1857 में जब झारखण्ड प्रायः सैनिकों के स्वतंत्रता संग्राम से गूंज रहा था पलामू जनजातीय स्वतंत्रता की लड़ाई में युद्धरत था, जिसके नायक थे नीलाम्बर एवं पीताम्बर।

नीलाम्बर–पीताम्बर

1857 के स्वतंत्रता–संग्राम के क्रम में झारखण्ड का सर्वाधिक आन्दोलित जिला पलामू था। वस्तुतः पलामू में सिपाही आन्दोलन कम और जन आन्दोलन सर्वोपरि था।[1] पलामू की आबादी में चेरो एवं खरवार जनजातियों की प्रमुखता है। ये जनजातियाँ विभिन्न उपजातियों में विभक्त हैं। 'भोक्ता' खरवार जनजाति की एक प्रमुख उपजाति है। वीर, उत्साही और जातीय भावना में सुदृढ़ भोक्ता मुख्यतः पलामू और सरगुजा की ऊँची पहाड़ियों के बीच रहते थे। इन पहाड़ियों में अनेक घाटियाँ और दर्रे हैं, जो भोक्ताओं के कब्जे में थे तथा उनकी आय के साधन थे। अंग्रेजी सरकार की दृष्टि में यह एक लुटेरी और अनियंत्रित उत्पाती जाति थी। इस जाति का प्रमुख, निष्कासन की पीड़ा झेलते हुए मरा था। इसी विद्रोही प्रमुख के नीलाम्बर और पीताम्बर दो पुत्र थे। पिता की मृत्यु के उपरान्त इन्हें उस क्षेत्र की जागीर नाम–मात्र के लगान पर इस उद्देश्य से प्रदान की गई थी कि जागीर में उलझ कर नीलाम्बर एवं पीताम्बर शान्त रहेंगे।

नीलाम्बर एवं पीताम्बर ने भोक्ताओं को मुख्य रूप से संगठित किया किन्तु संगठन को मात्र भोक्ताओं तक सीमित नहीं रखा गया। ना केवल खरवार अपितु चेरो जनजाति के लोग भी संगठन में आ मिले। जिस समय संगठन की बात चल रही थी, पीताम्बर रांची में था और उसने प्रत्यक्ष देखा था कि किस प्रकार सैनिक मुक्त होकर अंग्रेजों को देश छोड़ने को बाध्य कर रहे थे। पलामू लौटने पर उसने बताया कि आठवीं देशीय पैदल सेना मुक्त होकर सड़क पर आ गई थी और अंग्रेजी शासन समाप्त हो चुका था।

रांची के सैनिक विद्रोह का प्रभाव पलामू पर पड़ा था। अंग्रेजी शासन को उखाड़ फेंकने में संलग्न स्वतंत्रता के दीवानों का मनोबल काफी ऊँचा हो गया था और अंग्रेजों के पक्षधर जागीरदार एवं जमींदार अपनी सुरक्षा को लेकर चिन्तित थे। नीलाम्बर एवं पीताम्बर के संगठन को अच्छा सहयोग मिला था। भोक्ताओं के साथ समस्त खरवार जनजाति संगठित

हो चुकी थी साथ ही नीलाम्बर–पीताम्बर के इस आश्वासन पर कि चेरो पलामू की राजगद्दी पर बने रहेंगें, चेरो के कुछ प्रमुख लोग भी संगठन में आ गए। इस प्रकार अंग्रेजों या अंग्रेज–समर्थकों से टक्कर लेने के लिए एक शक्तिशाली संगठन तैयार हो गया था।

ऐसा देखा गया था कि अधिकांश राजपूत जागीरदार या जमींदार अंग्रेजों के पक्षधर थे। वे अंग्रेजों की पूरी मदद करते थे तथा अंग्रेजों का उन पर भरोसा था। ऐसे ही एक राजपूत ठाकुर रघुवर दयाल सिंह थे जो डाल्टनगंज से लगभग तीन किलोमीटर दक्षिण–पश्चिम स्थित चैनपुर के जागीरदार थे, नीलाम्बर एवं पीताम्बर की सूची में पहले नम्बर पर थे। इसके पश्चात् शाहपुर तथा लेसलीगंज था। नीलाम्बर एवं पीताम्बर के नेतृत्व में 21 अक्टूबर 1857 को संगठित सेना ने रघुवर दयाल सिंह पर आक्रमण कर दिया किन्तु रघुवर दयाल सिंह अपनी रक्षा करने में सफल रहे थे। चैनपुर के पश्चात् नीलाम्बर–पीताम्बर ने शाहपुर पर आक्रमण किया। यहाँ चार बन्दूकें प्राप्त हुई थीं। स्थानीय थाने को शरणागत कराते हुए इन्होनें लेसलीगंज पर आक्रमण कर दिया। पुलिस एवं बन्दूकधारी अपनी जान बचा कर भागे।[2]

नवम्बर का पूरा महीना, पलामू अशान्त था। लेफ्टीनेन्ट ग्राहम 50 सैनिकों के साथ पलामू आया, उसे सूचना मिली कि कुछ भोक्ता सरगुजा की पहाड़ियों की ओर जा रहे हैं किन्तु ले. ग्राहम ने इस छोटी सेना के साथ भोक्ताओं का पीछा करना असुरक्षित समझा। वह अपनी सेना के साथ ठाकुर रघुवर दयाल सिंह के किले में पड़ा रहा। उसने वर्तमान सैनिकों की संख्या को अपर्याप्त मानते हुए और सैनिकों की मांग की थी। वह 7 नवम्बर 1857 को चैनपुर पहुँचा था। तब से विद्रोहियों के भय से किले में लगभग कैद सा हो गया था और अपनी सुरक्षा के लिए अतिरिक्त सेना की मांग की । मेजर कोटर, सासाराम से दो कम्पनी सेना लेकर पहुँचे और ले. ग्राहम को किले से मुक्त कराया।

रजहरा स्टेशन[3]

विद्रोही पलामू जिला के विभिन्न क्षेत्रों में फैले हुए थे। ब्रिटिश सेना

उन्हें घेर नहीं पा रही थी। भोक्ताओं के अतिरिक्त भी कुछ विद्रोही छोटी–छोटी टुकड़ियों में, अवसर देखकर लूट–पाट करते थे। भोक्ता मुख्यतः सरकारी, अर्ध–सरकारी, या सरकार से जुड़ी हुई कम्पनियों पर धावा बोलते थे जिससे वे अपना डेरा–डण्डा उठाकर देश के बाहर चले जायें। ऐसी ही एक कोयला कम्पनी रजहरा स्टेशन पर काम करती थी। स्टेशन से कोयले की लदाई होती थी। कम्पनी के काम की देख–रेख मुख्यतः दो अधिकारी ग्रंडी तथा मेलजा करते थे। इनके अधीन कुछ कर्मचारी भी कार्यरत थे।

देखते–देखते सशस्त्र भोक्ताओं के एक विशाल समूह ने रजहरा स्टेशन को घेर लिया तथा काम करने वालों को मार भगाया। ग्रंडी तथा मेलजा ने सतर्कता से स्वयं को किनारे कर लिया था और विद्रोहियों की आँख से ओझल हो गए थे। भोक्ताओं ने जितना लूट–पाट, तोड़–फोड़ करना था। किया फिर वापस चले गए। इस अभियान का उद्देश्य यह दिखाना प्रतीत होता है कि देश में कोई सरकार नहीं है। यह घटना 27 नवम्बर 1857 को घटी थी।

सैनिकों का बढ़ता दबाव

ले. ग्राहम, जो अब विद्रोहियों के घेरे से मुक्त हो चुके थे, निर्देश के अनुसार शाहपुर पहुँचे जहां 8 दिसम्बर को सेना पहुँच चुकी थी। ले.ग्राहम की सेना मिल जाने से सैन्य शक्ति में वृद्धि हुई। देव के राजा अपने 600 सैनिकों के साथ मुख्य सेना में सम्मिलित हो गए। सैनिकों के संगठन के क्रम में विद्रोहियों के एक प्रमुख नेता देवी वक्स राय पकड़े गए।[4] विद्रोहियों के संगठन पर इसका प्रभाव पड़ा और वे तितर–बितर हो गए थे। इस बीच ले. ग्राहम ने पाटन घाटी को विद्रोहियों से मुक्त कराया। चैनपुर का घेरा डालने वाले विद्रोहियों की अब कोई उपयोगिता नहीं रह गई थी। अतः वे वापस लौटे। लौटने के क्रम में उन्होंने रंका किले पर धावा मारा किन्तु असफल रहे।

ले. ग्राहम को, सरगुजा के प्रमुख ने 600 सैनिकों का एक दल सहयोग के रूप में भेजा। अब ले.ग्राहम की सैन्य क्षमता इतनी बढ़ चुकी

थी कि न केवल वह पूर्ण सुरक्षित अनुभव कर रहे थे अपितु आक्रमण करने में सक्षम हो गए थे। उन्हें कुन्दा के इलाकेदार प्रेमानन्द के विषय में सूचना मिली कि यह खरवार जनजाति का है तथा नीलाम्बर एवं पीताम्बर का पक्का आदमी है। ग्राहम ने उस पर आक्रमण किया और पराजित किया।[5]

अगले कार्यक्रम के अनुसार पलामू का ऐतिहासिक किला निशाने पर था। इस किले का उपयोग विद्रोही बहुतायत करते थे। इस अभियान को कै.डाल्टन स्वयं संचालित कर रहा था। वह 21 जनवरी,1858 को मनिका पहुँचा। रात में ले. ग्राहम अपनी सेना के साथ आ मिले। विचार हुआ कि समय न गँवाकर तुरंत आक्रमण कर दिया जाये। विद्रोही किले में छिपे हुए थे। सेना को तीन भागों में विभक्त कर तीन दिशाओं से किले को घेरा जा रहा था तभी किले से गोली चली जो दिशाहीन थी, किन्तु यह निश्चित हो गया कि किले में विद्रोही हैं। दोनों पक्ष से गोली चली। प्रतीत होता है, गोली–बारी में सैनिकों को उलझाए रखने से विद्रोहियों को छुप कर निकल भागने में सुविधा हुई थी।

गोली चालन बंद हो गया था। किले में प्रवेश करने पर 10 मृतकों का शव प्राप्त हुआ। सरकारी पक्ष में एक सैनिक मृत था तथा दो घायल हो गए थे। रसद और हथियार के अतिरिक्त एक झोला मिला जिसमें नीलाम्बर, पीताम्बर और हकलौत मांझी के नाम लिखे गए कुछ पत्र मिले,[6] जिन्हें अमर सिंह ने ठाकुर कुँवर सिंह के निर्देश पर लिखे थे। मन में उत्साह बढ़ाने के साथ–साथ मदद भेजने की भी बात कही गई थी। पत्र से एक बात और झलकती थी कि नीलाम्बर–पीताम्बर मात्र स्थानीय नेता नहीं थे अपितु इनकी पहचान बिहार स्तर पर थी।

चेमु पर धावा

अब तक कैप्टेन डाल्टन के सारे प्रयास विफल रहे। भोक्ताओं के ये दोनों नायक नीलाम्बर और पीताम्बर स्वतंत्र अपने संगठन का काम करते रहे। लेसलीगंज में सैनिकों को एकत्रित करने के प्रयास में संलग्न डाल्टन की दृढ़ निश्चय था कि पलामू और सरगुजा की पहाड़ियों का हर

कोना छान लेंगे, वे बच कर कहाँ जा सकते थे। डाल्टन ने लगभग 2000 सैनिकों को एकत्रित किया। उसने पलामू के जागीरदारों की एक बैठक भी बुलाई थी।

डाल्टन ने अपने सैनिकों को तीन टुकड़ियों में विभक्त कर दिया। एक भाग 'किशुन दयाल सिंह एवं अन्य' को सौंपा। वे शाहपुर जाकर बाघमारा घाटी की सुरक्षा का दायित्व निर्वाह करें। डाल्टन ने अपनी सेना लेकर तुंगरी घाटी को अपने अधिकार में ले लिया। विद्रोही स्थान छोड़कर भाग चुके थे। अब डाल्टन ने भोक्ताओं के देश को अपना अगला निशाना बनाया। डाल्टन ने उन सभी उपायों को अपनाना उचित समझा जिनसे नीलाम्बर एवं पीताम्बर समर्पण कर सकें।

डाल्टन अपनी सेना के साथ भोक्ताओं के देश में बिना किसी अवरोध के प्रविष्ट कर गया। कोयल नदी के किनारे स्थित चेमु गाँव, भोक्ताओं के नायक नीलाम्बर एवं पीताम्बर का था। 'डाल्टन' 13 फरवरी 1858 को चेमु पहुँचा था। उसने संकल्प कर रखा था कि किसी न किसी प्रकार दोनों विद्रोही नेताओं को गिरफ्तार करूँगा। गाँव सूना था। गाँववाले पहाड़ियों के पीछे जा छुपे थे। घरों की तलाशी में पर्याप्त अनाज निकला। चेमु के निकट एक 'सनेया' गाँव था जो विद्रोहियों का पक्का गढ़ था, पूरी तरह वीरान था। गाँव में कोई मिलता तो पूछ–ताछ संभव थी किन्तु कोई न मिला।

डाल्टन को निराश लौटना स्वीकार नहीं था। कभी न कभी गाँव वाले अपने टूटे–फूटे मकान देखने आएंगें। यह सोचकर वह अपनी सेना के साथ 23 फरवरी तक रूका हुआ था। डाल्टन ने घुड़सवारों एवं सैनिकों को पहाड़ियों का चप्पा–चप्पा देख लेने को कहा था। सैनिकों ने कोई जगह न छोड़ी थी किन्तु निराशा ही हाथ लगी थी। 10 दिन के एक लम्बे पड़ाव की कोई सार्थकता नहीं थी। साम–दाम, दण्ड–भेद सभी नीतियाँ अपना चुका था किन्तु कोई परिणाम न निकला था। नीलाम्बर–पीताम्बर के गुप्त ठिकाने का पता नहीं चला। पलामू की अधिकांश जनता अपने प्रिय नेता के प्रति समर्पित थी।[7] यद्यपि नीलाम्बर शाही और पीताम्बर

शाही पकड़े नहीं जा सके किन्तु कैप्टेन डाल्टन के अनुसार अब वे उतने खतरनाक नहीं रह गए थे।[8]

यद्यपि नीलाम्बर–पीताम्बर का सम्बन्ध क्रान्तिकारी सैनिकों से नहीं था किन्तु अंग्रेज शासन के विरूद्ध ये जन प्रतिनिधि के रूप में बड़े काम कर रहे थे। इनका सम्बन्ध कुँवर सिंह और अमर सिंह से रहा था। जब डाल्टन ने इन पर छापा मारा था, ये गुप्त मार्ग से निकल गये थे किन्तु इनका एक झोला एक स्थान से बरामद हुआ था जिसमें कुँवर सिंह एवं अमर सिंह के पत्र पाये गए थे। पत्रों में इन्हें प्रोत्साहित किया गया था कि अंग्रेजी शासन के विरूद्ध मोर्चा बनाए रखो, जिससे कुछ सैनिक पलामू में फंसे रहें। नीलाम्बर–पीताम्बर के पीछे पूरा समाज था। अन्य खरवार एवं चेरों ने भी साथ दिया था क्योंकि चेरों के मन में जो शंकाएँ थीं, नीलाम्बर–पीताम्बर ने उसका निराकरण कर दिया था। अतः चेरों ने भी जो पहले नीलाम्बर–पीताम्बर से दूर थे, अब निकट आ गए थे। नीलाम्बर–पीताम्बर का साथ कुछ जमींदार भी दे रहे थे तथा टोरी के भोक्ता उसके इशारे की प्रतीक्षा कर रहे थे।

डाल्टन लगभग हार चुका था और इस टिप्पणी के साथ कि नीलाम्बर शाही और पीताम्बर शाही अब उतने खतरनाक नहीं रह गए थे, आत्मसंतोष किया था। अकस्मात् उसे सूचना मिली कि दोनों भाई परिजनों के एक भोज में सम्मिलित हो रहे हैं, डाल्टन ने उस स्थान को चारों तरफ से घेर लिया और अन्ततः नीलाम्बर एवं पीताम्बर को गिरफ्तार करने में सफल रहा।

नीलाम्बर एवं पीताम्बर पर लगाये गए आरोपों की एक संक्षिप्त सुनवायी कर फांसी की सजा दी गई। एक आम के पेड़ पर लटका कर सार्वजनिक रूप से फांसी दे दी गई। देश की स्वतंत्रता के लिए शहीद होने वाले नीलाम्बर एवं पीताम्बर झारखण्ड के इतिहास में अमर हो गए।

संदर्भ ग्रंथ सूचीः

1. Bihar District Gazetteer Palamu quotes P.C. Roy Chaudhary, ".... But the district that was most severely affected was Palamu. In this district the whole

Country side was aflame and it was a real national uprise..... There was sess of the movement from military but more from the civil Population." Patna, 1961, p. 70.

2. K. K. Dutta, "They attacked Chainpur---- were opposed there very strongly by its Thakur Raghubar Dayal Singh, who was devoted to the interest of the British Government" -- Unrest in Bihar, Patna, 1957, p. 77.
3. Bihar District Gazetteer Palamu, Patna, 1961, p. 72.
4. K. K. Dutta, op.cit. p. 78.
5. Bihar District Gazetteer Palamu, p. 72-73.
6. K. K. Dutta, op.cit. p. 79.
7. Bihar District Gazetteer Palamu, ".... But neither threat nor promises had any effect in inducing them to reveal the hiding places of their chief." p. 74.
8. Ibid.

अध्यायः दस

तेलंगा खड़िया

जुरी–पंचायत” के प्रवर्त्तक तेलंगा खड़िया का विश्वास था कि इस प्रकार की पंचायतें यदि जनजातीय देश के गाँव–गाँव में फैल जायें तो देश, विदेशियों से स्वतः मुक्त हो जायेगा।

तेलंगा खड़िया

झारखण्ड के शहीदों में खड़िया जन–जाति का "तेलंगा खड़िया" के रूप में एक महत्वपूर्ण योगदान रहा था। तेलंगा खड़िया एक चिन्तनशील व्यक्ति था और उसके सामने अंग्रेजी सरकार के अतिरिक्त जमींदार/ठेकेदार और महाजन के रूप में अन्य शत्रु थे, जिन्हें वह अपनी धरती से बाहर खदेड़ना चाहता था। इसके लिए किसी संगठन की आवश्यकता थी। जब इन शोषकों के समानान्तर एक सशक्त समाज का संगठित रूप सामने आयेगा, समाधान स्वतः निकल आयेगा, आवश्यकता थी, उपयुक्त अवसर तलाशने की। तेलंगा खड़िया ने इस विषय पर गहराई से चिन्तन किया था। तदन्तर उसने समाज के चिन्तनशील लोगों के सम्मुख अपनी योजना सामने रखी "जुरी पंचायत"। तेलंगा खड़िया की एक विशेषता थी कि किसी समस्या का सामाधान निकालने के पूर्व वह उसकी जड़ तक पहुँच जाता था।

तेलंगा खड़िया का जन्म 9 फरवरी 1806 ई. को ग्राम मुरहू, थाना सिसई, जिला गुमला के एक सामान्य किसान परिवार में हुआ था। उनके पिता का नाम ठुइया खड़िया और माता का नाम पेती खड़िया था। कुछ लोग तेलंगा खड़िया का जन्म 1840 ई. मानते हैं किन्तु अधिकांश 1806 ई. को हर प्रकार से सही निर्धारित करते हैं। तेलंगा के पिता छोटा नागपुर के नागवंशी महाराजा रातूगढ़ के भंडारी थे। वह अपनी खेती–किसानी भी देखते थे।

कहा जाता है कि तेलंगा बचपन में एक मेधावी बालक था तथा उसकी चिन्तन शक्ति अत्यन्त प्रखर थी। अपनी बात को सही ठहराने में वह अच्छी बहस कर लेता था। वह बहुत बोलता था। खड़िया भाषा में जो बहुत बोलता है उसे "तेब्बलंगा" कहते हैं। प्रतीत होता है इसीलिए उसका नाम "तेलंगा" पड़ गया था। उसने कोई अधिक स्कूली शिक्षा प्राप्त नहीं की थी किन्तु उनका व्यावहारिक ज्ञान अच्छा था। समय आने पर इनका विवाह रतनी खड़िया से 1846 में हो गया। तेलंगा ने अब तक तीर चलाने, तलवार भांजने, कुल्हाड़ी का वार करने, गदा भांजने में अच्छी कुशलता अर्जित कर ली थी। अपने घर पर वह कुछ शिष्यों को शिक्षा भी

देने लगे थे। बचपन में वह अपने पिता के साथ राज दरबार में जाया करते थे जहां उन्होंने अंग्रेजी शासन के दबाव का अनुभव किया था। उसे छोटा नागपुर के जमींदार एवं महाजन, अंग्रेजी सरकार के पक्षधर दिखलाई पड़ते थे और इनका सामना करने के लिए ग्रामीणों को पारम्परिक शस्त्र–चालन में प्रशिक्षित करना भी आवश्यक माना था।

जुरी पंचायत

तेलंगा खड़िया ने अंग्रेजों एवं जमींदार और महाजनों से संघर्ष करने के लिए "जुरी पंचायत" की अवधारणा विकसित की थी। तेलंगा खड़िया प्रत्येक गाँव में जुरी पंचायत की स्थापना करना चाहता था। जुरी पंचायत, गाँव के युवाओं का एक संगठन था जिसमें गाँव के लोगों को अस्त्र–शस्त्र चलाने की शिक्षा दी जाती थी। साथ ही प्रशासनिक संचालन हेतु प्रशासनिक ढ़ांचा या संगठन के महत्व को एवं उसके सुचारू रूप क्रियान्वयन का प्रशिक्षण दिया जाता था। जुरी पंचायत का मुख्य केन्द्र सिसई का अखाड़ा था। इस अखाड़े पर गाँव के लोग प्रशिक्षण लेने आते थे। तेलंगा खड़िया गुरू रूप में युवकों को तीर चलाने के गुण सिखाता था। तलवार भांजना, लाठी चलाना भी सिखाया जाता था। अखाड़े में प्रशिक्षित सैनिकों की संख्या 1500 तक पहुँच गई थी। ये प्रशिक्षित लोग अपने गाँव में जाकर जुरी पंचायत की स्थापना करते थे और इस प्रकार गाँव का गाँव अस्त्र–शस्त्र चलाने में कुशल हो जाता था। इस प्रकार जुरी पंचायत गाँव–गाँव फैलकर एक बड़ी शक्ति बन गया था।

सिसई के अतिरिक्त निम्नलिखित स्थानों पर जुरी पंचायत की शाखाएं काम करती थीं जहां युवक प्रशिक्षण लेते थे – मुर्गू, जूरा, डोइसा, सोसो, नीमटोली, दुन्दरिया, टेटौली, मधिमा, नाथपुर, बेन्दौरा, कोलेबिरा, महानुआंग तथा कुम्हारी गाँव।

प्रशिक्षण लेने के पूर्व जुरी पंचायत से जुड़े लोगों को अपना झण्डा पूर्व दिशा की ओर गाड़ कर घुटने टेककर सिंगबोंगा धरती माता, सरना माता, सूर्य भगवान, महादान देव के साथ–साथ पूर्वजों को भी स्मरण करने का निर्देश दिया गया था।

इधर तेलंगा के पिता कुछ दूसरा सोच रहे थे। वह तेलंगा के भविष्य को एक निश्चित दिशा देना चाहते थे। वे तेलंगा को लेकर महाराजा एवं राज के अन्य पदाधिकारियों से मिलाते थे और अपना पद तेलंगा को दिला देना चाहते थे। इसमें कोई कठिनाई भी नहीं थी। राज दरबार में ऐसा चलता था कि पिता का स्थान पुत्र को मिल जाता था। तेलंगा के पिता टुइया खड़िया महाराजा के मझियस गाँवों की ऊपज को भण्डार में पहुँचाया करते थे। इसके साथ–साथ अपनी खेती–किसानी भी करते थे। किन्तु तेलंगा किसी दूसरी मिट्‌टी का बना था। इसने अपने पिता से संगठन की चर्चा की और बताया कि "जुरी पंचायत" का किस सीमा तक विस्तार हो चुका था।

तेलंगा खड़िया अपने काम में व्यस्त हो गया। उसने पूर्व, पश्चिम एवं दक्षिण गुमला के लोगों से व्यक्तिगत मुलाकात की तथा उन्हें समय आने पर उठ खड़े होने के लिए प्रोत्साहित भी किया। गुमला, लोहरदगा तथा अन्य क्षेत्रों में तेलंगा खड़िया का नाम सभी की जिह्वा पर आ चुका था। न केवल महाजन अपितु जमींदार भी आतंकित थे। तेलंगा के सम्पर्क का जन–मानस 1831–32 का दृश्य दुहराने को आतुर था। निकट के थाने के पुलिस और दारोगा भी चिन्तित थे। सरकार को तेलंगा खड़िया की तैयारी की सूचना मिल चुकी थी। तथा पुलिस को तेलंगा खड़िया की गिरफ्तारी का आदेश भी प्राप्त हो चुका था। पुलिस उसके पीछे लग गई थी।

अज्ञातवास एवं गिरफ्तारी

तेलंगा खड़िया ने गृह त्याग कर जंगल की शरण ले ली। वह जंगल से ही आन्दोलन का संचालन करता रहा। कभी–कभी वह गाँव में आता था और जुरी पंचायत के सदस्यों से मिलकर एवं उन्हें निर्देश देकर पुनः जंगल में छुप जाता। पुलिस तेलंगा के माता–पिता को परेशान करने लगी थी। पुलिस को विश्वास था कि तेलंगा घर के लोगों से मिलने अवश्य आता होगा। कुछ दूरी पर एक पुलिस बैठा दी गई थी जो तेलंगा के घर की बराबर निगरानी रखती थी। ऐसा भी हुआ था कि तेलंगा के किसी गाँव में उपस्थित होने की सूचना मिलती थी और जब तक पुलिस वहां पहुँचती, तेलंगा अन्यत्र चला जाता था।

तेलंगा खड़िया को संगठन को जीवित रखने के लिए गाँवों में जाना जरूरी होता था। जमींदारों एवं उनके आदमियों से बच कर रहना कठिन था। अन्ततः तेलंगा खड़िया बसिया थानान्तर्गत कुम्हरी गाँव के जुरी पंचायत के सदस्यों को सम्बोधित कर रहा था कि पुलिस आ पहुँची और तेलंगा खड़िया गिरफ्तार कर लिए गए। शिष्यों एवं स्थानीय नागरिकों ने कुछ अवरोध उत्पन्न करने की चेष्टा की किन्तु तेलंगा ने उन्हें शांत रहने को कहा। तेलंगा ने कहा, व्यक्ति से संस्था बड़ी होती है। व्यक्ति आते और जाते हैं किन्तु संस्था चलती रहती है। आप सब मिलकर "जुरी पंचायत" को संगठित करें, अन्तिम जीत हमारी होगी। आशा है, आरम्भ किया गया "उलगुलान" जुरी पंचायत के वीर सैनिक जन–सहयोग से अन्तिम विजय तक जारी रखेंगे।

"उलगुलान" के माध्यम से साहूकारों द्वारा आदिवासियों की हड़पी हुई जमीन को वापस करना था। ऊँचे ब्याज दर पर ऋण देकर जमीन को गिरवी रखना, तदन्तर जमीन को हड़प लेना साहूकारों का पुराना धंधा था। जिसका परिणाम 1831–32 के विद्रोह में देखा जा चुका था। विलकिन्सन के नियम से जमीन हड़पने की कार्यवाही यद्यपि रूक गई थी किन्तु जमींदार, सिपाही, अमला और साहूकार एक थैले के चट्टे–बट्टे थे। ये वर्षों से जनजातियों का शोषण करते आ रहे थे। यह उलगूलान जनजातियों की सत्ता की पुर्नस्थापना करेगा। एक खड़िया लोकगीत में सिपाहियों एवं दलालों के विरूद्ध उलगुलान का उल्लेख मिलता है कि किस प्रकार तेलंगा और साथी वन एवं जंगलों में छुप कर गोरिल्ला युद्ध करते थे[1] –

हाय दइया अप अ सका
　　दूराते सिपाही डोकोसीई।
दूराते पाइचकोय डोकोसीई
　　आले से रे पाइचकोम।
बही पटा योना तेरे
　　हो दूरा ते पाइचकोम डोकोसीई।

(हिन्दी – इस तरह तेलंगा और दलालों तथा सिपाहियों के बीच उलगुलान बढ़ने लगा। तेलंगा का आक्रमण गोरिल्ला युद्ध की तरह था। इनके हथियार पारम्परिक थे। युद्ध हुआ तो तेलंगा और उसके साथियों ने अपने–अपने घरों को छोड़ दिया। वे बगान–बारी के घोरान के पीछे या वन कन्दराओं में रहने लगे जिससे उन्हें "राटा टेटेंगा" नाम दिया गया था। जंगल में सूचना भेजने के लिए तेलंगा के स्थान पर "राटा टेटेंगा"[2] नाम प्रयुक्त होता था।)

तेलंगा खड़िया और उसकी "जुरी पंचायत" जमींदारों साहूकारों के लिए आतंक हो चुके थे। तेलंगा का अगला कदम यह था कि पंचायत के फैसले के अनुसार साहूकारों एवं ऋणी को व्यवहार कराना। तेलंगा खड़िया की योजना, जनजातीय स्तर पर एक समानान्तर सरकार स्थापित करने की थी, जो जनजातीय परम्परा के अनुसार संचालित होती। इसके पहले कि तेलंगा अपनी योजना को व्यावहारिक स्वरूप देता, वह गिरफ्तार कर लिया गया। यद्यपि जुरी पंचायत के सदस्य आगामी कार्यक्रम से परिचित थे किन्तु तेलंगा की गिरफ्तारी का संगठन पर गहरा प्रभाव पड़ा था। एक संक्षिप्त सुनवाई के पश्चात् तेलंगा खड़िया को सरकार विरोधी संगठन बनाने के आरोप में संभवतः फांसी न देकर आजीवन कारावास की सजा दी तथा उन्हें कलकत्ता जेल भेज दिया गया।[3]

पारिवारिक स्रोतों के अनुसार 14 वर्ष की एक लम्बी सजा भुगतने के पश्चात् तेलंगा खड़िया वापस गाँव लौटा। जेल में अच्छा व्यवहार करने पर सजा में छूट दी जाती थी। जेल अधिकारियों को वह एक शांत एवं सहज कैदी प्रतीत हुआ। अतः उसकी सजा कम कर दी गई थी। अधिकांश लोगों का कहना है कि तेलंगा 19 वर्ष पश्चात् गाँव लौटा था, कुछ लोग जेल की अवधि 18 वर्ष मानते हैं।

कुछ लोगों ने मान लिया था कि इस लम्बी कैद के बाद तेलंगा के भीतर जो आग थी, वह बुझ चुकी होगी। फिर भी उसका गाँव लौटना जमींदारों एवं साहूकारों को अच्छा न लगा। वे मान चुके थे कि इतनी लम्बी कैद झेलते–झेलते या तो वह मर जायेगा या वह चुपचाप घर में

बैठ जायेगा। फिर भी धनी एवं सरकारी अमलाओं को उसका लौटना, उन लोगों की नींद हराम करने के लिए पर्याप्त था।

तेलंगा खड़िया कलकत्ता से लौटने के पश्चात् कुछ दिन मौन रहा था। गाँव की मिटट्री, पानी, हवा उसके शरीर एवं मन को पुनर्जीवित करने में लगी थी। इसके साथ पुराने सहयोगियों के मिलने–जुलने से तेलंगा के भीतर पुराना तेलंगा करवट लेने लगा था। वह एक बार सभी जुरी–पंचायत को देखना चाहता था। यदि जुरी–पंचायत है, गाँव के युवक अखाड़े में शिक्षा लेने आते हैं तो सरकार का क्या जाता था। जमींदारों एवं महाजनों की शिकायतों पर अंग्रेजी सरकार ने उसे दोषी ठहराया था।

तेलंगा ने पुराने गाँवों में आना–जाना प्रारम्भ कर दिया। कुछ ही दिनों में जुरी–पंचायतें पुनः सजीव होने लगी। 1857 की जन–क्रान्ति दमित हो चुकी थी। अंग्रेज एवं उनके पक्षधर जमींदार पूरे उत्साह में थे। 1857 ई. में नयी लगान व्यवस्था लागू कर दी गई थी जिससे रैयतों पर लगान का बोझ बढ़ गया था। छोटा नागपुर के अनेक क्रान्तिकारी फांसी पर लटकाए जा चुके थे। सैकड़ों सिपाही वीरगति को प्राप्त हो चुके थे। ईसाई मिशनरियों का बोलबाला था। सरकारी संरक्षण में वे तेजी से फैलने लगी थी। तेलंगा ने कभी नहीं सोचा था कि कुछ वर्षों में नागपुर का इतना अधिक विकास हो जायेगा। विशेष कर ईसाई धर्म का विस्तार और जमींदार एवं साहूकारों का बढ़ता हुआ मनोबल। तेलंगा अपने काम में तेजी से जुट गया। गाँव की जुरी–पंचायतों में कुछ नए नौजवानों की भरती के साथ सिसई अखाड़े की भी कार्यविधियों में नव–जीवन का संचार किया गया। तेलंगा नित्य एक निश्चित समय पर अखाड़ा पहुँच जाता था और शिष्यों को प्रार्थना कराने के पश्चात् उनका प्रशिक्षण कार्य प्रारम्भ करता था।

जमींदार एवं साहूकार तेलंगा के बढ़ते हुए तेवर को देख रहे थे। उन्होंने सोचा था, जेल की यातना भुगतने के बाद वह बुड्ढा ढीला पड़ जायेगा किन्तु यह और भी आग उगलने लगा है। पुलिस अब शान्त थी। साहूकार लोग थानेदार से शिकायत करते थे। तेलंगा पहले से भी अधिक

उग्र हो गया है किन्तु थानेदार का कहना था कि कोई घटना घटेगी तभी पुलिस जायेगी। तेलंगा से सबसे अधिक त्रस्त क्षेत्र के महाजन और साहूकार थे। उन्हें सूचना मिली थी कि वह ऋण के कागज लेकर जला देता था। इस विषय पर साहूकारों ने जमींदार से भी सहायता मांगी। अब एक ही रास्ता शेष था कि तेलंगा को समाप्त कर दिया जाये।

23 अप्रैल, 1880

सदा की तरह आज प्रातः काल तेलंगा सिसई अखाड़े पर पहुँचा जहाँ उसके शिष्य पहले से उपस्थित थे। सदा की तरह वे प्रार्थना के लिए झुके थे कि गोली चलने की आवाज आई। शिष्य उठ खड़े हुए। उन्होंने देखा कि उनके गुरू तेलंगा खड़िया का शरीर खून से लथ–पथ जमीन पर तड़प रहा था। उसकी मृत्यु हो चुकी थी। शिष्यों ने तेलंगा की लाश को उठाया और घने वनों से होते हुए कोयल नदी पार ग्राम सोसो, नीमटोली, गुमला के एक टांड़ में शव दफना दिया गया। आज भी वह टांड़ शहीद "तेलंगा तोप टांड़"[4] के नाम से प्रसिद्ध है।

बताया जाता है कि तेलंगा खड़िया की हत्या बोधन सिंह नामक एक पेशेवर हत्यारे ने की थी। वह पास की एक झाड़ी में छुपा हुआ था और प्रार्थना के समय शिष्यों के झुकने की प्रतीक्षा कर रहा था। ज्योंही शिष्य झुके उसने बंदूक का घोड़ा दबा दिया। कहा जाता है कि उस समय तेलंगा खड़िया की आयु 74 वर्ष थी।

तेलंगा खड़िया का सम्पूर्ण जीवन अपने देश एवं जनजाति के लिए समर्पित था। उनकी जुरी–पंचायत की योजना अंग्रेजी सरकार एवं शोषकों को अपनी धरती से उखाड़ फेंकने की सशस्त्र तैयारी थी। उनके ऊपर राजद्रोह का आरोप लगाकर कलकत्ता की जेल में कैद कर रखा गया था। 14 वर्ष की एक लम्बी सजा भुगतने के बाद भी उनका क्रान्तिकारी जीवन ठंडा होने की अपेक्षा और निखार ले कर उभरा था। तपे सोने के समान एक तेजस्विता उनके चेहरे पर व्याप्त थी। 14 वर्ष की जेल ने तेलंगा को और भी प्रतिष्ठित कर दिया था। तेलंगा के शिष्य, उनकी शिष्यता का गौरव अनुभव करते थे।

तेलंगा का हत्यारा बोधन सिंह, जो करगाँव, सिसई का निवासी था, वंशहीन हो गया।[5] उसके परिवार का कोई स्रोत उपलब्ध नहीं है। तेलंगा के एक मात्र पुत्र जोगिया खड़िया परिवार के साथ मुर्ग गाँव को त्याग कर विरकेरा घाघरा आवस जो सिसई थाना के जमगाई पंचायत में पड़ता है, वहाँ चले गये। जोगिया खड़िया के वंशज गाँव में पहनाई करते हैं।

झारखण्ड के इतिहास में कदाचित ही कोई ऐसा सपूत हो जिसे 14 वर्ष एक लम्बी अवधि की जेल यातना भुगतनी पड़ी हो। सजा की अवधि ही प्रमाणित करती है कि तेलंगा खड़िया पर राजद्रोह का आरोप लगा था। इस प्रकार से तेलंगा खड़िया का शहीदी जीवन, जेल की यात्रा से प्रारम्भ हुआ था और जिसका अन्त अंग्रेजों के पक्षधरों एवं आदिवासियों के शोषकों द्वारा कराई गई उनकी हत्या से हुआ था।

संदर्भ ग्रंथ सूचीः

1. डॉ. सुशीला केरकेट्टा, वीर शहीद तेलंगा खड़िया, जनहुल, हिन्दी मासिक, राँची, पृ. 7.
2. वही।
3. Ref. Telang Kharia, File No.133, dt. March 3, 1855, Lohardaga Collectors Daspatch Vol. 1855.
4. जहाँ आज बाजार टांड़ है वहीं तेलंगा का अखाड़ा था।
5. जनश्रुति के आधार पर।

अध्यायः ग्यारह

भागीरथ मांझीः साफाहर आंदोलन के प्रवर्तक

संथाल परगना में भागीरथ मांझी ने हीन भावना से ग्रसित जनजातीय समाज को संदेश दिया कि उनका धर्म उत्कृष्ट है और समाज सर्वश्रेष्ठ है।

1857 की क्रांति के पश्चात् झारखंड में दो तत्व नए उत्साह से उभर कर सामने आए, एक अंग्रेज प्रशासनिक पदाधिकारी तथा दूसरा ईसाई मिशनरी। आदिवासियों के धर्मान्तरण के क्रम में मिशनरियों ने उनके मन में हीनता की भावना भर दी कि वे अर्ध–सभ्य एवं भूत–प्रेत के उपासक थे।[1] अतः उनकी जमीन हड़पी जा रही थी और वे लाचार कुछ नहीं कर पा रहे थे। जनजातियों से संबंधित उन विचारों को तत्कालीन यूरोपीय इतिहासकार, मानवशास्त्री एवं लेखकों ने जमकर प्रचारित किया। जिससे अन्तर्राष्ट्रीय स्तर पर उनके शासन तथा मिशनरियों द्वारा किए जा रहे धर्मान्तर को उचित ठहराया जा सके। यही कारण है कि जब जनजातियों ने अपनी जमीन, अपने सम्मान एवं हक की रक्षा के लिए हथियार उठाया तो उन्हें हत्यारा, लुटेरा तथा उपद्रवी कहा गया तथा सैनिकों द्वारा क्रूरता से दमन किया गया।[2] वस्तुतः यह स्थिति बहुत दुःखद थी। आदिवासियों ने लगभग मान लिया था कि उनका धर्म लगभग भूत–प्रेतों से प्रभावित है और उनका जन्म दूसरों की सेवा के लिए हुआ है। ऐसी स्थिति में समाज के कई प्रबुद्ध वर्ग और समाज सुधारकों ने अपनी जाति के लोगों को ससम्मान रहने की प्रेरणा दी। उन्होंने लोगों को समझाया था कि उनका धर्म उत्कृष्ट है उनका समाज सर्वोपरि है। यह देश उनके पूर्वजों की देन है। और इस हेतु कई सुधारवादी आंदोलन हुए जिसमें से एक साफाहर आंदोलन है।

साफाहर या खरवार आंदोलन का प्रारंभ 1871 ई0 में हुआ था। इसके प्रवर्त्तक तालडीहा निवासी भागीरथ मांझी थे।[3] उनका कहना था कि संथालों की दयनीय अवस्था का मुख्य कारण अपने प्राचीन धर्म को विस्मृत करना था। संतालों को यदि अपनी स्थिति सुधारनी है तो पुनः अपने पूर्वजों का धर्म स्थापित करना होगा। बाबाजी के नाम से विख्यात भागीरथ मांझी, सीधे चांदो बोंगा (संताल भगवान) से संबंधित थे। संताल मानते थे कि बाबाजी जो चाहेंगे चांदो बोंगा से करवा लेंगे।

बाबाजी के उपदेशों में सफाई पर जोर दिया जाता था। साफाहर दो शब्दों के जोड़ से बना है– साफा+हर। साफा यानि साफ–स्वच्छ, और हर यानि ग्रहण करना। यह संदेश था हर कोई साफ–सुथरा स्वच्छ रहे।

बाबाजी मुर्गी और सुअर पालन की प्रथा को समाप्त कर देना चाहते थे। उन्होंने नियमित स्नान एवं भगवान की भक्ति पर जोर दिया। बाबाजी के अनुसार केवल बाहरी शारीरिक स्वच्छता ही नहीं अपितु आंतरिक चारित्रिक सफाई भी आवश्यक थी। सिद्धू–कान्हू के बलिदान की चर्चा करते हुए बाबाजी ने अपने भक्तों को बताया कि इन दो भाईयों ने संताल–परगना जीत लिया था और संतालों का अपने देश में अधिकार हो जाता किन्तु विद्रोह के क्रम में संताल चरित्रहीन हो गए। उन्होंने दूसरी जाति की महिला से शारीरिक संबंध स्थापित किया[4] इससे भगवान संतालों से नाराज हो गए। जो हार का कारण बना। अतः बाबा जी ने भीतरी और बाहरी दोनों प्रकार की स्वच्छता पर जोर दिया। परिणाम यह हुआ कि संतालों ने मुर्गे एवं सुअरों को मार डाला किन्तु मार कर फेंक देने की अपेक्षा अंतिम बार उन्हें खा लेना उचित समझा। इस तरह भागीरथ के अनुयायी का एक गुट इस समय से खेरवार कहलाने लगा।[5]

इस बीच 1874 ई0 में संताल परगना अकाल की चपेट में आ गया। संताल भुखमरी का शिकार होने लगे। सर्वत्र त्राहि–त्राहि मची हुई थी। अंग्रेज अधिकारी नियम एवं व्यवस्था बनाए रखने में कठिनाई का अनुभव कर रहे थे। अकाल के प्रभाव को कम करने के लिए वर्मा से चावल आयात किया गया[6] और संतालों के मांझी स्थान (अखड़ा) से वितरण की व्यवस्था की गई। भागीरथ बाबाजी ने अनुयायियों को बतलाया कि संतालों ने बाबा को जो चावल आदि भगवान चांदो बोंगा के लिए चढ़ाया था तो बोंगा ने ही साहिबों को आदेश दिया कि वह चावल एकत्रित कर संतालों के बीच वितरण करें। इस प्रकार संतालों ने जो चावल बोंगाओं को दिया था, वह चावल वापस दिया जा रहा है।

कुछ समय बीता। सरकारी अमलाओं को संतालियों के बीच चावल का मूल्य उगाहने के लिए क्षेत्र में भेजा गया, जहाँ उन्हें अनेक कठिनाईयों का सामना करना पड़ा। वस्तुतः बाबा जी द्वारा फैलाए गए संदेश के कारण पैसे की वसूली में कठिनाईयाँ आ रही थी। यह सूचना जब उच्च पदाधिकारियों तक पहुँची तो उन्होंने बाबाजी को गिरफ्तार करने का आदेश निर्गत कर दिया। पुलिस ने सबके सम्मुख बाबाजी को गिरफ्तार

कर जेल भेज दिया। संतालियों को जब वास्तविकता का ज्ञान हुआ तो कुछ लोगों को बाबा जी से घृणा हुई तो कुछ लोगों ने इसे अंग्रेजी सरकार का अत्याचार माना। भागीरथ पर सरकार के विरूद्ध लोगों को भड़काने और दंगा कराने का आरोप था।

गिरफ्तारी के बाद भागीरथ मांझी नेपथ्य में चले गए किन्तु उसके द्वारा चलाया गया साफाहर आंदोलन चलता रहा। बाबा जी लोगों की संख्या बाढ़ की तरह बढ़ गई। कुछ विद्वानों ने इसे "कमाने का अच्छा धंधा कहा" था। इस सच को अस्वीकार भी नहीं किया जा सकता है कि जितने बाबा उन दिनों उभरे उनका उद्देश्य पैसा कमाना था; किन्तु बाबा जी पैसा कमाने के क्रम में भक्तों को मुख्य निर्देश इस प्रकार देते थे–[7]

1. जीव भगवान का दिया हुआ है अतः जीव हत्या मत करो।
2. खान–पान, आचरण और रहन–सहन में शुद्धता रखो।
3. कटु वचन मत बोलो।
4. पशु पर प्रहार मत करो अन्यथा भगवान तुम्हें दंड देगा। पशुओं को चरने के लिए चारागाह सुरक्षित रखो।
5. रविवार विश्राम का दिन है। इस दिन स्वयं आराम करो और दूसरों को भी आराम करने दो।

बाबा जी को जीने के लिए, अपने कर्मचारियों की व्यवस्था के लिए तथा अन्य कार्यों के लिए पैसों की आवश्यकता थी। पैसों की आवश्यकता एक मान्य सत्य है किन्तु यही सब कुछ नहीं होता। बाबा जी लोग, समाज एवं धर्म के प्रति भक्तों के मन में जो श्रद्धापूर्ण भाव जागृत करते थे, वही मुख्य था। वे साफाहर आंदोलन से जुड़े थे और अपने कार्यक्षेत्र में सुधार के दायित्व का निर्वाह कर रहे थे। साफाहर आंदोलन इस प्रकार छोटे–छोटे घटकों में चल रहा था।

ईश्वरीय आधार एवं सहारा प्राप्त कर बाबा जी शरणागत भक्तों के कष्टों का निवारण कर देते थे। कुछ बाबा जी अपने निर्देशों में सरकार को लगान न देने का भी सुझाव देते थे क्योंकि जमीन उनके पूर्वजों की संपत्ति थी। किन्तु अधिकांश बाबा जी अपने को धर्म एवं समाज तक ही

सीमित रखने तथा राजनीति को अपना क्षेत्र नहीं बनाने में ही अपनी भलाई समझते थे। ऐसा करने से बाबा जी तुरंत प्रशासन की दृष्टि में आ जाने से भागीरथ मांझी के समान वे भी जेल में डाल दिए जाते। यह एक अच्छा व्यवसाय एवं आय का साधन बन गया था[8] जिसे वे नष्ट नहीं करना चाहते थे।

1880 ई0 में जगेसर निवासी दुविया गोसाई ने खरवार आंदोलन की कमान संभाली।[9] इसमें लिखित एवं मौखिक रूप से संतालियों को धर्म सुधार का आदेश दिया। लिखित आदेश सुदूर स्थानों तक भी भेजा गया कि जो गोसाई के आदेशों की अवज्ञा करेगा वह ईश्वरीय प्रकोप का भागी होगा। इसमें ऐसे उदाहरण भी दिए गए थे, जिनसे लोगों का प्रभावित होना आवश्यक था। उसने घर को एवं पास–पड़ोस को मुर्गे एवं सुअरों से साफ रखने का पूर्व की भांति आदेश दिया। गोसाई ने यह भी घोषित किया कि वह जो कुछ भी करते हैं, ईश्वर के आदेश का पालन है। पत्रों एवं मौखिक रूप से यह भी प्रचारित किया गया कि आगामी विजया दशमी तक उनका राज हो जाएगा तब लगान रहित चारागाह, भैंसे द्वारा खेत जोताई पर एक रूपया तथा बैल से जोताई पर आठ आना लगान दर देना होगा। साहूकार–रहित अर्थव्यवस्था विकसित की जाएगी।[10]

इनके नेतृत्व में खरवार आंदोलन को एक नई ऊर्जा प्राप्त हुई। आंदोलन गिरीडीह, गोबिंदपुर होते हुए रांची तक पहुँच गया था। रांची क्षेत्र में यद्यपि यह आंदोलन अधिक प्रभावी नहीं हो सका था फिर भी लोग उस दिन की प्रतीक्षा करने लगे जब अंग्रेजों को देश से भगाकर बाबा जी का राज स्थापित होगा। विजया–दशमी का पर्व आया और चला गया। अंग्रेज यथावत रहे और बाबा जी भी। जब लोगों ने बाबा जी की आलोचना की तो बाबा जी विचलित हो उठे और सफाई दी कि विजया–दशमी की रात भगवान ने बाबा जी से कहा कि तुम लोग बहुत गिरे हुए हो। राज के योग्य जब संताल हो जाएंगे तो स्वतः राज उन्हें मिल जाएगा। ऐसी ही मिलती जुलती घोषणा 1881 ई. खरवारों ने भी की थी। अब खेरवार स्वयं को अन्य संतालों से श्रेष्ठ मानने लगे थे। खरवारों ने अपनी संगठित शक्ति का सहारा लेकर अन्य संतालों को भयाक्रांत

कराने का प्रयास किया था। जिसके कारण कर्नल थॉमस गोर्डन के नेतृत्व में जिला सैनिक पुलिस तथा 4500 फील्डफोर्स दुमका में तैनात करना पड़ी।[11] हालांकि कोई अप्रिय घटना नहीं घटी।

साफाहर आंदोलन एक सुधारवादी आंदोलन था। संताल जानते थे कि उनके पूर्वज का युग स्वर्ण युग था। धर्म समाज, श्री संपदा में वे शीर्ष पर थे। खेरवारों का प्रयास था कि संतालों को उनके धार्मिक एवं सामाजिक जीवन को पूर्वज के स्वर्ण युग को सामने रखते हुए परिमार्जित किया जाए। भूत–प्रेत, बोंगा जो संताल जीवन में प्रविष्ट कर चुके थे उन्हें निकाल फेंकना था। इसी प्रकार अनेक कुरीतियाँ थी जो धर्म एवं समाज में गहराई से पैठ जमा चुकी थी। उनसे संताल धर्म एवं समाज को मुक्त करना था।

साफाहर आंदोलन को प्रभावी करने में बाबा जी लोगों की प्रभावी भूमिका थी। बाबा जी लोग संताल परगना में चारों दिशाओं में फैले हुए थे। प्रत्येक बाबा जी का एक प्रभाव क्षेत्र बन गया था। यह क्षेत्र बाबा जी को केन्द्र मानकर लगभग आठ–दस मील तक फैला होता था। इस क्षेत्र के संताल अपने बाबा जी के अनुसार अपना सामाजिक एवं धार्मिक जीवन यापन करते थे। यद्यपि सभी बाबा जी लोगों में धर्म एवं समाज संबंधी मान्य आचरण समान होते थे। किन्तु कुछ स्थानीय तत्व उनकी पृथक पहचान बनाते थे।

साफाहर आंदोलन के उत्तरार्द्ध में देखा गया कि आंदोलन का झुकाव हिन्दू धर्म एवं हिन्दू जीवन शैली की ओर होने लगा था।[12] हिन्दू पर्व एवं त्योहार का प्रभाव संतालों पर स्पष्ट परिलक्षित होने लगा था। कुछ खरवार जो अपने को साफाहर कहते थे, महादेव की भक्ति से जुड़ गए थे। हिन्दुओं के पड़ोसी या संपर्क में रहने वाले संताल उनकी श्री संपदा एवं जीवन शैली से प्रभावित थे। संतालों के सोच–विचार एवं रहन–सहन पर हिन्दुओं का संपर्क–जन्य प्रभाव पड़ा था। इस क्रम में कुछ संताल जो अपने को साफाहर कहते थे, महादेव की नियमित पूजा करते हुए पाये जाते थे। उल्लेखनीय है कि कुछ बाबा जी लोग अपने भक्तों के बीच देवता–सम पूजे जाने लगे थे।

कालक्रम में ऐसा लगने लगा यह आंदोलन समाप्त हो गया। किन्तु यह समाप्त नहीं हुआ था बल्कि भूमिगत हो गया था, जो अभाव एवं अकाल में प्रकट होता रहता है। 1919 के अकाल में भी इसकी थोड़ी ही सही किन्तु भूमिका रही।[13] कालांतर में यह तीन गुटों में बंट गया—सपाई, सामरा एवं बाबा जी।[14] अनेक घात–प्रतिघात एवं उत्थान–पतन के बाद भी 1871 ई0 में प्रारंभ किया गया साफाहर आंदोलन, संतालों को चिंतन एवं जीवन शैली या मान्यता या रहन सहन की एक नई दिशा देने में सफल रहा।

संदर्भ ग्रंथ सूची:

1. S. C. Ray, 'Munda and their Country', quotes Report of German Mission 'Let us give up demon worship become christions p. 153.
2. J. C. Jha, 'And when the people rose in protest they were treated as marauders or rebel and hunted down by the troops' The Tribal revolt of Chotanagpur, Kashi Pd. Jayswal Research Institute, Patna, 1987, p. 47.
3. L. S. S. O. Malley, 'Bengal District Gazetteer Santhal Pargana'; Logos Press, Second Indian Reprint, Delhi, 1999, p. 146.
4. *Ibid.,* p. 146.
5. *Ibid.,* 'After this the people commanced to kill their Pigs and Fowls; but they were wise enough to eat them. From this time the followers of Bhagirath Manjhi appear to have taken the name of Kharwar', p. 146-147.
6. P. C. Ray Chowdhary, 'Bihar District Gazetter Santhal Pargana' Secretariat Press Bihar, Patna, 1965, p. 952.
7. L. S. S. Malley, p. 147.
8. L. S. S. Malley, Lucrative Profession, p. 149.
9. L. S. S. Malley, p. 147.
10. वी. वीरोत्तम, 'झारखंडः इतिहास एवं संस्कृति,' बिहार हिन्दी ग्रंथ अकादमी, पटना, 2006, पृ. 331.
11. P. C. Ray Chowdhary, 'Bihar District Gazetter Santal Pargana;' Secretariat Press Bihar, Patna, 1965, p. 952.
12. O. S. S. Malley, p. 149.
13. P. C. Ray Chowdhary, Op.cit. p. 953.
14. *Ibid,* p. 180.

अध्यायः बारह

बिरसा मुण्डा

आज से लगभग एक शदी पूर्व बिरसा ने जिस 'मुण्डा राज' का सपना देखा था, और देशवासियों को दिखाया था, वह 15 नवम्बर,2000 को "झारखण्ड राज" के उदय के साथ पूरा हुआ।

बिरसा मुण्डा

झारखण्ड के शहीदों में सर्वाधिक प्रतिष्ठित एवं प्रचारित नाम है– बिरसा मुण्डा। यह नाम इतना लोकप्रिय है कि एक छोटे स्कूल से लेकर विश्वविद्यालय तक तथा किसी गली की छोटी दुकान से लेकर सरकार के बड़े–बड़े संस्थान तक 'बिरसा' नाम से प्रतिष्ठित है। एक समय ऐसा आता है जब व्यक्ति क्रमशः तिरोहित हो जाता है और उसके आदर्श एवं उद्देश्य जनमानस पर छाए रहते हैं और उसका नाम एक प्रतीक के रूप में अपनी पहचान बनाए रखता है। शहीद, शहीद होता है। उसकी महानता अपनी जगह पर है किन्तु बिरसा मुण्डा की शहादत के पीछे "बिरसा–धर्म" एवं "बिरसा राज" का आदर्श जीवंत था। बिरसा के अनुयायी एक सफेद झण्डा लेकर अनवरत अंग्रेजी शासन से अपने हक की लड़ाई लड़ते रहे। यही कारण है कि "बिरसा" का नाम, एक आन्दोलन का प्रतीक हो गया है। बिरसा की प्रतिष्ठा एवं उसके अमरत्व की यही पृष्ठभूमि है।

बिरसा मुण्डा के जन्म–स्थान को लेकर इतिहासकारों में विवाद है। कुछ विद्वान उलिहातु मानते है, कुछ बिरसा का जन्म स्थान नंवा मानते हैं, कुछ ने सप्रमाण कुंदी गाँव को बिरसा का जन्म–स्थल माना है। इनके अनुसार "खटंगा गाँव में बिरसा सम्बन्धी अनेक लोकगीत प्रचलित हैं जिनमें बिरसा के जन्म लेने, खटंगाबुरू पर तीर–धनुष चलाने का जीवंत वर्णन है। खटंगाबुरू कुंदरी का उत्तरी पाट है। स्पष्ट है कि बिरसा का जन्म–स्थान कुंदी है।[1] एस0 सी0 राय ने बिरसा को चलकद का निवासी बताया है।[2] मिशन स्कूल चाईबासा, जहाँ बिरसा ने कुछ वर्षों तक अध्ययन किया था, जन्म–स्थान बंबा उल्लिखित है।[3]

बिरसा के पिता का नाम सुगना मुण्डा था। वह गरीबी से त्रस्त था और काम के लिए एक गाँव से दूसरे गाँव भटकता रहता था। गरीबी से परेशान सुगना ने ईसाई धर्म अपना लिया और उसका ईसाई नाम मसीह दास रखा गया और बिरसा 'दाऊद' कहलाया। बिरसा के पिता ने बिरसा की प्रतिभा को देखते हुए चाईबासा स्थित मिशन स्कूल में नाम लिखवा

दिया। मिशन स्कूल में बिरसा तीन वर्ष तक रह सका था। इस बीच वह मिशनरियों के झूठे दावे तथा सरदारों से उनका विरोध देखता रहा। एक दिन फादर नॉट्राट विद्यार्थियों को उपदेश दे रहे थे, इसी क्रम में उन्होंने कहा कि यदि तुम लोग ईसाई बन जाओगे तो तुम्हारी जमीन वापस मिल जायेगी, किन्तु यह कभी पूरा न हो सका था। इस झूठे आश्वासन को लेकर बिरसा ने फादर की आलोचना की थी और बिरसा को स्कूल से निकाल दिया गया था। बिरसा को फादरों एवं ईसाई धर्म से घृणा होने लगी थी। बिरसा पुनः अपने पुस्तैनी धर्म में वापस लौट आया।[4] बिरसा 1880 से 1890 तक की एक लम्बी अवधि तक चाईबासा में रहा था।

निर्माण—काल

बिरसा के विद्रोही स्वभाव की एक झलक उस समय मिल गई थी जब उसने सहपाठियों के सामने फादर के उपदेशों की आलोचना की थी। बिरसा गलत बातों को सहना अन्याय मानता था। इस समय उसके मन की भूख दिन—प्रतिदिन बढ़ती जा रही थी। 1891 ई0 में वह आनन्द पॉड़ के सम्पर्क में आया। आनन्द पॉड़ कोई पण्डित नहीं था। वह जाति का स्वासी था जिनका मुख्य व्यवसाय कपड़ा बुनना था। आनन्द पॉड़ बनगाँव के जमींदार जगमोहन सिंह के यहाँ मुंशीगिरी का काम करते थे। वह वैष्णव धर्मी था। रामायण, महाभारत एवं पुराणों का उसे प्रारम्भिक अच्छा ज्ञान था। इनके सम्पर्क में रह कर बिरसा को एक दिशा साफ दिखलाई दे रही थी कि सर्वप्रथम व्यक्ति को अपना आचरण शुद्ध रखना होगा। मांस, मछली, शराब से दूर रहे, नित्य स्नान, पूजा, माथे पर चन्दन का टीका और जनेऊ का धारण करना आवश्यक था। बिरसा धर्म को मानने वाले को घर में एक तुलसी का चौरा भी रखना होगा।

बिरसा ने आनन्द पॉड़ से रोगों को ठीक करने के मंत्र और कुछ जड़ी—बूटी का भी ज्ञान अर्जित किया था। कालान्तर में यह ज्ञान बहुत उपयोगी सिद्ध हुआ। बिरसा अति बुद्धिमान युवक था और परिस्थितियों का पूरा लाभ उठाता था। अब वह एक सुन्दर युवक के रूप में विकसित हो चुका था। उसका सुगठित शरीर, हँसमुख चेहरा तथा बोलने का

अन्दाज अत्यन्त मनमोहक था। इसके अतिरिक्त कुछ घटनाएँ भी ऐसी घटी जो बिरसा को भगवान सम् पूज्य बनाने में सहायक हुई थी।

यह घटना जून 1895 की है जब बिरसा अपने एक साथी के साथ जंगल में जा रहा था। बादल घिरे हुए थे। सहसा बहुत तेज बिजली कड़की। मित्र का ध्यान बिरसा के मुख पर टिक गया था। उसने देखा कि बिरसा का चेहरा लाल तेजयुक्त हो गया था तथा अलौकिक आभा छा गई थी।[5] बिरसा अभी मार्ग में ही था कि उसका साथी गाँव पहुँच गया तथा बिरसा की अलौकिक आभा का उल्लेख किया। जब बिरसा लौटा तो उसने गाँव वालों को उसकी प्रतीक्षा में बैठा पाया।

रोगी को निरोग करने की अनेक घटनाएँ बिरसा से जुड़ी हुई थीं। वह खड़ाऊ पहनता था। वह तीन रंग की धोतियाँ पहनता था, दिन में हल्दी–रंगी धोती, बीच में सफेद धोती और रात में नीली धोती। बिरसा का नाम और धर्म सुदूर स्थानों तक फैल चुका था। उसके दर्शन के लिये लोग अन्य दिन की रसद साथ लेकर आते थे। सरवदा चर्च के फादर हॉफमैन ने बिरसा से मिलने जाने वालों का उल्लेख किया है–

"मेरे मिशन का केन्द्र (सरवदा) चलकद से केवल 9 मील पर था। ये रोज देश के सभी भागों से उस गाँव पहुँचने वाले असंख्य लोगों की कतारें देखता था, जो या तो इस नए उपदेशक का धर्म–संदेश सुनने या अपनी चिकित्सा कराने पहुँचते थे। रोग दूर होने में, कुछ मामलों में विफलता से लोग हतोत्साहित भी न होते थे क्योंकि वे इसका कारण धरती आबा (पृथ्वी–पिता) को मानते थे यानी बिरसा में रोग हरने की शक्ति का अभाव न मानते थे बल्कि मानते थे कि बिरसा में निष्ठा और विश्वास की कमी के कारण कुछ लोगों का रोग दूर न हो पाता था।"[6]

बिरसा असाधारण मेधा का व्यक्ति था। वह काठ की खँड़ाऊ पहनता था। हल्दी रंग से रंगी उसकी धोती पीली होती थी। उसके गठीले शरीर पर जनेऊ खूब सजता था। बिरसा के मुख पर दैवी आभा विराजती थी। जब कोई चिकित्सा के लिए बिरसा के पास आता था तो वह कुछ मंत्र पढ़कर बीमार पर फूंक मारता था। उसके सिर पर हाथ फेरता था।

कभी–कभी कुछ जड़ी–बूटी भी मरीज को दे देता था। बिरसा की ख्याति सिंहभूम तक पहुँच गई थी। बिरसा का प्रथम सुनाम "रोगहर" के रूप में फैला था किन्तु कालान्तर में बिरसा ईश्वर के दूत के रूप में बिरसा–धर्म का उपदेशक बन गया। रोगहर के रूप में बिरसा ने जो ख्याति अर्जित की थी, बिरसा धर्म की स्थापना एवं उसके प्रचार–प्रसार में बहुत सहायक हुई थी। सुदूर स्थानों से चकलद पहुँचने वाली भीड़ का मुख्य उद्देश्य बिरसा का दर्शन था तथा उसके उपदेशों को ग्रहण करना था। देखते–देखते बिरसा अनुयायियों ने अनेक ऐसी घटनाएँ बिरसा भक्तों के बीच फैला दीं कि बिरसा को देव–दूत के रूप में माना जाने लगा। बिरसा के उपदेशों को बहुत महत्व दिया जाने लगा था। बिरसा धर्म में आचरण एवं खान–पान की शुद्धता को अनिवार्य माना गया। जनेऊ पहनना, तुलसी पौधे की पूजा करना बिरसा धर्म का एक आवश्यक भाग था। बिरसा के भक्तों का जीवन, सहज, सरल और अहिंसक था। बिरसा के अनुयायियों की संख्या उत्तरोत्तर बढ़ती जा रही थी।

सरदारों का प्रवेश

बिरसा–आन्दोलन से सरदारों का संयुक्त होना एक उल्लेखनीय घटना है। बिरसा आन्दोलन जो धर्म प्रधान था क्रमशः राजनीति की ओर झुकने लगा था। उन दिनों छोटा नागपुर की जनजातियों की एक मूल समस्या थी कि उनकी हड़पी हुई जमीन वापस मिले। यह समस्या ऐसी थी जिसे मिशनरियों ने खूब भंजाया था। अनेक आदिवासियों को इस आश्वासन पर ईसाई बनाया गया था कि सरकार पर दबाव डालकर उनकी जमींन वापस दिलाई जायेगी। एक लम्बा समय बीत गया किन्तु परिणाम कुछ भी न निकला था।

"सरदार" नाम से प्रसिद्ध ये लोग धर्मान्तरित आदिवासी ईसाई थे और इन्हें विश्वास था कि यदि मिशन के फादर लोग सरकार पर दबाव डालें तो जमीनें वापस हो सकती थीं पर ये फादर लोग ऐसा नहीं करायेंगे। अतः सरदारों ने कानूनी लड़ाई लड़ने का रास्ता चुना। इस प्रसंग को लेकर सरदारों एवं इनके मिशन के बीच झगड़ा हो गया था

और इन सरदारों ने एक नया मिशन बनाने की बात सोची थी। कुछ लोगों का विचार था कि ये सरदार धोखेबाज और बेइमान थे।[7] ये सरदार अपने–अपने क्षेत्र से कलकत्ता की अदालत में मुकदमा लड़ने के नाम पर अच्छा चंदा वसूल लेते थे। सरदारों की आय का यह भी एक रूप था। यह जानते हुए कि मुकदमा हार जायेंगे, पैसा वसूला जाता था। जैसा कहा गया है, सरदार इतने गिरे हुए नहीं थे। गोडियन लुथेरन स्कूल का एक अध्यापक था। एक सरदार प्रभुदयाल बिरसा का सहायक था।

फादर हॉफमैन के अनुसार इन सरदारों ने गाँव–गाँव बिरसा की दैवी शक्ति का प्रचार किया जिससे बिरसा असाध्य रोगियों को अच्छा कर देता था। फादर हॉफमैन के अनुसार बिरसा के पास विभिन्न गाँवों से जो भीड़ आती थी वह सरदारों के प्रचार का परिणाम था। हॉफमैन ने फोरबिस को लिखे अपने पत्र में सरदारों के उस प्रभाव का उल्लेख किया है जिससे बिरसा आन्दोलन राजनीति की ओर मुड़ रहा था।[8]

सरदार धर्मान्तरित ईसाई थे सरदार अपने ईसाई धर्म के फादरों पर आरोप लगाते थे कि ईसाई बनाते समय ये बड़े–बड़े वायदे करते हैं किन्तु बाद में सब भूल जाते थे। ये सरदार मिशन से विद्रोह कर सरकार से कानूनी लड़ाई लड़ते थे कि उनका बैठ–बेगारी, रूकमत, लगान में वृद्धि आदि बन्द हो।[9] सरदारों के अनुसार आदिवासियों को उनका हक दिलाने का काम मिशन का था किन्तु मिशन आगे नहीं आ रहा था। अतः सरदारों को आगे आना पड़ा। सरदारों का एक ही दुर्बल पक्ष था कि मुकदमा लड़ने के लिए उन्होंने चंदा वसूल किया और इसका कोई हिसाब नहीं रखा।

बिरसा ने चाईबासा में देखा था कि जब सरकार ने कानून द्वारा वनों को सुरक्षित कर दिया था तो परम्परा से चले आ रहे वनों के उपयोग के अधिकार के लिए सरदारों ने आन्दोलन किया था। अतः सरदारों के प्रति बिरसा के विचार अच्छे थे। कलकत्ता में मुकदमा हारने के उपरान्त सरदारों के पास कोई अन्य कार्यक्रम न रहने से सरदारों में बिखराव आ गया था। बिरसा के अपार जनसमर्थन को देखकर सरदारों ने बिरसा

आन्दोलन से अपने को संयुक्त करना प्रारम्भ कर दिया। इस पर फादर हॉफमैन ने सरदारों पर टिप्पणी की *"डूबते को तिनके का सहारा मिल गया"*।[10] वस्तुतः सरदारों के पास कोई कार्यक्रम नहीं था। सरदारों को भीड़ और अनुयायी चाहिए थे और बिरसा के पास यह सब कुछ था। बिरसा के चिन्तन एवं भाषण में सरदारों का प्रभाव झलकने लगा था।

बिरसा का धर्मोपदेशक रूप था। उसने स्वयं को "पैगम्बर" घोषित कर दिया था। सरकार चिन्तित थी किन्तु सक्रिय नहीं हुई थी। किसी एक आदमी को देखने के लिए हजारों की भीड़ कोई कभी भी प्रशासनिक समस्या खड़ी कर सकती थी। यहीं कारण है कि क्षेत्र के जमींदार थानेदार या मिशन के लोग हर समय आतंकित रहते थे और सरकार से सुरक्षा की गुहार करते रहते थे। किन्तु सरदारों ने जो भूमि सम्बन्धी अन्याय की कानूनी लड़ाई लड़ी थी वह बिरसा के मन–मस्तिष्क पर छाई हुई थी। अपने उपदेशों में धर्म की बात शुरू करने वाला बिरसा जमींदारों के अत्याचार पर आ जाता था।

बिरसा ने एक सभा में घोषणा की कि इस वर्ष धान की बोआई नहीं की जायेगी। परिणाम यह हुआ कि खेत सूखे रह गए थे। एक स्थानीय सरकारी अधिकारी बिरसा के इस पागलपन से नाराज थे। यद्यपि कुछ अफवाह सामूहिक हत्या की भी फैल गई थी कि विदेशियों को समाप्त कर दिया जायेगा। फादर हॉफमैन इस सूचना से अविचलित रहे तथा सरवदा चर्च में पूरी रात व्यतीत की। बिरसा ने एक भरी सभा में यह भी घोषणा की कि महारानी विक्टोरिया का राज समाप्त हो गया तथा मुण्डा राज प्रारम्भ हो गया है।[11] उसने यह भी घोषणा की कि अब जमीन लगान–मुक्त है।[12]

गिरफ्तारी

22 अगस्त 1895 तक बिरसा पर कोई कार्यवाही नहीं की गई। आयुक्त उसे महत्व नहीं देना चाहते थे। उनकी दृष्टि में बिरसा एक संदिग्ध पागल था। वह उसे आयुक्त शान्ति भंग करने की आशंका वाला

एक व्यक्ति मानते थे। इस सिलसिले में पुलिस उपाधीक्षक जी. आर. के. मेयर्स ने भारतीय दण्ड प्रक्रिया संहिता की धारा 353 और 505 के अधीन गिरफ्तारी वारण्ट तामिल करने वाले थे। धारा दण्ड का सम्बन्ध सरकारी सेवकों के दायित्व निर्वाह में बाधा पहुँचाना, उस पर हमला करना या उसके विरूद्ध अपराधिक शक्तियों का प्रयोग करना था।

धारा 353 के प्रसंग में तमाड़ थाना के हेड कान्स्टेबल लक्ष्मण लाल की रिपोर्ट उदाहरणीय है, जो कुछ सिपाहियों को साथ लेकर बिरसा को गिरफ्तार करने चलकद गया था। वह चलकद की झोपड़ी में 9 से 16 अगस्त तक रह रहा था। उसकी रिपोर्ट में अनेक विरोधाभास हैं किन्तु यह सच है कि तमाड़ थाना का हेड कान्सटेबल बिरसा को गिरफ्तार करने गया था किन्तु असफल रहा।[13] इस प्रकार बिरसा और कुछ आदमी धारा 353 के अनुसार दोषी थे।

धारा 505 का सम्बन्ध ऐसा वक्तव्य, अफवाह या रपट देने, प्रकाशित करने या प्रचारित करने से है जिससे सार्वजनिक अशान्ति फैलने की आशंका हो। बिरसा अनाप–सनाप बोलने का आदी था, जिससे अशांति फैलने की पूरी आशंका बनी रहती थी।

पुलिस उपाधीक्षक को निर्देश दिया गया था कि शांत वातावरण में बिरसा को गिरफ्तार करें। अस्त्र आदि का प्रयोग न करें। बिरसा की शक्ति भीड़ है, इससे बचें। पूरी सावधानी अपनाते हुए बिरसा को सोते समय गिरफ्तार कर लिया गया। यह दिन 24 अगस्त था।

बिरसा की गिरफ्तारी की सूचना तेजी से गाँव से गाँव फैलती गई। आशंका थी कि अनुयायियों की भीड़ सहसा धावा बोलकर बिरसा को मुक्त करा सकती है, पर ऐसा कुछ नहीं हुआ। जब पूरी पार्टी रांची पहुँची तब शाम को चार बज रहे थे। उसे उपायुक्त के सामने पेश किया गया। अदालत खचाखच भरी हुई थी। साधारणतः समझदार लोगों की एक धारणा बन गई थी कि बिरसा सनकी है तथा उसका मस्तिष्क असंतुलित है। इस विषय पर गंभीर चर्चा भी हुई।

दीवार का गिरना

उस दिन घनघोर वर्षा हो रही थी, फिर भी बिरसा के दर्शनार्थियों की भीड़ कम नहीं हो रही थी। अदालत की कार्यवाही पूरी होते–होते शाम के सात बज गए थे। बिरसा को जेल भेजने की कागजी तैयारी पूरी हो चुकी थी। सिपाही बिरसा को लेकर जेल की ओर चला। यह संयोग की बात थी कि ज्यों ही बिरसा जेल में घुसा एक मोटी मिट्टी की दीवार भर–भरा कर गिर पड़ी। बिरसा के भक्तों ने इस घटना की बढ़ा–चढ़ा कर चर्चा की थी और बिरसा के ईश्वरीय शक्ति में विश्वास प्रकट किया था।

जब से तमाड़ थाना के पुलिस बिरसा को गिरफ्तार करने आए थे और निराश लौट गए थे, तभी से बिरसा आशंकित था कि उसे अंग्रेजी सरकार शीघ्र गिरफ्तार करेगी। गिरफ्तारी की बात चलती तो उसके भीतर बैठा सनकी भगवान फूट पड़ा कि वह अधिक से अधिक जेल में तीन दिन तक रहेगा उसके बाद मुक्त हो जायेगा।

सुदूर स्थानों से बिरसा भक्तों का चलकद आना प्रारम्भ हो गया था। तीसरा दिन चलकद भक्तों से उमड़ पड़ा था। अनुमानतः 7000 लोग चलकद में एकत्रित थे।[14] इन्हें पूरी आशा थी उनके भगवान तीन दिन पश्चात् चलकद में प्रकट होंगे। किन्तु ऐसा नहीं हुआ। चौथे दिन से टूटे मन से भीड़ वापस लौटने लगी। शान्त, हतोत्साहित, सिर झुका हुआ भीड़ वापस लौट रही थी। उनका मार्ग सर्वदा चर्च के सामने से होकर जाता था। फादर हॉफमैन ने उनसे बात करने की चेष्टा की पर उन्होंने फादर की ओर देखा तक नहीं। बिरसा की ना केवल जेल से छूटने की भविष्यवाणी गलत सिद्ध हुई अपितु अग्नि वर्षा की इसकी घोषणा भी झूठी सिद्ध हुई। वे स्वयं में पराजित अनुभव कर रहे थे।

उपायुक्त तथा अन्य उच्चाधिकारियों ने निश्चित किया कि सारी समस्या की जड़ यह है कि मुण्डा बिरसा को भगवान मानने लगे हैं। अतः यह दिखाने के लिए कि बिरसा भी एक साधारण व्यक्ति है, उसका मुकदमा खूंटी स्थानांतरित कर दिया गया। खूंटी मुण्डा बहुल क्षेत्र है।

मुण्डाओं के सामने जब बिरसा आम आदमी की तरह व्यवहार करेगा तो उसके मसीहा का रूप धरातल पर आ जायेगा। किन्तु अफसरों की सोच के विपरीत स्थिति उत्पन्न हो गई। जेल के सामने मुण्डाओं की भीड़ जमा होने लगी। वे बिरसा के दर्शन के लिए दबाव डालने लगे, हंगामा करने लगे। प्रतीत होता है कि इन मुण्डाओं के साथ सरदार लोग भी मिल जाते थे। जेल के बाहर इस प्रकार मुण्डाओं का नियमित एकत्रित होना, प्रशासन के सम्मुख एक अतिरिक्त समस्या थी।

बिरसा के मुकदमें का फैसला सुनाते हुए उपायुक्त ने बिरसाइयों के साथ सरदारों के सम्बन्ध की चर्चा की जिससे बिरसाई अधिक उग्र हो गए थे। बिरसा पर आरोप लगाते हुए कहा गया है कि बिरसा ब्रिटिश सरकार के प्रति घृणा उत्पन्न करना, खजाने का गायब हो जाना तथा गोली–बारूद की प्रभावहीनता प्रचारित करता था। फैसले में यह भी कहा गया था कि बिरसा लोगों को लगान देने से मना करता था। वह महारानी के राज की समाप्ति तथा बिरसा राज के प्रारम्भ का भी प्रचार करता था।

उपरोक्त आरोपों की पृष्ठभूमि में बिरसा को दो वर्ष की सश्रम कारावास की सजा दी गई और ₹ 50 अर्थ दण्ड लगाया गया। अर्थ दण्ड न दे सकने पर 6 माह का अतिरिक्त कारावास भुगतना पड़ेगा। बिरसा के अनुयायी भी दण्डित किए गए। बिरसा को जेल भेजकर यद्यपि अधिकारियों एवं जमींदारों ने राहत की सांस ली किन्तु मुण्डा–राज या स्वतंत्रता का बीज जो जनमानस में आरोपित हो चुका था, उसे निःशेष करना कठिन था। बिरसा को पकड़कर जेल में डाल देना एक बात है किन्तु इससे भी अधिक दुष्कर काम था, जनमानस में बोया गया मुण्डा–राज का बीज, जिस पर किसी अधिकारी की दृष्टि नहीं पड़ी थी। पानी–खाद के अभाव में यह बीज मुरझा भी सकता था। पर ऐसा नहीं हुआ। बिरसा का शरीर चलकद में नहीं था किन्तु उसकी शिक्षा अनुयायियों के सांस में समाई हुई थी।

विद्रोही बिरसा

महारानी विक्टोरिया के शासन के हीरक जयन्ती के अवसर पर

साम्राज्य के कैदियों को आम माफी दी गई थी। इसका बिरसा को भी लाभ मिला और सजा पूरी होने के पहले उसे जेल से रिहा कर दिया गया।[15] कारावास की अवधि में यद्यपि बिरसा ऊपर से शान्त था किन्तु भीतर से वह जल रहा था कि किस प्रकार अपने अधूरे काम को पूरा करेगा।

जेल से बाहर आने के उपरान्त बिरसा ने अपने पैतृक स्थानों पर अपना अधिकार दिखाने का भी प्रयास किया था। गोत्र एंव टोटम के आधार पर प्रमाणित होता है कि बिरसा के पूर्वजों ने नदी के उस पार से इस पार आने के लिए जिस लकड़ी के कुन्दे का सहारा लिया था उसमें एक चूहा भी था। उसका उपकार मानते हुए बिरसा के पूर्वजों ने स्वयं को चुटुपूर्ति किली को धारण किया। चूंकि बिरसा पूर्ति किली का था अतः चुटिया को अपना पैतृक स्थान मानता था।[16] बिरसा ने कुछ अनुयायियों के साथ चुटिया मंदिर की मूर्तियाँ बाहर फेंक दी, तोड़–फोड़ की और भाग गए। बिरसा को गिरफ्तार करने का पुनः आदेश जारी हुआ।

बिरसा को विश्वास था कि उसके पूर्वजों का चुटिया क्षेत्र का अधिकार तामपत्र के रूप में मंदिर में रखा होगा। उसका उद्देश्य मूर्तियाँ तोड़ना नहीं था अपितु मूर्तियों के नीचे रखे हुए ताम्र पत्र की खोज थी। वह इस प्रकार का कोई भी ताम्र–पत्र ढूँढ़ निकालने में असफल रहा था। बिरसा के अनुयायियों की कार्यवाही देखकर कुछ लोगों के साथ चौकीदार भी आ गया और वे लोग वहाँ से पलायित हो गए। इन पर मंदिर की तोड़–फोड़ का आरोप लगाया गया तथा गिरफ्तारी का वारंट भी निर्गत हो गया किन्तु बिरसा के वास्तविक उद्देश्य उनके अनुयायियों तक सीमित रह गये थे।

इस परिस्थितियों में बिरसा ने भूमिगत होकर काम करना अधिक उपयोगी समझा। उसने जगन्नाथ मंदिर जाकर प्रसाद लिया और नवरतनगढ़, दोइसा जाकर "वीर–दा" पवित्र जल ले आया। 'कारावास' ने बिरसा के चिन्तन की दिशा ही बदल दी थी। बिरसा ने चलकद को छोड़ दिया और अब डोम्बारी को अपना कार्य क्षेत्र बनाया। चलकद में

बिरसा का पैगम्बर रूप विकसित हुआ था किन्तु डोम्बारी में वह एक "स्वतंत्रता सेनानी" के रूप में उभरा। डोम्बारी की प्राकृतिक संरचना स्वतंत्रता सेनानियों के अनुकूल है। यह स्थान चारों ओर ऊँची पहाड़ियों से आरक्षित था। इससे बाहर जाने का केवल एक मार्ग डोम्बा की घाटी में खुलता है। एक अन्य विशेषता है कि बीच में सभा के लिए एक मैदान है। पानी की भी व्यवस्था है।

कारावास के क्रम में बिरसा मुण्डा ने ब्रिटिश सरकार की शक्ति के सम्मुख मुण्डा जनजाति की शक्ति की तुलना की और पाया कि कुछ मुण्डा मारे जायेंगे और कुछ जेल में चक्की पीसेंगे तथा उनके बच्चे भूख से तड़पेंगे। इसलिए उचित है कि हिंसा का मार्ग छोड़कर धर्म के मार्ग का अनुसरण कर मुण्डा राज की स्थापना का प्रयास उपयुक्त होगा।

डोम्बारी में जगारी मुण्डा के घर में दूर–दूर से आये मुण्डाओं की पहली गुप्त बैठक फरवरी 1898 में हुई। बिरसा ने अपना पक्ष सभी मुण्डाओं के सामने रखा और कहा कि कोई भी कदम बढ़ाने के पहले आगे–पीछे सोच लेना चाहिए। अतः बिरसा ने कहा कि हम लोग अन्य मुण्डाओं से राय–मशविरा करें कि मुण्डा राज प्राप्त करने के लिए कौन सा मार्ग अपनाया जाये धर्म का या हिंसा का।

कुछ मुण्डाओं ने विचार व्यक्त किया कि कानून एवं शक्ति के मार्ग में अनेक अड़चनें हैं। अंग्रेज बहुत कुटिल हैं और जब तक उन्हें मारकर भगाया नहीं जायेगा तब तक मुण्डा–देश को स्वतंत्र नहीं किया जा सकेगा। यह एक जटिल प्रश्न था अतः इसे अगली बैठक के लिए टाल दिया गया।

अगली गुप्त बैठक मार्च 1898 ई0 होली के दिन, सिम्बुआ की पहाड़ी पर आयोजित हुई। इस स्थान से सरवदा चर्च दिखलाई पड़ता था। इस सभा में बिरसा के कम से कम दो सौ अनुयायियों ने भाग लिया था। वे बिरसा के सिद्धांत से सहमत थे। मुण्डा ने लोगों को समझाया कि अंग्रेजों के पास साधन की कमी नहीं है। धर्म की लड़ाई से ही हम विजयी होंगे अन्यथा जेल में चावल पीसना होगा और बाल–बच्चे भूखों मरेंगे।

सभा देर रात तक चली थी। इस सभा में सरदार समर्थित मुण्डाओं ने भी भाग लिया था। वे हिंसा पर आमादा थे। बिरसा ने मरमी, झारू मुण्डा और प्रभुनाथ मुण्डा को दायित्व सौंपा था कि वे मुण्डा क्षेत्रों में जाकर मुण्डाओं को समझाएँ कि हिंसा का मार्ग मुण्डाओं के विनाश का कारण होगा, धर्म के मार्ग पर चलकर ही मुण्डा राज पुनः स्थापित हो सकेगा। सरदार जो मुण्डाओं का आर्थिक शोषण करते थे, बिरसा से सहमत नहीं थे। बिरसा दुःखित था।

दूसरे दिन प्रातःकाल सिम्बुआ की सभा के बारे में पुलिस को पता चला। स्थान पर केले के पत्ते तथा अन्य बिखराव को देखकर रात की सभा का सहज अनुमान किया जा सकता था। क्षेत्र की पुलिस आश्वस्त थी कि बिरसा मुण्डा रात हो जाने के उपरान्त ही प्रकट होगा। यहीं कारण था कि पुलिस शान्त और निष्क्रिय हो गई थी।

अनिश्चित बिरसा

कुछ समय जेल में व्यतीत करने के उपरान्त बिरसा ने माना कि हिंसात्मक मार्ग पर चलने से कुछ नहीं प्राप्त होगा। वह मुण्डाओं को समझाता भी था कि 2–3 वर्ष की सजा का अर्थ यह है कि तुम जेल की चक्की चलाओ और तुम्हारी पत्नी और बच्चे भूख की ज्वाला में असहाय तड़पते रहें। तुम्हें क्या मिलेगा ? इसलिए मुण्डा–राज को पुनः प्रतिष्ठित करने के लिए धर्म का, अहिंसा का मार्ग सर्वोत्तम है।

लगभग 22–23 वर्ष का युवा नेता सभा में बोलते–बोलते उग्र हो उठता था। वह अनुयायियों को अस्त्र–शस्त्र तैयार रखने का आदेश देता था। फरवरी 1898, एक महत्वपूर्ण सभा डोम्बारी में हुई। इस सभा में बिरसा ने अहिंसा के मार्ग के औचित्य को समझाया किन्तु अंत में बिरसा के कंठ से विद्रोही स्वर फूट पड़ा था।

गुप्त बैठकें और भी हुईं और बिरसा क्रमशः उग्र होता गया। अब वह अपने अनुयायियों को हथियार जमा करने का आदेश देने लगा था। इस आन्दोलन का प्रारम्भ 24 दिसम्बर की रात अर्थात "बड़े दिन" के पर्व से

प्रारम्भ होना था। मुकदमें के क्रम में सभा आयोजन का विवरण कुछ इस प्रकार था–

"हम आधी रात से कुछ पहले सभा स्थल पर पहुँचे। सभा पहाड़ी की चोटी पर हो रही थी। जब हम लोग पहुँचे 60–70 लोग इकट्ठा हो गये थे। बिरसा एक पत्थर पर आसीन था जिसपर चादर बिछी हुई थी। वह पूरब की ओर मुँह कर बैठा था। बाकी लोग उसके चारों ओर बैठे थे, आधी रात होते–होते सभा में आने वाले लगभग सभी लोग आ चुके थे। चाँद निकल आया था और चाँदनी की रोशनी में सभा शुरू हुई। बिरसा ने एकत्रित लोगों से पूछा कि हमारी क्या तकलीफें हैं। कुछ लोग उठकर जिनका नाम मैं नहीं जानता था, ने कहा हम लोग जमींदारों, जागीरदारों और ठेकेदारों के शोषण एवं दमन से त्रस्त हैं। इस पर बिरसा ने कहा कि हम लोग धनुष बाण और बलुआ (कुल्हाड़ी) बनाना सीखें क्योंकि हम बहुत ज्यादा पीड़ित हैं। बिरसा ने यह भी कहा कि दूसरी सभाओं में भी उसने हथियार बनाने के आदेश दिए हैं। बिरसा ने आगे कहा कि हम हथियारों से ठेकेदारों, जागीरदारों, राजाओं, हाकिमों और ईसाईयों को मौत के घाट उतारेंगे। [17]

यद्यपि बिरसा प्रत्येक सभा में हथियारों की तैयारी की बात करता था किन्तु वह आन्दोलन के स्वरूप तथा उसकी सफलता के विषय में अनिश्चित था। वह जानता था कि यूरोपियनों को तीर और आगजनी से भयभीत किया जा सकता था। बिरसा को जनशक्ति पर विश्वास था। वह चाहता था कि मुण्डा संगठित शक्ति के नाम पर ईसाई बने मुण्डाओं को वापस अपने साथ संगठित कर लिया जाये। पहले हमारे पूर्वज आए और उन्होंने जमीन साफ कर मुण्डा देश बनाया, पुनः एक राजा बनाया और उसके खर्चो के लिए "चंदा" एकत्रित कर उसे देते थे। यह चंदा बाद में लगान हो गया। मुण्डा राज के लिए सब मुण्डा एक हो जायें तो गोरी चमड़ी, मुण्डा–देश छोड़कर चली जायेगी और मुण्डा राज पुनः स्थापित हो जायेगा। किन्तु बिरसा अपनी योजना के अनुसार कुछ भी न कर सका। उसके संगठन में नए सरदारों का प्रभाव बढ़ता जा रहा था। समय

भी कम था। 24 दिसम्बर की रात को सरवदा चर्च में आग लगाई गई और फादरों पर तीर चलाये गए, जो लक्ष्य विहीन थे।

बिरसा कठिन मानसिक तनाव से गुजर रहा था। वह ईसाई मुण्डाओं को मुण्डा–राज के नाम पर अपने साथ मिला लेना चाहता था। उसे विश्वास था कि पैतृक धरोहर और मुण्डा भाई–चारा के नाम पर उन्हें सहमत कराया जा सकता था कि सभी मुण्डा अपने खेत एवं जमीन को पूर्वजों की देन मानकर लगान देना एक साथ बन्द कर दें। अंग्रेजी सरकार पर इसका प्रभाव पड़ेगा। यह एक प्रकार का शान्त आन्दोलन होगा, जो मुण्डाओं की संगठित शक्ति का प्रतीक भी था। किन्तु बिरसा ऐसा नहीं कर सका। घोषित 24 दिसम्बर की रात से आगजनी और तीर वर्षा प्रारम्भ हो गई।

फादर हॉफमैन चलकद के निकट रहते थे तथा बिरसा के मस्तिष्क की उड़ान को खूब समझते थे। उपायुक्त फोरबिस को लिखे अपने पत्र में उन्होंने लिखा है कि अपने पिछले अनुभवों से वे सोचने लगे थे कि सरकार ने सच्चे उद्देश्य का गलत अर्थ लगाया था।[18] इसलिये यदि वे विशाल जनता को अपनी ओर ला सके तो सरकार इनके विरूद्ध कोई गंभीर कदम न उठायेगी। बिरसा अनुयायियों ने सोचा कि यदि उनके ईसाई भाई–बन्धु उनके साथ आ गए तो उनका आन्दोलन पूरी तरह दुश्मनों के विरूद्ध एक मुण्डा जातीय अभियान का रूप धारण कर लेगा।[19]

विद्रोहियों का क्षेत्र व्यापक था। सिंहभूम के चक्रधरपुर के अतिरिक्त रांची के खूंटी, कर्रा, तोरपा व तमाड़ और बसिया के गिरजाघर एवं पादरी निशाने पर थे। एक नायक के अधीन 8–10 अनुयायियों की छोटी–छोटी टुकड़ियाँ संगठित थी। इनका लक्ष्य था गिरजाघरों में आग लगाना और गोरी चमड़ी वाले पादरियों को देश से बाहर भगाना। फादर हॉफमैन के अनुसार उनके सरवदा चर्च के गोदाम में आग लगा दी गई और जब काखरी फादर के साथ वह बाहर आए तो उन पर तीर चलाए गए। प्रायः सभी तीर लक्ष्य करने में असफल थे। फादर हॉफमैन से बिरसा को विशेष क्रोध था। फादर मुण्डा भाषा के विशेष जानकार थे तथा कुछ मुण्डाओं के

प्रिय भी थे। इस पर बिरसा मुण्डा का विचार था कि यह फादर हॉफमैन मुण्डा भाषा का जानकार होने के कारण जासूसी कर आसानी से प्राप्त कर सारी सूचनायें अंग्रेज सरकार को पहुँचाता है। अतः एक तीर फादर हॉफमैन को लक्ष्य करके छोड़ा गया। जो उसके सीने पर लगा किन्तु दिसंबर की ठंड के कारण कई कपड़ों के ऊपर ओवरकोट पहने रहने के कारण यह तीर उन कपड़ों को छेदकर शरीर तक पहुँचने में असफल रहा।[20]

सिंहभूम का पोरहाट क्षेत्र आगजनी की घटनाओं से ज्यादा प्रभावित था। कुन्दुगुट के जर्मन मिशन का गिरजाघर जला दिया गया। सोनपुर क्षेत्र में एक जर्मन व्यापारी की हत्या कर दी गई। विद्रोही नियंत्रित रूप में काम कर रहे थे। आगजनी की घटनाएँ अधिक हुईं किन्तु किसी की मृत्यु या हत्या का समाचार नहीं मिला। अब तक के विद्रोह की एक अन्य उल्लेखनीय विशेषता थी कि जमींदारों, महाजनों या दिक्कुओं को जानबूझ कर सुरक्षित रखा गया था।

विद्रोहों की सूचनाएँ चारों ओर पहुँचने लगी थी। विद्रोह के विस्तृत क्षेत्र को देखते हुए रांची के उपायुक्त ने अनुमान लगाया कि विद्रोहियों की संख्या ज्यादा है और वे पूरी तरह अनुशासित हैं। विद्रोहियों को घेरने और बिरसा को पकड़ने के लिए सिंहभूम जिला का 150 वर्गमील क्षेत्र–

(i) खूंटी और तमाड़ पुलिस थाना के 300 वर्गमील क्षेत्र, और

(ii) रांची जिला का 100 वर्गमील क्षेत्र को चिन्हित किया गया और इनमें नियमित सुरक्षा के लिए पुलिस टुकड़ियाँ तैनात की गई। इनका व्यय भी स्थानीय जनता को उठाना था।

बन्दगाँव रांची–सिंहभूम मार्ग के मध्य में पड़ता है। बन्दगाँव का जमींदार जगमोहन सिंह बिरसा एवं उसके आदमियों से भयभीत रहता था। यद्यपि अपनी किशोरावस्था में बिरसा ने आनन्द पॉड़ के शिष्यत्व में तीन वर्ष व्यतीत किये थे जो जमींदार जगमोहन सिंह का मुंशी था। इस प्रकार बिरसा जगमोहन सिंह को पूरी तरह पहचानता था। यद्यपि जगमोहन सिंह बिरसा से, अपने किए गए जुल्मों के कारण स्वयं को

अपराधी मान कर डरता था किन्तु बिरसा ने जगमोहन सिंह को सहज छोड़ दिया था।

सिंहभूम और रांची के चिन्हित क्षेत्रों में काम कर रही पुलिस का नियंत्रण केन्द्र बंदगाँव बनाया गया। यह पुलिस की सुविधा के लिए था। प्रशासनिक अधिकारियों को विश्वास था कि बिरसा इसी क्षेत्र में पकड़ा जायेगा। बिरसा के अनुयायी की भी यहाँ खोज हो सकेगी। पुलिस अधिकारियों का अनुमान गलत नहीं था। गुप्त बैठकें होती थीं किन्तु बिरसा वहाँ नहीं होता था। उसका संदेश बैठक में सुनाया जाता था।

बिरसा की कठिनाइयाँ

चुटिया मंदिर काण्ड के उपरान्त बिरसा को गिरफ्तार करने का आदेश निर्गत हो चुका था। गिरफ्तारी से बचने के लिए उसें भूमिगत हो जाना पड़ा था। इससे वह गुप्त बैठकों में भाग नहीं ले पाता था। वह स्थान बदल–बदल कर रहता था। शनैः शनैः बिरसा की, संगठन पर पकड़ ढीली पड़ गई। उपनायक किसी घटना को अंजाम देने में मनमानी करने लगते थे। भीड़ बहुत बढ़ गयी थी। सरदारों का प्रवेश मनमाना हो गया था। बिरसा अपनी बात जन–मानस तक पहुँचाकर जनमत अपने पक्ष में करना चाहता था, किन्तु बिरसा जैसा चाहता था उसके अनुयायी उतनी बारीकी से काम को नहीं निभा सके। परिणाम उल्टा हो गया। जो बिरसा अपने क्रिया–कलापों से जनप्रिय बनना चाहता था, अब वह आतंक का पर्याय बनता जा रहा था।

पिछले अनुभवों के आधार पर बिरसा की रणनीति पूरी तरह बदल चुकी थी। अब वह जमींदारों, महाजनों तथा अन्य दिक्कुओं के प्रति अपनेपन का भाव रखने की बात करता था। दुश्मन मात्र दो हैं। एक गोरे पादरी, इनसे कहा कि तुम लोग अपने देश चले जाओ और दूसरे गोरे अंग्रेज साहब लोग थे। बिरसा का कहना था कि शत्रु कम रहने से उनसे मोर्चा लिया जा सकता है। यदि सभी आदिवासी तथा समस्त हिन्दू एक मंच पर आ जायें तो हम सबकी जीत निश्चित है। बिरसा की सोच

दूरगामी थी। यदि सब नागपुरिया एक मंच पर संगठित हो जाते हैं तो पादरी और साहब यूरोप भाग जायेंगे।

बिरसा के आन्दोलन का पहला चरण पादरियों के विरूद्ध था। 24 दिसम्बर की रात अपने–अपने क्षेत्र के गिरजाघरों पर धावा बोला गया।[21] पर जमींदार तथा अन्य लोग नहीं जानते थे कि वे आन्दोलन के निशाने पर नहीं थे, अपितु सुरक्षित थे। जनता के बीच उद्देश्य प्रचारित करना चाहिए था किन्तु ऐसा नहीं हुआ तथा जमींदार, महाजन और अन्य लोग सदर की तरह आतंकित थे। बिरसा के मन की बात बिरसा तक ही रह गई थी।

दूसरे चरण का आन्दोलन जो जनवरी 1900 से प्रारम्भ हुआ, गोरे साहबों के विरूद्ध था, उनके घर दफ्तर और थानों के विरूद्ध था। आन्दोलन ठीक से शुरू हुआ। कुछ लोग, मार्ग में अपना हथियार लेकर शामिल होते गए। परिणाम यह हुआ कि आन्दोलन का रूप ही बदल गया, जबकि दूसरे चरण का मुख्य उद्देश्य जनमत को अपने पक्ष में करना था। ये सारी विकृतियाँ नए सरदारों के घुस आने से हुई थी।

25 दिसम्बर 1899 से 5 जनवरी 1900 तक वातावरण शान्त था। वस्तुतः ऊपर से सब शान्त लग रहा था किन्तु भीतर–भीतर तैयारी चल रही थी। बुरजू चर्च के फादर पुशिंग ने जंगल में मुण्डाओं की दौड़–धूप और बिरसा के अनुयायियों की सक्रियता का उल्लेख फादर हॉफमैन से किया था और ऐसी ही सूचना फादर ने अपने पत्र में की थी – "अब मुण्डा लोग जंगलों में इकट्ठा हो रहे हैं और उनका इरादा ऐसा प्रतीत हो रहा है कि वे एकजुट होकर सामूहिक व्रिदोह करेंगे और पुलिस और सेना से जमकर टक्कर लेंगे।

अगली बैठक जिउरी में हुई। इस बैठक में चिन्ता व्यक्त की गई कि अनुयायी संगठन के लिखे उद्देश्य के अनुसार काम नहीं कर रहें हैं। हमें ऐसा रास्ता निकालना चाहिए कि सामान्य जनता हमसे आतंकित न हो अपितु हमारा स्वागत करे। इन्ही उद्देश्यों को व्यवहार में कैसे लाया जाये, अगली बैठक गया मुण्डा के घर पर रखी गई।

बिरसा मुण्डा के भूमिगत हो जाने के उपरान्त संगठन में जो दूसरा नाम सामने उभरा वह गया मुण्डा था। मिशनरीज एवं पुलिस–प्रशासन की आँख में गया मुण्डा खटक रहे थे। उपायुक्त स्ट्रीटफील्ड ने गया मुण्डा को गिरफ्तार करना आवश्यक माना। बिरसा मुण्डा द्वारा अज्ञातवास उसके संगठन के लिए घातक सिद्ध हो रहा था। अधिकांशतः उसने सिंहभूम के घने वनों को अपना आश्रय–स्थल बनाया हुआ था। गया मुण्डा का निवास एवं मुख्य कार्य क्षेत्र एटकेडीह था।

उपायुक्त स्ट्रीटफील्ड जो बंदगाँव में ठहरे हुए थे। गया मुण्डा के विषय में पूर्व सूचना प्राप्त कर ली थी। दारोगा इल्ताफ हुसैन और कुछ सिपाही लेकर ऐटकेडीह के लिए प्रस्थान किया और लगभग 11:00 बजे गया मुण्डा का घर घेर लिया। घटना 6 जनवरी 1900 की है।

दारोगा इल्ताफ हुसैन ने मुण्डारी में बाहर निकलने की आवाज लगाई। घर के भीतर बड़े–बच्चे मिलकर 8–10 लोग थे। दारोगा ने दो बार और आवाज लगाई किन्तु भीतर से कोई प्रतिक्रिया नहीं हुई। उपायुक्त ने पिस्तौल दिखाकर एक हवाई फायर किया। अन्त में उपायुक्त ने माचिस ली और झोपड़ी में आग लगा दी। झोपड़ी जल उठी। सभी हाथ में कोई न कोई हथियार भांजते हुए बाहर निकले। गया मुण्डा तलवार भांज रहा था। कुछ देर यह सब चलता रहा कि सहसा उपायुक्त गया मुण्डा पर कूद पड़े और उसे लिए नीचे जमीन पर गिर पड़े। गया मुण्डा नीचे था और स्ट्रीटफील्ड उसके ऊपर थे। उपायुक्त का कहना था कि उन्होंने गया मुण्डा की कलाई बहुत ही तेजी से पकड़ रखी थी।

चूंकि मुण्डा नीचे था और उपायुक्त उसके ऊपर, गया मुण्डा की पत्नी उन्हें लाठी से मार रही थी। उपायुक्त ने अपनी रिपोर्ट में कहा है कि इस चोट का उन पर कोई प्रभाव नहीं पड़ा था। आग की लपट फैलती जा रही थी और अब उस स्थान को छूने लगी थी जहाँ गया मुण्डा एवं उपायुक्त एक–दूसरे से गुंथे पड़े थे। सिपाही ने उन दोनों को ऊपर उठाया और गया मुण्डा को हथकड़ी लगा दी गई। सब गिरफ्तार कर लिए गए।[22] नीचे मैदान में लगभग 200 मुण्डा अपने हथियारों के साथ खड़े थे।

सइल रकब की गोलीबारी

सइल रकब की पहाड़ी डोम्बारी से कुछ दूर और सैको से लगभग तीन मील उत्तर में पड़ती है। 9 जनवरी 1900, प्रातःकाल से ही बिरसा अनुयायियों का पहाड़ी पर पहुँचना प्रारम्भ हो गया था। धीरे–धीरे बैठक में भाग लेने वाले मुण्डा पहुँच गये थे। ऐसा विश्वास किया जाता है कि खूंटी के स्थान पर इन्हीं विद्रोहियों ने हमला किया था। विद्रोहियों के सइल रकब की सभा की सूचना पुलिस अधिकारियों को हो गई थी। पुलिस बल के साथ उपायुक्त भी पार्टी के साथ हो गये। सइल रकब को चारों ओर से घेरकर हमला करना निश्चित हुआ।

जब पुलिस अपने अधिकारियों के साथ सइल रकब की तलहटी के पास पहुँचे तो दिन के 11 बजे थे। आयुक्त फोरबेस ने पास की एक दूसरी पहाड़ी की चोटी पर चढ़ जाने का निर्णय लिया। इस पहाड़ी और सइल रकब पहाड़ी के बीच एक गहरा नाला था पर दोनों पहाड़ियाँ एक स्थान पर, एक घाटी के जरिये मिली हुई थीं। जब ये लोग तिरिलकुटीबुरू और इसके पहले की उबड़–खाबड़ चढ़ायी पार कर चोटी पर पहुँचे, उस समय दिन के एक बजे थे।

अधिकारियों ने मुण्डारी भाषा में, ऊँची आवाज में सइल रकब के मुण्डाओं को चेतावनी दी कि वे अपना हथियार रख दें और आत्म–समर्पण कर दें, अन्यथा वे गोली से भून दिये जायेंगे। समझाने का बहुत प्रयास किया गया किन्तु मुण्डाओं को अपने हथियार पर और बिरसा की बात पर बहुत भरोसा था कि "बंदूक लकड़ी हो जायेगी और गोली पानी हो जायेगी" लेकिन बहुत से मुण्डा ऐसे भी थे जो अपनी रक्षा एवं छिपने का स्थान तलाश करने लगे थे।

पुलिस पार्टी चलकर पहाड़ी पर एक ऐसे स्थान पर पहुँची जहाँ विद्रोहियों से बातचीत हो सकती थी। आयुक्त फोरबेस ने दुभाषिये के द्वारा मुण्डाओं को समझाने का प्रयास किया और चेतावनी दी कि बात नहीं मानने पर उन पर गोली चलायी जायेगी। अब पुलिस और सेना विद्रोहियों के करीब पहुँच चुकी थी और विद्रोही मुण्डा गोली की मार की सीमा में आ चुके थे।

चेतावनी स्वरूप एक राउंड गोली छोड़ी गई। कोई घायल नहीं हुआ। इससे बिरसा की भविष्यवाणी सही प्रमाणित हुई कि गोली पानी हो जायेगी। दूसरी गोलीबारी में कुछ लोग जमीन पर गिरते दिखलाई पड़े। मुण्डाओं ने भी तीर छोड़े और गुलेल का प्रयोग किया था किन्तु इसका कोई प्रभाव नहीं पड़ा था। अब कुछ करना जरूरी था। इस बीच कुछ मुण्डा पहाड़ी से उतर कर वन में विलुप्त होते जा रहे थे। अतः आयुक्त फोरबिस ने उपायुक्त स्ट्रीटफील्ड को कुछ सिपाहियों के साथ नीचे भेजा कि भागते हुए विद्रोहियों को गिरफ्तार किया जा सके।

इधर फोरबिस ने पुलिस एवं सैनिकों को आदेश दिया कि आगे बढ़कर चोटी से गोलाबारी करें। यह तीसरी बार की गोलीबारी थी। इसका असर विद्रोहियों पर सीधा पड़ा था। इससे उत्साहित फोरबीस ने और आगे बढ़कर गोलीबारी का आदेश दिया। उपायुक्त का सिपाहियों को लेकर नीचे तलहटी तक जाना सार्थक रहा। पहाड़ी से नीचे उतर कर भागने वाले मुण्डा सिपाहियों द्वारा पकड़े गए। तात्पर्य यह कि सभा नहीं हो पाई और कुछ मुण्डा, पुरूष एवं महिलाएँ गोली के शिकार हुए।

आयुक्त फोरबिस ने रिजर्व पुलिस एवं सेना के अधिकारियों को स्पष्ट निर्देश दिया था कि गोली कम से कम चलाई जाय एवं आत्म–रक्षार्थ चलाई जाये। पर ऐसा नहीं हुआ था। रिजर्व पुलिस एवं सेना क्रमशः चोटी पर पहुँचे थे और वहाँ से गोली चलाई थी जो घातक प्रमाणित हुई थी। विद्रोही या तो भाग गए थे या पहाड़ी की गुफाओं में छिप गऐ थे या गोली का शिकार हुए थे। संभवतः आयुक्त के निर्देश के बावजूद गोलियाँ चलीं। भागते हुए विद्रोहियों को भी गोली का निशाना बनाया गया। इसी क्रम में तीन महिलाओं के शव भी बरामद हुए थे। भागते हुए विद्रोहियों पर गोली चलाना अमानवीय कुकृत्य था। कुछ मुण्डा मृतक की लाश लेकर भाग गए थे। औरतों और मर्दो की सही–सही संख्या मालूम न हो सकी थी किन्तु यह निश्चित था कि सरकारी आँकड़ों की अपेक्षा मृतकों की संख्या अधिक थी। पास में ही गड्ढ़ा खोदकर कुछ लाशों को चुपचाप दफना दिया गया था।[23]

यह एक सशक्त प्रश्न है कि जिस समय सइल रकब पर बिरसा के भक्त गोली–बारी की मृत्यु पीड़ा झेल रहे थे बिरसा मुण्डा कहाँ था? दिन की सभाओं में बिरसा प्रायः भाग नहीं लेता था। बिरसा के कुछ शिष्यों ने उन्हें बोरतोडीह में रूक जाने के लिए आग्रह किया था जिसे बिरसा ने मान लिया था। उनकी पहरेदारी में एक औरत "साली" को रख दिया गया था। बोरतोडीह से बिरसा अपने ननिहाल अपूवहातु चला गया यहाँ कुछ दिन रहने के उपरान्त जब सैनिक यहाँ भी पहुँचने लगे तो वहाँ से भेष बदल कर बिरसा मरंगदाहा चले गए। यहाँ से सिंहभूम जाने का समाचार मिला।

सइल रकब गोली काण्ड के परिणाम स्वरूप मरने वालों की संख्या को लेकर काफी ऊहापोहात्मक बातें प्रकाश में आई थीं। सरकार ने मृतकों की संख्या एवं नामों की एक सूची प्रकाशित की थी। किन्तु उसे विश्वसनीय नहीं माना जा सकता था। लेफ्टीनेन्ट गवर्नर कार्यालय ने आयुक्त फोरबिस की "गोली काण्ड" को लेकर आलोचना की है विशेषकर *"भागती हुई महिलाओं पर गोली चलाना।"*

सइल–रकब गोली–काण्ड का प्रभाव मुण्डाओं पर पड़ा था और स्थानीय प्रशासन की यह सोच थी कि बिरसा आन्दोलन अब बिखर जायेगा। कुछ सीमा तक यह बात सही थी। किन्तु फादर जे. बी. हॉफमैन, जो मुण्डाओं के जानकार माने जाते थे अपने पत्र में आयुक्त फोरबेस को लिखा था कि बिरसाइयों से कड़ाई से पेश आना चाहिए क्योंकि ये पक्के जिद्दी और शीघ्र न बदलने वाली जनजाति है।

फादर हॉफमैन के अनुसार इस भ्रम में रहना बहुत बड़ी गलती होगी कि इस घटना से बिरसा के आदमियों के दृढ़ संकल्प में कोई कमी आई है। फादर ने कमिश्नर को बिरसा के अनुयायियों पर कड़ी से कड़ी कार्यवाही करने की सलाह दी थी। फादर ने बिरसा अनुयायियों की सभी चल सम्पत्ति को तुरंत जब्त करने या कुर्क करने की सलाह दी। उन्होंने यह भी सलाह दी कि इन अनुयायियों तक खाने–पीने एवं अन्य आवश्यक सामग्री की आपूर्ति के सभी मार्ग बन्द कर दिए जाएं और बिरसा

आन्दोलन के कुछ नेताओं एवं लड़कों को, जो घूम–घूम कर जासूसी करते हैं, तत्काल गिरफ्तार कर जेल में डाल दिया जाये, जब तक बिरसा गिरफ्तार नहीं कर लिया जाता, नेताओं की पत्नी को गाँव छोड़कर अन्यत्र जाना प्रतिबन्धित किया जाये।

फादर बेयर ने भी सुझाव दिया कि संदिग्ध क्षेत्र में पड़ने वाले गाँवों के ग्राम– प्रधानों तथा मानकियों से एक गारंटी पत्र या शर्तनामा भरवा लिया जाये कि उनके गाँव में बिरसा सम्बन्धी कोई क्रिया–कलाप नहीं होगा और इससे सम्बन्धित लोग गाँव में टिकने न पायेंगे।[24] सामूहिक गिरफ्तारी भी मनोबल कुचलने में सहायक होगी।

आयुक्त फोरबेस ने हॉफमैन के सुझावों को अतिवादिता पूर्ण कहा था। संदेह के आधार पर किसी निरपराध मुण्डा को पकड़ना न्याय नहीं है। आयुक्त ने यह भी स्पष्ट किया कि सरकार का उद्देश्य बिरसा के धर्म के विरूद्ध जेहाद नहीं छेड़ना था पर वह उन लोगों द्वारा कानून तोड़ने के प्रयत्नों को सख्ती के साथ दबा देना चाहती थी। जिन लोगों ने विद्रोह में कोई सक्रिय भाग नहीं लिया था, उन्हें इसके लिए मजबूर न किया जाये कि वे फरार रहें और खुले विद्रोह में भाग लें। फादर हॉफमैन द्वारा सामूहिक–गिरफ्तारी के प्रस्ताव को लागू करने से ऐसी प्रतिक्रिया हो सकती थी।[25] रे0 फा0 जॉन वापटिस्ट हॉफमैन, न केवल रोमन कैथौलिक मिशन अपितु सभी मिशनों के फादरों में सबसे अधिक मुण्डाओं के जानकार थे।[26] कुशल और अंग्रेज प्रशासकों को प्रभावित कर अपने अनुसार कार्य–विधि मोड़ने में कुशल थे। अपनी इसी योग्यता से उत्प्रेरित फादर तत्कालीन आयुक्त फोरवेस को सुझावात्मक पत्र लिखा था, फादर के पत्र की ध्वनि अस्वाभाविक रूप से पूर्वाग्रह ग्रसित प्रतीत होती थी। तटस्थ चिन्तन का अभाव था। फादर हॉफमैन ने बिरसा को एक धर्म गुरू के रूप में नहीं देखा था जिसमें आचरण और व्यवहार की आदर्श बातें निहित थी।

बिरसा धर्म में मांस–मदिरा से दूर, सत्य और निष्ठा पर चलने का संदेश था। अहिंसा पर आधारित बिरसा धर्म में कौन सी कमी थी। अपितु फादर के लिए एक चुनौती थी और उनके क्रिया–कलाप उनकी हताशा

की परिचायक थी। रही राजद्रोह या सरकारी ठिकानों पर हिंसात्मक आक्रमण या आतंकित करने की बात तो इस पक्ष से निपटने के लिए आयुक्त, उपायुक्त और सेना के लोग सक्रिय थे तथा वे इन समस्याओं से आमने–सामने जूझ रहे थे। इन परिस्थितियों को संभालने में वे "फादर" से अधिक ज्ञान एवं अनुभव रखते थे। इन परिस्थितियों में स्पष्ट है कि आयुक्त को लिखे पत्र में और विशेषकर उसके सुझावों में फादर हॉफमैन का पराजित आक्रोश बोलता था। यहीं कारण है कि कमिश्नर ने फादर हॉफमैन के सुझावों पर टिप्पणी करते हुए इसे "अतिवादितापूर्ण" कहा था। फादर द्वारा दिए गए "सामूहिक गिरफ्तारी" के सुझाव को अनुचित बताया था।

बिरसा का उस क्षेत्र में अत्यधिक प्रभाव था और कोई मुण्डा ईसाई धर्म अपनाने को तैयार नहीं होता था। किन्तु बिरसा के न रहते यह धर्मान्तरित ईसाइयों की संख्या में वृद्धि होती थी। सरकारी अधिकारी भी बिरसा धर्म के मानने वाले को यातनाएँ देते थे। जनेऊ पहनने वाले मुण्डाओं से बिरसा का पता पूछा जाता था और न बता पाने पर मारा–पीटा जाता था। ईसाई मुण्डा इस प्रकार के उत्पीड़न से बचे रहते थे। ऐसा देखा गया है कि प्रायः सरकारी कर्मचारी सामान्य मुण्डा की तुलना में ईसाई मुण्डा को अधिक सहूलियत देते थे। बिरसा आन्दोलन के विघटन के परिप्रेक्ष्य में देखा गया कि गिरजाघरों में मुण्डाओं की भीड़ बढ़ती जा रही थी।

सइल रकब की गोली–बारी और प्रशासन द्वारा धर–पकड़, कुर्की–जब्ती आदि कठोर कदम उठाने का परिणाम संतोषजनक था। सामान्यतः मुण्डा टूट चुके थे और कुछ नामित मुण्डा अधिकारियों के सामने आत्मसमर्पण भी कर रहे थे। अधिकांश लोग मानने लगे थे कि बिरसा–आन्दोलन अब समाप्त प्रायः है किन्तु कुछ अनुभवी लोग इस भ्रम में न रहने की सलाह दे रहे थे। उनके अनुसार बिरसा के ये कमजोर अनुयायी थे, जो टूट गए, किन्तु हठी और कट्टर अनुयायी अब भी अपने काम में लगे हुए थे। यह सच था कि बिरसा के कट्टर भक्त आगे की योजनाओं पर गुप्त बैठकें कर रहे थे। मरमी, डोका, मझिया आदि जो संगठन के स्तम्भ थे, अब भी

स्वतंत्र थे और संगठन के काम में लगे हुए थे। ईसाई मुण्डा, मिशनरीज तथा कुछ सरकारी कर्मचारी किसी वृहद आन्दोलन की आशंका से आतंकित थे। किन्तु 28 जनवरी 1900 को एक अप्रत्याशित घटना घटी। डोका और मनिया मुण्डा ने उन बिरसा अनुयायियों के साथ आत्मसमर्पण कर दिया। कुर्की–जब्ती से त्रस्त इन मुण्डाओं ने अन्ततः समर्पण कर दिया। सरकार आश्वस्त थी और अब तैनात फौज को वापस बुला लिया गया। ऐसा होने पर भी प्रशासन के मन में एक कमी खटक रही थी और वह थी बिरसा की गिरफ्तारी। किन्तु इसके लिए उन्हें अधिक प्रतीक्षा नहीं करनी पड़ी।

बिरसा अपने आन्दोलन के अन्तिम चरण में पोरहाट की पहाड़ियों एवं जंगलों में अज्ञातवास का जीवन व्यतीत कर रहा था। उसे अब भी आशा थी कि सभ्याचरण से जनता को आकर्षित किया जा सकता था। रोगोटो में बिरसा अनुयायियों की शीघ्रता में आयोजित एक बैठक हुई जिसमें बिरसा ने सदस्यों की आचार संहिता पर बल दिया था। यह बिरसा की अन्तिम बैठक थी।

बिरसा को गिरफ्तार कराने वाले को पांच सौ रूपये पुरस्कार की घोषणा की गई थी। जरीकेल के सात लोग बिरसा को पकड़ने की योजना बनाने लगे। उन्होंने देखा कि संतरा के पश्चिम जंगल में कुछ दूरी पर धुंआ उठ रहा है, अतः वहाँ किसी का होना निश्चित था। चुपचाप रेंगते हुए ये सातों कुछ निकट पहुँचे। देखा बिरसा बैठा था, एक औरत खाना बना रही थी और एक बैठी थी। बिरसा के पास दो नंगी तलवारें थीं। इन लोगों ने धैर्य–पूर्वक प्रतीक्षा की। बिरसा और महिलाएँ जब गहरी नींद में सो गए थे इन सातों ने सहसा बिरसा को धर दबोचा। इस प्रकार बिरसा गिरफ्तार किया गया। घटना तीन फरवरी 1900 की थी।

उपायुक्त सिंहभूम ने आयुक्त को बिरसा की गिरफ्तारी की सूचना दी। आदेश हुआ कि बिरसा को राँची भेज दिया जाये। यह खबर फैलते देर न लगी और बिरसा को देखने के लिए रास्ते में भीड़ लग गई। खूंटी में बिरसा के दर्शनार्थियों की अपार भीड़ थी। बिरसा पगड़ी बांधे, मोटा चादर ओढ़े लोगों को देखकर मुस्करा रहा था।[27] इस विवरण से आयुक्त यह

प्रदर्शित करना चाहते थे कि गिरफ्तारी के विरूद्ध बिरसा के मन में कोई आक्रोश नहीं था। उसने इसे सहज रूप में लिया था। इसी प्रकार एकत्रित भीड़ में किसी प्रकार की उत्तेजना नहीं पाई गई थी।

बिरसा की मृत्यु

20 मई 1900, प्रातःकाल लगभग 5:15 बजे आया हुआ खाना बिरसा ने अनिच्छा कह कर लौटा दिया किन्तु अदालत की हाजत में उन्होंने स्वीकार किया कि वह बीमार हैं। जेल वापस लौटने पर जेल के सहायक चिकित्सक ने दवा दी। 1 जून से बिरसा चिकित्सा अधीक्षक की देख–रेख में आये और उल्लेखनीय है कि बिरसा की हालत में सुधार के लक्षण दिखाई पड़ने लगे। किन्तु 8 जून को दशा बिगड़ना शुरू हुई और 9 जून को प्रातः 8 बजे बिरसा का देहावसान हो गया। ध्यातव्य है कि एक जून से बिरसा की हालत में सुधार प्रारम्भ हुआ था किन्तु 7–8 जून को कुछ ऐसा हुआ कि अगली प्रातः 9 बजे निधन हो गया। चिकित्सा अधीक्षक ने अपनी रिपोर्ट में लिखा कि बिरसा का देहान्त हैजे की बीमारी से हुआ है। उन्होंने यह भी लिखा कि बिरसा पहले से ही पेचिस से पीड़ित था। अन्ततः हैजा भारी पड़ा।

अधीक्षक चिकित्सक की रिपोर्ट से लोग संतुष्ट नहीं थे। पूरे जेल में हैजे से पीड़ित केवल एक कैदी था– बिरसा। हैजा छूत की बीमारी है और अकेले बिरसा हैजा से पीड़ित था। अन्त्या–परीक्षण में बिरसा के पेट और आंत में खून के थक्के पाये गए थे। रिपोर्ट में अंतड़ियों के नष्ट होने की भी सूचना दी गई थी। इस प्रकार बिरसा की मृत्यु की परिस्थितियों पर अब भी पर्दा पड़ा हुआ है। यद्यपि सरकारी फाइल के अनुसार बिरसा की मृत्यु हैजा से हुई। यह एक स्वाभाविक मौत थी और फाइल बन्द कर दी गई।

यदि यह मान लिया जाय कि बिरसा को 7–8 जून को विष दिया गया था, तो बिरसा जैसा चालाक किसी के धोखे में कैसे आ गया। बिरसा की किसी से व्यक्तिगत शत्रुता नहीं थी। संगठन की दृष्टि से ईसाई मिशनरीज का वह कट्टर शत्रु था। सरदार भी भीतर–भीतर बिरसा

को मुख्य उद्‌देश्य से हटाकर संगठन पर अपनी प्रभुता स्थापित करना चाहते थे। कुछ मुण्डाओं ने मरचा करोड़ा के शुकदेव का नाम लिया है कि रोटी में विष मिलाकर इसने बिरसा को खाने में दिया था।[28] तत्कालीन हिन्दी पाक्षिक "घर– बन्धु" ने भी कुछ ऐसा ही विचार प्रकट किया था। पत्रिका के अनुसार सिर्फ दो व्यक्तियों को हैजा हुआ था, जिसमें बिरसा एक थे। बिरसा की मृत्यु पहले हुई। सभी एक सा ही खाना खाते थे, एक सा ही पानी पीते थे। इसके पीछे लोगों (सरदारों) का हाथ हो सकता था। हो सकता है कोर्ट में उन्हें तम्बाकू या जहर वाली चीज खाने को दे दी गई थी।[29]

यद्यपि संदेह की सुई सरदारों की ओर इंगित करती है, किन्तु यह मन मानने की बात है। एक शती का समय बीत चुका है, बिरसा पर अनेक विद्वानों ने काम किए हैं, शोध हुए हैं, पुस्तकें एवं पत्र प्रकाशित हुए हैं किन्तु बिरसा की मृत्यु की परिस्थितियाँ आज भी अनावृत न हो सकी है। यदि बिरसा की मृत्यु हैजा से हुई थी तो कई प्रश्न उठ खड़े होते हैं। उस काल में हैजा एक भयंकर संक्रामक छुआ–छूत की बीमारी थी जो बड़ी तेजी से फैलती थी, गाँव के गाँव खाली हो जाते थे। ऐसी स्थिति में बिरसा के मृत्यु के समय कितने स्थानों पर हैजा फैला था, कितने लोगों की जेल में हैजा से मृत्यु हुई थी, जेल में हैजा के संक्रामक कीटाणुओं को समाप्त करने के क्या उपाय किये गये थे, आदि प्रश्नों का उत्तर कहीं उल्लेखित नहीं है। झारखण्ड के इतिहासकारों को एक सेमीनार कर बिरसा की मृत्यु को एक निश्चित विराम देना चाहिए कि बिरसा की मृत्यु स्वाभाविक मृत्यु थी या विषाक्त मृत्यु थी।

प्रखर बुद्धि बालक बिरसा का लगभग तीन वर्ष मिशन डच प्राथमिक विद्यालय चाईबासा में बीता था। यहाँ बिरसा ने देखा कि फादर लोग अपने उपदेश में कहते हैं कि तुम लोग ईसाई बने रहोगे तो एक दिन तुम्हारी जमीन तुम्हें वापस मिल जायेगी, जबकि जमीन वापसी के लिए संघर्षरत सरदारों को मिशन वाले धूर्त और धोखेबाज कहते थे। स्पष्ट है कि चर्च वाले कभी भी मुण्डाओं की जमीन वापस नहीं दिलाएंगे। ईसाई बनाने का यह भ्रम जाल फैलाया गया था। बिरसा ने फादर नाट्राट के

उपदेश की, अपने सहपाठियों के बीच कटु आलोचना की थी। परिणाम यह हुआ कि बिरसा मिशन स्कूल से निकाल दिया गया। ईसाई धर्म और पैंगम्बरों के पुनर्जन्म की बात बिरसा के मन में बैठ गई थी।

बिरसा के व्यतित्व का निर्माण का दूसरा चरण आनन्द पौड़ के शिष्यत्व में हुआ जब बिरसा ने उस वैष्णव धर्म और तदनुसार जीवन–शैली के अनुसार जीवन व्यतीत करना प्रारम्भ किया। पुराणों की कथाएँ बिरसा को "नायक" बनने की प्रेरणा देने में सफल रही थीं। बिरसा ने आनन्द पॉड़ से रोग दूर करने के कुछ मंत्र और दवाएँ भी सीख ली थीं। आनन्द पॉड़ से प्राप्त ज्ञान और जीवन शैली बिरसा की प्रसिद्धि के मूल आधार थे।

बिरसा क्रमशः मंत्र और दवा से रोगी को चंगा कर देता था। यदि कोई बीमार रोग मुक्त नहीं हो पाता था तो इसका अर्थ यह नहीं कि बिरसा के मंत्र या दवा में कमी थी अपितु रोगी एवं उसके सम्बन्धियों के मन में बिरसा के प्रति आस्था में कमी थी। फादर हॉफमैन के अनुसार बिरसा के दर्शनार्थियों की भीड़ सरवदा चर्च के सामने से लगातार जाती रहती थी। एक मृतक को जिन्दा कर देने की बात पूरे गाँव तक फैल गई थी।

जनता की भीड़ ने बिरसा को पैगम्बर बना दिया। इसी क्रम में बिरसा–धर्म फैलने लगा। बिरसा के अनुयायियों की संख्या में बेतहाशा वृद्धि होने लगी। चारों ओर से पराजित सरदारों को एक मंच चाहिए था। ये सरदार बिरसा आन्दोलन के साथ जुड़ गए। बाद में जब सरदारों एवं बिरसा अनुयायियों का मुकदमा चल रहा था, बिरसा ने अपने लोगों के बीच कहा था कि संगठन में सरदारों का प्रवेश घातक सिद्ध हुआ। उनका धर्म का विस्तार ही पादरी एवं अंग्रेजों को देश से भगाने में समर्थ था।

बिरसा का आन्दोलन स्पष्टतः दो चरणों में चला था। पहला चरण धर्म से सम्बन्धित था। बिरसा का लक्ष्य था कि मुण्डा देश में कोई यूरोपियन, ईसाई पादरी न रहने पाये। इसके लिए दो मार्ग थे, समस्त धर्मान्तरित मुण्डा बिरसा धर्म स्वीकार कर लें या सरना धर्म में वापस आ

जायें। बिरसा ने बड़े दिन के एक दिन पहले अर्थात 24 दिसम्बर की शाम को क्षेत्र के अधिकांश गिरजाघरों पर बिरसा अनुयायियों ने आगजनी और तीर की वर्षा की थी। ऐसा हुआ भी। किन्तु कोई फादर इस आक्रमण से भयभीत नहीं हुआ था। ध्यातव्य है कि इस आन्दोलन के क्रम में किसी भी पादरी की हत्या नहीं हुई थी। बिरसा का ऐसा निर्देश था कि पादरियों को सताओ किन्तु किसी की हत्या नहीं करना है।

सरकार नहीं चाहती थी कि बिरसा के विद्रोह को 'राज–द्रोह' का दर्जा दिया जाय किन्तु बिरसाइयों को दबाने के लिए फौज बुला ली गई थी तथा सइल–रकब पर गोली–काण्ड इतिहास की वस्तु हो चुकी थी। विद्रोहियों को पकड़ने या आत्मसमर्पण कराने के लिए संभव सभी उपाय अपनाए गए। पूरे काण्ड में किसी यूरोपीय की हत्या नहीं हुई थी।

एक बार एक सभा में बिरसा ने अपने शिष्यों से पूछा क्या तकलीफ हैं और उत्तर मिला जमींदार, महाजनों का शोषण। इस पर बिरसा ने कहा था कि अभी समय नहीं आया है। बिरसा ने स्पष्ट कहा कि अधिक शत्रु बढ़ाने से आन्दोलन विश्रृंखल हो जायेगा। अभी हमारे लक्ष्य पर ईसाई यूरोपियन पादरी तथा यूरोपियन सरकारी अधिकारी हैं। इस समय आप लोग दूसरा लक्ष्य न बनाएँ। यद्यपि बिरसा जमींदारों एवं महाजनों से संतुष्ट नहीं था फिर भी ये छोटे शत्रु हैं। बिरसा मुण्डा ने देश में रहने वाले सभी को मिलाकर चलाना चाहा था किन्तु सबसे पहले इस धरती को गोरे चमड़ी वालों से मुक्त करना था। बिरसा की इस नीति का उद्देश्य लोग समझ नहीं पाये थे।

9 जून 1900 को प्रातः बिरसा की मृत्यु हो गई। अन्त्य परीक्षण के पश्चात् शव जेल वापस भेज दिया गया। कोई दावेदार न होने के कारण जेल में नियमानुसार लावारिस शव को भंगियों को सौंप दिया गया। रांची डिस्टिलरी के निकट नदी के किनारे गोंइठे की आग पर शव जला दिया गया।[30] मृत्यु के पहले और मृत्यु के बाद सर्वत्र प्रतिष्ठित बिरसा की अश्रु विहीन मौत बिरसा के त्यागमय जीवन की कहानी कहती है।

बिरसा आन्दोलन ने स्वतंत्र मुण्डा राज की जो कल्पना की थी वह देशवासियों की नसों में रक्त संजीवनी बन कर समायी हुई थी और पीढ़ी

दर पीढ़ी हस्तान्तरित होती रही थी। झारखण्ड–राज्य का उदय बिरसा आन्दोलन की स्वाभाविक उपलब्धि है। यही कारण था कि राज्य का उदय बिरसा–जन्मदिन 15 नवम्बर को हुआ।

संदर्भ ग्रंथ सूचीः

1. पुरूषोत्तम कुमार, रांची एक्सप्रेस (दैनिक) दिनांक 4 जनवरी, 1998, पृ. 10.
2. S. C. Roy, "The Mundas and Their Country," Ranchi, 1995. (Reprint), p. 204.
3. Entry No.178, Confirmation Register G.E.L. Mission Chaibasa.
4. S. C. Roy, "From German Protestantism the boy soon reverted to the old Munda faith of his ancestors" Munda, p. 204.
5. Ibid, Just at that moment, Birsa's companion happened to turn his eyes towards him, and was struct with astonishment at seeing Birsa's face changed for the moment from its ordinary brown-black colour to a glowing red and white, p. 204.
6. J. B. Hoffmanne, Encyclopeadia Mundarica p. 567-68.
7. S. C. Roy, The Settlement officer Ranchi observed "The Sardars----an unscrupulous and dishonest band of cheats...." Munda, p. 179.
8. Hoffmanne to Commr. Forbes, 14th Jan 1900. Progs No. 336 August 1900, Home Dep., उद्धृत बिरसा, पृ. 234, नं. 19.
9. R. G. "The main grievances underlying the Sardari agitation were the system of Beth-Begari, rukmats enhancement of rents of Rajhas land." p. 66.
10. Hoffmanne to Forbes, 14 Jan. 1900.
11. R. G. ".... the Raj of the Maharani (Queen Victoria) was over and that the Munda Raj had commenced." p. 70.
12. *Ibid,* p. 70.
13. Deposition of Lakshman Lal, 11 Sept. 1895, Apeal No.184 of 1901, High court records, Patna see also R.G. p. 70.
14. डा0 कुमार सुरेश सिंह, बिरसा मुण्डा और उनका आन्दोलन, नई दिल्ली, 1979, पृ0 69.
15. S. C. Roy, ".... on the occasion of the celabration of the Diamond Jubilee of the reign of Empress Victoria, Birsa Munda was released from Jail, sometime before the expiry of the term of his sentence,"Mundas p. 208.
16. *Ibid,* "A third patriarch Chuttu of Chutia Haven, the head of the Chutu Purthi Kili, established the village chutia." Appendix I, p. VI.
17. Deposition of P.W. -1, Ratan Munda of Kuda Emperor Vs Dukha Pahan and others. The Bengali, July 21, 1900.
18. Hoffmanne to Forbes, dt. 14 Jan. 1900, Progs. No.336 August 9.00. Home Department.

19. *Ibid.*
20. P. Ponet; A Brief Biography of Fr. Hoffmanne, Catholic Press, Ranchi, p. 9.
21. V. Raghavaiah, Tribal Revolt, Andhra Rashtra Adimjati, Sevak Sangh, Nellore, 1971, p. 133.
22. Streat field to Commissioner, 7th Jan, 1900 Progs No.355, Aug. 1900. Home Department, National Archives, New Delhi.
23. कुमार सुरेश सिंह, बिरसा मुण्डा और उनका आन्दोलन, पृ. 126.
24. Fr. Hoffmanne to Forbes, 14 Jan. 1900, op-cit. उद्धृत बिरसा, पृ. 234, नं. 19.
25. Commissnor to Chief Secy. 5403. Camp Hesadih, 17 Jan. 1900 Progs 336 August 1900 Home Conf. Public, Govt. of India, National Archives, New Delhi, उद्धृत बिरसा, पृ. 235, नं. 35.
26. Rev. Fr. J. B. Hoffmanne Encyclopeadia Mundarica.
27. Commissioner to Chief Secretary, No. 167 R. 30 March, 1900, Progs. No. 307 August, 1900, Home, National Archives, New Delhi. उद्धृत बिरसा, पृ. 235, संख्या. 39.
28. कुमार सुरेश सिंह, पूर्वोद्ध, पृ0 145.
29. घर–बन्धु हिन्दी पाक्षिक, 15 जून, 1900.
30. कुमार सुरेश सिंह, बिरसा मुण्डा और उनका आन्दोलन, नई दिल्ली, 1979, पृ. 144 से उद्धृत।

अध्यायः तेरह

गया मुण्डा

झारखण्ड के शहीदों में गया मुण्डा का विशेष स्थान है क्योंकि यह पहला शहीद है जिसको गिरफ्तार करने आए हुए उपायुक्त को मल्ल–युद्ध (उठा–पटक) करना पड़ा था तथा जिसका पूरा परिवार फांसी से लेकर एक दिन के सश्रम कारावास तक की सजा भोगा था।

गया मुण्डा

सरदार मूल का गया मुण्डा कुछ ही समय में बिरसा का अनन्य अनुयायी बन गया था। उसकी नसों में दौड़ने वाला रक्त फिरंगियों को मार भगाने और स्वतंत्र मुण्डा राज की स्थापना के लिए देश–भक्ति की भावना से ओत–प्रोत था। न केवल गया मुण्डा अपितु उसकी पत्नी माकी भी अंग्रेजों को मुण्डा–देश से मार भगाने के लिए कृत संकल्प थी। यहीं नहीं गया मुण्डा के पुत्र, पुत्री तथा पुत्र–वधू भी अंग्रेजों से लोहा लेने को तैयार थे। गया तलवार भांजने में कुशल था और उसके पुत्र तीर–धनुष में सिद्ध हस्त थे। आदिवासियों में प्रयुक्त होने वाले प्रायः सभी प्रकार के हथियार गया मुण्डा के घर में पाये गये थे।

ऐटकेडीह में बैठक

गया मुण्डा ऐटकेडीह का रहने वाला था। ऐटकेडीह में बैठक होने के पूर्व जिऊरी में बैठक हुई थी। सरकारी अधिकारी ने अब बिरसा आन्दोलन को गंभीरता से लेने लगे थे। जिऊरी की बैठक में अंग्रेजों की बदलती रणनीति पर विचार किया गया तथा तदनुसार अपनी रणनीति को निर्धारित किया गया। आन्दोलनकारियों ने अगली बैठक ऐटकेडीह में गया मुण्डा के घर निश्चित की। यह बैठक 5 जनवरी को निर्धारित थी। आन्दोलन के क्षेत्र की सीमा पर पड़ने वाले बुरजू मिशन के पादरी फादर पुशिंग ने अपनी रिर्पोट में कहा –

"अब मुण्डा लोग जंगलों में इकट्ठा हो रहे हैं और उनका इरादा ऐसा मालूम पड़ रहा है कि वे एकजुट होकर सामूहिक विद्रोह करेंगे और पुलिस और सेना से जमकर टक्कर लेंगे।[1]

फादर लोग मुण्डाओं की शक्ति बढ़ा–चढ़ा कर कहने के अभ्यस्त थे। पुशिंग ने यह सूचना फादर हॉफमैन को दी थी जिन्होंने इसे आयुक्त तक पहुँचा दिया था। यह अवश्य था कि बिरसा ने अज्ञातवास में चले जाने के उपरान्त मुण्डाओं का जंगल जाना बढ़ गया था। किन्तु किसी आन्दोलन की तैयारी के विषय में कोई सूचना नहीं थी।

पुनः बिरसा ने अपने तक पहुँचने के रास्ते की जानकारी कुछ गिने–चुने अनुयायियों को दी थी। सभी पर भरोसा नहीं किया जा सकता था। अतः गुप्त बैठकों में गया मुण्डा के आवास पर 5 जनवरी की बैठक बुलाई गयी थी। 5 जनवरी अर्थात् 4 जनवरी को 12 बजे रात के उपरान्त। 5 जनवरी का अर्थ बिरसा अनुयायी जानते थे किन्तु इस भाषा का ज्ञान पुलिस और प्रशासन को नहीं था।

4 जनवरी को खूंटी के प्रधान कांस्टेबुल को जाँच के लिए सैको जाना था। सैको दक्षिण ऐकटेडीह में पड़ता है। अतः इसी क्रम में गया मुण्डा के घर पर छापा मारा जा सकता था। गया मुण्डा पुलिस और अंग्रेज साहबों के मन–मस्तिष्क पर छाया हुआ था। वे जानते थे कि गया मुण्डा की गिरफ्तारी से बिरसा आन्दोलन मृतप्राय हो जायेगा। गया मुण्डा का संगठन पर अच्छा प्रभाव था। बिरसा अनुयायी गया मुण्डा के निर्देशों का पालन करते थे। ऐटकेडीह खूँटी थाना क्षेत्र में पड़ता था और खूँटी थाना तक यह सूचना पहुँच चुकी थी कि गया मुण्डा के घर पर बिरसाइयों की गुप्त बैठक बुलाई गई है।

खूंटी थाना से दो कांस्टेबुल और तीन चौकीदार प्रातः ऐटकेडीह पहुँचे और चारों ओर सन्नाटा पाया। बैठक हुई या नहीं हुई और हुई तो कब हुई ये सारे प्रश्न उन्हें परेशान कर रहे थे। उन्हें यह नहीं पता था कि चार जनवरी को 12 बजे रात के बाद 5 जनवरी शुरू हो जाता है। गुप्त बैठक आधी रात के बाद प्रारम्भ हुई थी और प्रातः 4 बजे तक चली थी। बैठक में 40–60 विद्रोही सदस्यों ने भाग लिया था।[2] आन्दोलन की भावी तैयारी पर विस्तार से चर्चा हुई। पुलिस से टक्कर लेने की परिस्थितियों के विषय में भी विचार–विमर्श हुआ था। बैठक में यह विचार कुछ सीमा तक काम कर रहा था कि "बन्दूक लकड़ी हो जायेगी और गोली पानी।" इस प्रसंग में बिरसा से निर्देश लेना आवश्यक समझा गया।

प्रातःकाल् होने वाला था पूरब का आकाश अरूण होने लगा था। सभा विसर्जित हुई और बैठक में भाग लेने वाले सदस्यों ने अपना हथियार उठाया और पूर्व दिशा में चल पड़े। तजना नदी के किनारे पहुँच कर विद्रोही अपने मुँह–हाथ धोने नदी में उतरे। रौल खण्डों पर बैठकर

ताजी हवा का आनन्द लिया। कुछ विद्रोही कदाचित कहीं जाने के लिए जंगल में बिखर गए थे। इन्हें सूचना मिल चुकी थी कि खूंटी थाना के कुछ सिपाही गया मुण्डा को पकड़ने के लिए ऐटकेडीह पहुँचेंगे और ऐसा हुआ भी। खूंटी थाना से दो सिपाही और चौकीदार 5 जनवरी को प्रातः ऐटकेडीह पहुँचे और गया मुण्डा की खोज की। पूछताछ के बाद सिपाहियों को पता चला कि गया मुण्डा अपने साथियों के साथ तजना नदी गए हुए थे। पुलिस पार्टी तजना नदी की ओर चल पड़ी।

पुलिस की मृत्यु

खूंटी थाना ने दो कांस्टेबुल और इनके साथ तीन चौकीदार ऐटकेडीह किसी उद्देश्य से भेजे गये थे। मुण्डा गाँव में, जहाँ एक क्षण में सैकड़ों हथियारबंद युवक इकट्ठा हो जाते थे, यह छोटी सी पुलिस पार्टी की क्या उपयोगिता थी। जहाँ चारों ओर विद्रोही फैले हुए हैं, वहाँ एक छोटी पुलिस टुकड़ी कभी भी सीधी टक्कर नहीं ले सकती और इस पुलिस पार्टी का भी अपेक्षित अन्त हुआ।

गया मुण्डा की दृष्टि इस पुलिस पार्टी पर पड़ी। गया ने अपने साथियों से कहा कि शिकार आ रहा है। पुलिस ने जब विद्रोहियों की संख्या देखी तो समझ गए कि वह संभालने या बस के बाहर है। तो भाग कर प्राण बचाना ही उचित समझा। एक सिपाही और एक चौकीदार सूखी नदी पार कर पूर्व दिशा में भागे और बच गये। एक पुलिस और दो चौकीदार जंगल की ओर भागे किन्तु इस बीच गया मुण्डा के पुत्र सानरे ने तीर चला दिया। तीर सीधे कांस्टेबिल जयराम को जा लगा। घायल जयराम धान के खेत में गिर पड़ा। चौकीदारों ने भागकर अपनी जान बचायी। गया मुण्डा कुछ लोगों के साथ घायल जयराम के पास पहुँचा और सिर पर कुल्हाड़ी मार कर उसकी हत्या कर दी।

भागने वाले चौकीदार एवं पुलिस किसी प्रकार थाना पहुँचे और थानेदार को पूरी घटना का विवरण दिया। थानेदार के सम्मुख जयराम की लाश बरामद करने की समस्या थी। दोपहर को प्रधान कांस्टेबुल घटना स्थल पर पहुँचा और बड़ी चतुराई से साहस का परिचय देते हुए

जयराम को उठवाया और सैको होते हुए राँची पहुँचा दिया। सैकड़ों की संख्या में एकत्रित हथियारबंद मुण्डा टोली दूर से लाश उठाने की कार्यवाही चुपचाप देख रहे थे।

चुनौती

विद्रोहियों द्वारा पुलिस की हत्या एक बहुत बड़ी घटना थी। पुलिस कानून एवं व्यवस्था बनाए रखने की आधारभूत ईकाई होती है। यदि ऐसी कुछ घटनाएँ और घटित हो जायें तो 'पुलिस' का मनोबल टूट जायेगा और तब प्रशासन पंगु हो जायेगा। उपायुक्त स्ट्रीटफील्ड जो उस समय बंदगाँव में ठहरे हुए थे, समाचार सुनकर सकते में आ गए थे। उन्होंने इस घटना को प्रशासन के लिए एक चुनौती माना। इस घटना से विद्रोहियों का मनोबल ऊँचा हो गया था, और गया मुण्डा विद्रोहियों के नए नेता के रूप में स्थापित होने की प्रक्रिया में आ गए थे।

ऐटकेडीह और पड़ोस के अन्य गांव मुण्डा प्रधान क्षेत्र है। बिरसा मुण्डा के आन्दोलन के कारण मुण्डाओं में अपनेपन की भावना क्रमशः बलवती हो चुकी थी। मुण्डाओं से सम्बन्धित कोई घटना घटती थी, वह भी मुण्डा क्षेत्र में, तो सशस्त्र मुण्डाओं की भीड़ एकत्रित हो जाती थी। किन्तु सशस्त्र भीड़ असंगठित और उद्देश्यहीन होती थी। उनकी स्थिति तमाशाबीन की हो जाती थी। ऐटकेडीह में उपायुक्त स्ट्रीटफील्ड जब गया मुण्डा का घर जल रहा था, लगभग 100 मुण्डा युवक सशस्त्र एकत्रित हो चुके थे। यदि वे संगठित होकर स्ट्रीटफील्ड का विरोध करते तो अपनी छोटी पुलिस टीम के साथ उन्हें लौट जाना पड़ता। पर ऐसा कुछ नहीं हुआ। गया मुण्डा की पत्नी सहायता के लिए चिल्लाती रही किन्तु एक सौ मुण्डाओं की भीड़ जड़वत् खड़ी रही।

सिपाही की मृत्यु 5 जनवरी की प्रातःकाल की घटना है। इसकी सूचना उपायुक्त तक दोपहर पहुँची होगी। यदि गया मुण्डा अविलम्ब गिरफ्तार नहीं किया जाता तो पुलिसकर्मियों के पास गलत संदेश जाता। अतः उपायुक्त ने दारोगा इल्ताफ हुसैन को बुलाया और दूसरे दिन अर्थात् 6 जनवरी को प्रातःकाल गया मुण्डा को गिरफ्तार करने की योजना

बनाई। दूसरे दिन अर्थात् 6 जनवरी प्रातःकाल, उपायुक्त, दारोगा और कुछ सिपाहियों को लेकर बंदगाँव से ऐटकेडीह के लिए रवाना हुए।

उपायुक्त स्ट्रीटफील्ड अपनी पुलिस पार्टी के साथ जब गया मुण्डा के मकान के पास पहुँचे दिन के 11:00 बजे थे। परिवार के अधिकांश सदस्य घर के भीतर थे। पुलिस द्वारा मकान को चारों तरफ से घेर लिया गया था। दारोगा इल्ताफ हुसैन बाहरी दीवार के पास खड़ा था। मकान का बरामदा बिल्कुल खाली था। पक चुका भात चूल्हे पर से उतार कर जमीन पर रखा था। प्रतीत होता है परिवार भोजन करने के लिये इकट्ठा था अन्यथा पूरा परिवार एक साथ इकट्ठा नहीं मिलता।

परिवार के सदस्यों को आभास हो गया था कि पुलिस ने उन्हें घेर लिया है। अतः सभी लोगों ने अपने अनुकूल अस्त्र संभाल लिये थे। किन्तु सभी मौन थे। मुण्डारी में उन्हें सूचित किया गया कि वे चारों तरफ से घेर लिये गए हैं। बचकर भागना संभव नहीं है। अतः वे अपने को हथियार सहित समर्पित कर दें। इसी में सबकी भलाई है। पर मुण्डाओं पर इस चेतावनी का कोई प्रभाव नहीं पड़ा। स्ट्रीटफील्ड ने सूचित किया कि मैं डिप्टी कमिश्नर हूँ और तुम लोगों को आत्मसमर्पण का आदेश देता हूँ। गया मुण्डा ने चीखकर कहा कि घर उसका है और उसके घर में घुसने का अधिकार किसी को नहीं है। पुलिस से घिरे रहने पर भी गया मुण्डा एवं उसके परिवार के अन्य लोग अविचलित थे और पूरे साहस से टक्कर लेने को तैयार थे।

उपायुक्त स्ट्रीटफील्ड बिना किसी खून–खराबे के गया मुण्डा को गिरफ्तार कर लेना चाहते थे। उन्होंने दारोगा इल्ताफ हुसैन को भी निर्देश दिया था कि आत्म रक्षा के लिए ही हथियार का उपयोग करेंगे। किन्तु उपायुक्त ने गया मुण्डा की गिरफ्तारी को जितना आसान समझा था उतना सहज नहीं था। गया मुण्डा अत्यन्त दृढ़ स्वभाव का मुण्डा था वह अंग्रेजों के आगे सिर नहीं झुका सकता था।

दारोगा पर कुल्हाड़ी

इल्ताफ हुसैन दारोगा स्ट्रीटफील्ड के साथ गया मुण्डा को समझाने

का प्रयास कर रहा था कि हवा मे तैरती एक कुल्हाड़ी दारोगा के सिर पर जा लगी। दारोगा कुछ लड़खड़ाए किन्तु संभल गये। दारोगा के सिर पर बँधी हुई पगड़ी के कारण कुल्हाड़ी की चोट सहनीय थी। यदि पगड़ी न होती तो कुल्हाड़ी की चोट घातक हो सकती थी। वनगाँव से आयुक्त को लिखे अपने पत्र में उपायुक्त ने इस घटना का उल्लेख किया था। पत्र में दारोगा की प्रशंसा भी की गई थी।[3]

स्ट्रीटफील्ड के अनुसार मुण्डाओं को भयभीत करने के लिए उन्होंने अपनी पिस्तौल निकाली और छत की ओर लक्ष्य कर गोली चला दी। आशा थी कि पिस्तौल के भय से वे बाहर निकल आएंगे, पर ऐसा नहीं हुआ। गया मुण्डा एवं उसका परिवार यथावत् बैठा रहा। ऐसा लगता था कि बिना रक्त बहाये मुण्डा लोग बाहर नहीं निकलेंगे। उपायुक्त ने गया मुण्डा की बाँह को लक्ष्य कर गोली चला दी। बाँह में गोली मारने का उद्देश्य था कि उसके हाथ से तलवार छूट जायेगी और तब गया मुण्डा को सहजता से पकड़ा जा सकता था। किन्तु निशाना चूक गया और गया मुण्डा पहले की तरह खतरनाक बना हुआ था। उपायुक्त निर्णय नहीं ले पा रहे थे कि किस प्रकार गया मुण्डा और उसके परिवार को घर से बाहर निकाला जाये। पुलिस यदि संगीन का प्रयोग करती तो संगीन छिन जाने की संभावना थी। ऐसी स्थिति में पुलिस को अपनी प्राण रक्षा करना कठिन हो जाता।

गया का घर जलाना

अन्य कोई विकल्प न देख कर उपायुक्त ने गया के घर में आग लगा देने का निर्णय लिया। उसने गया मुण्डा को अन्तिम चेतावनी दी कि बाहर निकलो नहीं तो घर में आग लगा दी जायेगी। परिवार के लोगों की सहायता के लिए चीख पुकार और पुलिस द्वारा गया मुण्डा को पकड़ने का प्रयास भी गाँव के मुण्डाओं तक पहुँच चुका था और कुछ सशस्त्र मुण्डा पुलिस पार्टी के लिए घातक सिद्ध हो सकते थे। अतः ज्यादा समय न देकर गया मुण्डा को शीघ्र गिरफ्तार कर लेना उचित था।[4]

गया मुण्डा को दियासलाई दिखा कर अन्तिम चेतावनी घर जलाने की बात दी गयी थी। फिर भी घर से बाहर न आने पर आग लगा दी गई। हवा तेज रहने से आग फैलते देर न लगी। गया मुण्डा अपने परिवार के साथ बाहर आया। प्रत्येक के हाथ में कोई–न–कोई हथियार था। उसकी पत्नी माकी के हाथ में लम्बी लाठी थी, छोटा लड़का कुल्हाड़ी लिए हुए था। पोता रामू धनुष और दो तीर के साथ था। दो पुत्र–बधुओं में से एक के पास डौली और दूसरी के पास टांगी थी। तीन पुत्रियाँ थीगो, नामी और लेम्बू के पास क्रमशः लाठी, तलवार और टांगी थी।[5] गया मुण्डा अपना तलवार भांज रहा था। सभी का यह प्रयत्न था कि कोई उनके पास न आ सके।

उपायुक्त से मल्ल–युद्ध

झारखण्ड के शहीदों में गया मुण्डा का विशिष्ट स्थान है। उपायुक्त स्ट्रीटफील्ड के साथ उनकी उठा–पटक, मल्ल–युद्ध एक ऐसी घटना है जो असामान्य है। जलते हुए मकान से जब गया मुण्डा और उसका परिवार बाहर आया तो उनका प्रयास था कि उन तक पुलिस न पहुँच सके। अतः उनके पास जो हथियार था उससे अपनी सुरक्षा कर रहे थे। गया मुण्डा तलवार भांज रहा था। उपायुक्त का पहला निशाना गया मुण्डा था। उसकी गिरफ्तारी के उपरान्त अन्य सभी आत्मसमर्पण कर देते। सोच–विचार कर उपायुक्त ने गया मुण्डा के दाहिना कंधा और बांह को लक्ष्य कर पिस्तौल से दो गोली चलाई। उपायुक्त के अनुसार एक गोली उसके दाहिने कंधे में लगी थी। वह कुछ देर के लिए लड़खड़ाया, पुनः तलवार भांजने लगा।

उपायुक्त स्ट्रीटफील्ड आश्चर्यचकित थे कि किस मिट्टी का बना है, गया मुण्डा। गोली से घायल गया मुण्डा इस प्रकार तलवार भांज रहा था जैसे वह पूरी तरह स्वस्थ हो। समय बीतता जा रहा था। दूर खड़े मुण्डाओं की भीड़ बढ़ती जा रही थी। उपायुक्त ने सोचा यदि गया मुण्डा को जल्द गिरफ्तार न किया गया तो भीड़ खतरनाक हो सकती थी अतः उन्होंने पिस्तौल की अन्तिम गोली गया मुण्डा पर चला दी। अपने पत्र में

उपायुक्त ने स्वीकार किया है कि यह गोली गया मुण्डा की हत्या के लिए चलाई गई थी। गया मुण्डा बच गया।

पिस्तौल खाली हो जाने के बाद अन्य कोई साधन नहीं रह गया था। अतः उपायुक्त ने पिस्तौल छोड़ दी और एक झटके से गया मुण्डा से भिड़ गए। एक–दूसरे से गुथे हुए वे दोनों जमीन पर गिर गए और लड़ते–लड़ते मकान के सामने वाले बरामदे के कोने में चले गए। इस गुत्थम–गुथी में स्ट्रीटफील्ड ने गया की एक कलाई तेजी से पकड़ ली। इस उठा–पटक को पुलिस चुपचाप देख रही थी। गया की पत्नी माकी लाठी से उपायुक्त की पीठ पर मार रही थी। वे दोनों आपस में गुंथे लड़ रहे थे कि आग की लपटें उन तक पहुँचने लगी थी। कुछ देर में दोनों आग की लपटों से घिर जाते, अतः सिपाहियों ने उन दोनों को जो अब भी एक–दूसरे से गुंथे हुए थे, ऊपर उठाया और उन्हें बरामदे से बाहर लाए।[6] बाहर आने पर गया मुण्डा और उसके परिवार के लोग गिरफ्तार कर लिए गए। स्ट्रीटफील्ड ने उन पुत्र–वधुओं का भी उल्लेख किया है जिनके बांई हाथ में उनका बच्चा था और दाहिने हाथ में कुल्हाड़ी भांज रही थी। गया मुण्डा सहित परिवार के सभी उपस्थित सदस्य गिरफ्तार कर लिए गए।

यह घटना विद्रोहियों के मन में विदेशी सरकार के प्रति तीव्र घृणा और इसके सम्मुख न झुकने की हठ की द्योतक थी। अन्यथा गया मुण्डा एवं उसका परिवार पुलिस पार्टी के सम्मुख तुरंत समर्पण कर देते। बिरसा आन्दोलन का एक पक्ष यह भी था कि आदिवासियों के मन में अंग्रेजों के प्रति तीव्र घृणा की भावना भर दे। गया मुण्डा उसका परिवार गाँव और पास–पड़ोस के गाँवों के मुण्डा अंग्रेजों के प्रति घृणा से भरे हुए थे। गया उनका नायक था। उपायुक्त स्ट्रीटफील्ड के लिए 6 जनवरी की यह घटना कितनी अपमानजनक थी कि मुण्डा बधुएं एक हाथ से अपना बच्चा संभाले और दूसरे हाथ में टांगी संभाले अपनी रक्षा कर रही थीं। गया मुण्डा से स्ट्रीटफील्ड का द्वन्द, इतिहास की वस्तु हो गयी है। यह घटना गया मुण्डा के अदम्य साहस एवं वीरता का एक स्पष्ट प्रमाण है।

मुकदमा और सजा

बिरसा आन्दोलन सम्बन्धित की गई गिरफ्तारियों के कारण सत्र न्यायालय में मुकदमों का अम्बार लग गया था। सुविधा के लिए एक अपर सत्र न्यायाधीश पदस्थापित किए गए। जेल में आवश्यकता से अधिक कैदी होने से अव्यवस्था फैल गई थी। कचहरी में भी हलचल बढ़ गई थी। मुकदमे की सुनवाई में महीनों का समय लग जाता था। गया मुण्डा पर ऐकटेडीह में कान्सटेबुल जयराम की हत्या का आरोप था। इसी आरोप के अन्तर्गत गया के पुत्रों पर भी मुकदमा चला था। गया की पत्नी, पुत्री और पुत्र बंधुओं पर 6 जनवरी की घटना को आधार बना कर मुकदमा चलाया गया था, जब उपायुक्त स्ट्रीटफील्ड गया मुण्डा को गिरफ्तार करने के लिए ऐकटेडीह गए थे।

गया मुण्डा को फाँसी दे दी गई। वह मुण्डा देश की स्वतंत्रता के लिए शहीद हो गए। गया मुण्डा का पुत्र सानरे, जिसने कांस्टेबुल जयराम को तीर से मारा था, को फांसी की सजा से मुक्त करने की निजामत सरकार से दया–याचना अस्वीकार होकर वापस लौट आने के कारण, 22 अक्टूबर 1901, प्रातः 6:00 बजे फांसी दे दी गई। गया के एक अन्य पुत्र जयमासी को उपरोक्त काण्ड के अन्तर्गत आजीवन देश निष्कासन की सजा दी गई।

6 जनवरी 1900 को उपायुक्त स्ट्रीटफील्ड जब ऐकटेडीह में गया मुण्डा को गिरफ्तार करने के लिए आया था। गया मुण्डा की पत्नी माकी ने भी विरोध किया और पुत्री तथा पुत्र–वधु ने गया मुण्डा की गिरफ्तारी में बाधा डाली थी। अतः इस अपराध के लिये माकी को दो वर्ष सश्रम कारावास की सजा दी गई। गया की पुत्रियाँ एवं पुत्र– वधुओं को अनुकम्पा के आधार पर चूँकि मुकदमें के दौरान वे तीन माह जेल मे रह चुकी थी, एक दिन की, सश्रम कारावास की सजा दी गई थी। इस प्रकार गया मुण्डा का पूरा परिवार दण्डित हुआ था। यह दण्ड फांसी, आजीवन, देश निष्कासन से लेकर एक दिन के सश्रम कारावास तक था।

गया मुण्डा, बिरसा का दाहिना हाथ था। यद्यपि वह सरदार मूल का मुण्डा था किन्तु उसका पूरा परिवार बिरसा का भक्त था। जब बिरसा पूरी तरह विकसित भी नहीं हो पाया था, गया मुण्डा सरदारों से जुड़ा हुआ था और बाहरी लोगों द्वारा मुण्डाओं की हड़पी हुई जमीन वापस दिलाने में लगा हुआ था। उस समय विभिन्न ईसाई मिशनरीज मुण्डाओं की इस दुर्बलता का लाभ उठा रही थीं कि यदि वे ईसाई धर्म स्वीकार कर लेंगे और ईसाई बने रहेगें तो सरकार से कहकर ऐसे मुण्डाओं की जमीन लौटा दी जायेगी। यह एक बहुत बड़ा प्रलोभन था और गाँव के उरांव, मुण्डा इस आशा में कि उनकी जमीन वापस मिल जायेगी, मुण्डा, ईसाई धर्म स्वीकार करते जा रहे थे। धर्मान्तरित मुण्डाओं ने पहले तो अपने सरदारों पर जोर डाला था लेकिन जब मिशनों का यह वादा झूठा निकला तो धर्मान्तरित मुण्डा ईसाई फादरों को धोखेबाज कहने लगे और वकील जैकब का सहारा लेकर कानूनी कार्यवाही करने लगे थे।

गया मुण्डा भुक्त भोगी था तथा वह इस कार्य में ठेकेदारों का साथ दे रहा था कि कानूनी लड़ाई लड़कर जमीन वापस लेने का प्रयास किया जाय। गया मुण्डा ईसाईयों के प्रलोभन में नहीं आया था, तब वह ईसाईयों का घोर विरोधी था। बिरसा के ही समान वह ईसाईयों को आतंकित कर मुण्डा देश से भगाना चाहता था। सरदार मूल के मुण्डा भी बहुतायत से बिरसा के भक्त हो गए थे। सरदारों को बिरसा धर्मावलम्बियों के रूप में एक बड़ी शक्ति मिल गई थी। गया मुण्डा बिरसा भक्तों में प्रमुख था।

झारखण्ड के शहीदों में गया मुण्डा का विशेष स्थान है। यह पहला शहीद है जिसने गिरफ्तारी के क्रम में उपायुक्त से मल्ल–युद्ध किया था और जिसका पूरा परिवार फाँसी से लेकर एक दिन के सश्रम कारावास तक दण्डित था।

संदर्भ ग्रंथ सूचीः

1. Hoffmanne to Forbes, 14 Jan. 1900, Prog. No.33 6 August 1900, Home Department, National Archieves, New Delhi, उद्धृत बिरसा मुण्डा और उनका आन्दोलन, पृ. 232, क्रम. 8.

2. कुमार सुरेश, पूर्वोक्त, पृ. 112.
3. Streat field to Commissioner, Bandgaon Comp., 7 Jan. 1900. Progs, No. 335, August, 1900, Home Department, National Archieves, New Delhi, उद्धृत कुमार सुरेश सिंह, बिरसा मुण्डा और उनका आन्दोलन, पृ. 234, नं. 32.
4. V. Raghvaiah, Tribal Revolts, Andhra Rashtra Adimjai Seoak Sangh, Nellore, 1971, p. 135.
5. *Ibid.,* p. 135
6. *Ibid.,* p. 135.

अध्यायः चौदह

टाना भगत आन्दोलन

''जब तक हम (उरांव) अपना श्रम बेचते रहेंगे, गरीब बने रहेंगे।''

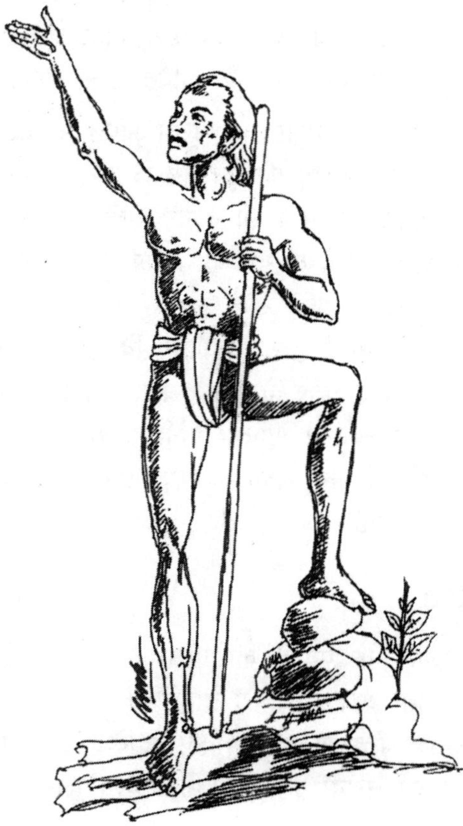

जतरा उरांव

झारखण्ड के शहीदों में जतरा उरांव का विशिष्ट स्थान है। जतरा किसी जनजातीय विद्रोह या देश के स्वतंत्रता संग्राम से सम्बन्धित नहीं था अपितु उसकी लड़ाई उन सामाजिक कुरीतियों, भूत–प्रेत के अन्ध–विश्वासों एवं उन अत्याचारों के विरूद्ध थी जो जनजातियों का शताब्दियों से शोषण कर रहा था। बीस वर्शीय जतरा के युवा मन में उठते ये विवाद जन–समर्थन के कारण एक 'आन्दोलन' का रूप ग्रहण कर चुके थे। सामाजिक, धार्मिक तथा शोषण के विरूद्ध आर्थिक सुधार का यह तृपक्षीय आन्दोलन जितना ही उरांव जनजाति में लोकप्रिय हो रहा था उतना ही जमींदारों, ठीकेदारों एवं अंग्रेजी सरकार के लिए चिन्ता का विषय होता जा रहा था। जमींदार एवं सरकारी कर्मचारियों एवं जेल के अधिकारियों की मिली भगत से जतरा को जेल में इतनी यातना दी गई कि उसके मृत्यु की व्यवस्था जेल में ही कर दी गई थी। जेल से छुटने के उपरान्त बाईस वर्षीय जतरा, जिसका शरीर पूरी तरह टूट चुका था, दो महीने भी जीवित न रह सका था।

व्यक्ति के मरने से आन्दोलन नहीं मरता अपितु आन्दोलन और तीव्रतर हो जाता है। 1857 के विद्रोह को कुचलने के क्रम में गिरफ्तार स्वतंत्रता सेनानियों को बात ही बात में फॉसी दे दी जाती थी। चतरा के मैदान में सैकड़ों सैनिकों को फॉसी दे दी गई थी उनको दफनाने के लिए जगह की कमी पड़ गई और तीन गड्ढ़े खोद कर उसमें लाशें भर दी गई। ऐसे अमानवीय अत्याचार अंग्रेजों द्वारा किये गए किन्तु स्वतंत्रता का आनेलन नही रूक पाया, अपितु तीव्रतर हो गया। जतरा का बलिदान निरर्थक नहीं गया। ताना भगात आन्दोलन महात्मा गांधी के संरक्षण में अपनी पहचान अखिल भारतीय स्तर पर बना सका था। एक समय ताना भगतों की संख्या 2,60,000 तक पहुँच गई थी।

गौरवमय अतीत

उरांव जनजाति के पूर्वजों का प्रारम्भिक जीवन दक्षिण भारत के वन–प्रान्तरों में बीता था। क्रमशः वे द्रविड़ों के सम्पर्क में आए और एक लम्बी अवधि उनके बीच व्यतीत भी किए। द्रविड़ उस समय सभ्यता की ऊँची चोटी पर थे। उरांवों के पूर्वजों ने द्रविड़ मूलक भाषा सीखी, जो

कालान्तर में "कुडुख" भाषा कहलाई। एक लम्बे समय तक उनके बीच रहने के उपरान्त कुछ टोलियों में उरांवों के पूर्वज नए स्थान की तलाश में निकल पड़े। इस क्रम में विन्ध्य की पहाड़ियाँ पार कर रीवां होते हुए शाहाबाद पहुँचे। शाहाबाद को राजधानी मानकर उनके एक मुखियाकरष ने करूष–देश की स्थापना की।

शाहाबाद में उरांवों के पूर्वज आर्यों के सम्पर्क में आए और आर्यों से उनका खान–पान, रहन–सहन भली भांति प्रभावित हुआ। शुद्धताव और पवित्रता जीवन का एक आवश्यक अंग हो गया था। वे माथे पर चन्दन का टीका लगाते थे तथा जनेऊ या पवित्र धागा पहनते थे। उनकी सामाजिक प्रतिष्ठा आर्यों के ब्राह्माणों के सम–तुल्य हो गई थी। ताना भगतों का विश्वास है कि जब वे छोटानागपुर में प्रविष्ट हुए थे उनका सामाजिक जीवन अपनी प्राचीन गरिमा से युक्त था किन्तु मुण्डाओं के सम्पर्क में आने के उपरान्त उनका खान–पान निकृष्ट हो गया, जनेऊ उतार दिया तथा सामाजिक जीवन में वे निचले स्तर पर आ गए। जतरा रांव तथा उसके अनुयायी अतीत के गौरवमय समाज की पुनर्प्रतिष्ठा के लिए कृत संकल्प थे। तानाभगतों ने उरांवों को एक नारा दिया था "उरांव समाज कुडुख समाज"। पूर्वजों के कुडुख समाज का चित्र उरांवों के सामने था और प्रेरणादयक था।

टाना भगत आन्दोलन

उरांव का धर्म एवं समाज छोटा नागपुर प्रवेश के पूर्व ऊँचे स्तर पर था। किन्तु छोटा नागपुर प्रवेश के उपरान्त क्रमशः उसमें गिरावट प्रारंभ हुई थी जिसमें मुण्डा समाज की महत्वपूर्ण भूमिका थी। कुडुख धर्म में भूत–प्रेत का आयात मुण्डा धर्म प्रणाली से हुआ था।[1] उरांव ना तो भूत–प्रेत को जानते थे ना ही उनकी पूजा विधि की जानकारी थी। अतः जब उरांव के लिए मुण्डा घर जमीन छोड़कर जा रहे थे तो कुछ मुण्डाओं को रोक लिया गया जो इस विद्या के जानकार थे। जिससे कि समय–समय पर भूत–प्रेतों को चढ़ावा–चढ़ाकर संतुष्ट व शांत रखा जाए। समय व्यतीत होता गया। एक समय ऐसा आया कि छोटा नागपुर की समस्त जनजातियाँ भूत–प्रेतों से आक्रांत हो गई थीं। छोटी सी छोटी दुखदायी

घटना पर मान लिया जाता था कि ये भूत–प्रेतों का काम है। ऐसे समय पर सोखा, माती, ओझा का प्रादुर्भाव हुआ, जिसका यह काम था कि भूत–प्रेतों को पहचानकर उन्हें संतुष्ट व शांत करें। इसके लिए मुर्गे अथवा बकरे की बलि, शराब तथा पारिश्रमिक राशि भी देनी पड़ती थी जो एक खर्चीला साधन था। इस सारे प्रसंग से तीन बातें स्पष्ट होती थीं पहला भूत, ओझा, माती व सोखा से अधिक शक्तिशाली हैं जिसके लिए वह पूजा, प्रार्थना तथा विनती करता था। दूसरा भूत पीड़ित रोगी को छोड़कर जा भी सकता था या नहीं। यह उसकी मर्जी थी कि वह पूजा–प्रार्थना स्वीकारता है या नहीं भी जा सकता था। तीसरी बात यह थी कि भूत चढ़ावे के लालच में वापस दोबारा भी आ सकता है।

ऐसा विपरीत धर्मी काल में भगत सम्प्रदाय का उद्भव हुआ। उसने प्रारम्भिक प्राचीन उरांव समाज को मदुवा उरांव से सम्बोधित किया अर्थात् सर्वहारी। मांस, मछली, शराब, नशा आदि का सेवन करनेवाला अशुद्ध एवं विलासी उरांव। वे सादा तथा सात्विक जीवन व्यतीत करते थे। स्वप्न में महादेव के निर्देशानुसार महादेव पिंड पाकर उस स्थान पर महादेव कुटी स्थापित करते थे तथा फल–फूल व मिष्ठान से पूजा–अर्चना किया करते थे। भगत लोग महादेव का कठिन ध्यान व साधना घण्टों किया करते थे। लोगों का विश्वास था कि साधना द्वारा भक्तों में महादेव की शक्ति आ जाती है। इनके पास उपचार हेतु जब कोई रोगी जाता तो भगत कुछ मंत्रों तथा अन्य क्रियाओं द्वारा भूत की पहचान कर लेता था। तदन्तर क्रोध में आकर पीड़ित को छोड़कर भाग जाने का आदेश देता व चेतावनी देता कि अगर वह दोबारा वापस आएगा तो उसके हाथ–पैर तोड़ दिए जाएँगे।[2]

इस प्रकार भगतों के आ जाने से भूतों का समस्त समीकरण गड़बड़ा गया। पूजा, चढ़ावा, प्रार्थना के विपरीत भूतों को भार भगाने की बात की जाने लगी। भूतों के वर्चस्व का भय जाता रहा। इन परिस्थितियों में टाना भगत आन्दोलन के जनक जतरा उरांव का जन्म 1888 ई. में वर्तमान गुमला जिला के विशुनपुर प्रखण्ड के अंतर्गत चिंगरी नवाटोली के कोहरा भगत के यहाँ हुआ। कहा जाता है कि जतरा उरांव का जन्म गाँधी के

जन्म दिवस 2 अक्टूबर को हुआ था और इस दिन आज वहाँ एक मेले का आयोजन होता है। जतरा का प्रारंभिक जीवन गाँव में ही व्यतीत हुआ। बचपन से ही वे शांत व गंभीर स्वभाव के थे। उनके इस स्वभाव से प्रभावित उनके पिता ने उन्हें ओझा बनाने की सोची। गाँव से थोड़ी दूरी पर हेसाग गाँव में एक प्रसिद्ध ओझा तुरिया भगत के यहाँ इन्हें ओझा विद्या हेतु भेजा गया। जतरा पूरी भक्ति से प्रशिक्षण प्राप्त कर रहा था साथ–साथ जड़ी–बूटी का ज्ञान भी हासिल कर रहा था। पर उसके मन में यह बात आती थी कि यदि भूत ने मरीज को पकड़ रखा है तो उसे मुर्गे की बलि देकर किस प्रकार छुड़ाया जा सकता हैं, मुर्गे की आशा में भूत मरीज को और गहराई से पकड़े रखेगा, इससे तो अच्छा है कि भूंईफूट महादेव भक्तों की तरह भूतों की पूजा–प्रार्थना करने की अपेक्षा उन्हें मार भगाया जाए।

जतरा ने अपने जीवन में जमींदार व ठेकेदार द्वारा उरांव पर किया जाने वाला अत्याचार देखा था। महाजनों से शोषित उरांव की गरीबी, भूतों का बढ़ता प्रकोप भी देखा था। वह चिन्तित रहता था कि किस प्रकार उरांव समाज की आर्थिक स्थिति में सुधार लाया जाए। क्रमशः उनके युवा मन में यह विचार दृढ़ होता चला जा रहा था कि जब तक उरांव इधर–उधर भटकते रहेंगे उनकी स्थिति निरंतर खराब होती जाएगी। उनके मात्र एक ही देवता है *धर्मेश* और उनकी एकनिष्ठ भक्ति ही उरांव के जीवन में सुधार ला सकती है। यह जतरा के जीवन का निर्माण काल था।

एक रात जब जतरा प्रशिक्षण लेकर वापस लौट रहे थे तो धर्मेश उनके सामने प्रकट हुए तथा जतरा को ओझा–माती का प्रशिक्षण छोड़ देने को कहा क्योंकि इसमें जीव हत्या के साथ–साथ भूतों की पूजा होती है।[3] कुडुख धर्म में किसी प्रकार की जीव हत्या वर्जित है। धर्मेश ने जतरा को निर्देश दिया कि वह भगवान के निर्देशों से लोगों को परिचित कराए व सही रास्ता दिखलाए। यह कह कर धर्मेश अंतर्ध्यान हो गए।

यह एक ऐसी घटना थी जिसे फैलने में देर नहीं लगी। दूसरे दिन सुबह से ही जतरा के घर में दर्शनार्थियों की भीड़ लगने लगी। जो भी

सुना वह जतरा के घर चल पड़ा। जतरा ने बताया कि भगवान एक ज्योतिपुण्ज के समान थे। भगवान धर्मेश के द्वारा दिए गए निर्देशों को उन्होंने इस प्रकार बताया–

(i) उरांव को शुद्ध व सादा जीवन व्यतीत करना चाहिए, इससे ईश्वर की कृपा बनी रहेगी।

(ii) किसी भी तरह की जीव हत्या वर्जित है, जब हम प्राण दे नहीं सकते हैं तो प्राण लेने का भी अधिकार नहीं है तथा हमें माँस नहीं खाना चाहिए।

(iii) प्रत्येक दिन प्रातः स्नान कर भगवान की पूजा करनी चाहिए। पूजा के पूर्व कुछ भी खाना वर्जित है।

(iv) किसी भी प्रकार का नशा, दारू, हड़िया का सेवन नहीं करना चाहिए और न ही ऐसे व्यक्ति के साथ भोजन करना चाहिए।

(v) धुमकुड़िया, अखाड़ा या कहीं भी नृत्य संगीत वर्जित है क्योंकि सादा जीवन में नृत्य संगीत का कोई स्थान नहीं।

(vi) शिकार खेलना वर्जित है।

(vii) पशुओं को मारना या पीड़ित करना पाप है, विशेषकर बैल से हल या गाड़ी खींचना। ताना भगत बैल के स्थान पर भैंस का प्रयोग करने लगे।

जतरा ने भगवान के नाम पर कुछ निर्देश दिए थे जो विशेष प्रकार के शुद्ध समाज के विकास में सहायक सिद्ध हुए थे। इन नियमों के अतिरिक्त जतरा ने एक नियम पर विशेष बल दिया कि उरांव अपनी जाति के अतिरिक्त अन्य किसी को अपना श्रम नहीं बेचेंगे। जब तक उरांव अपने श्रम से दूसरों का घर भरते रहेंगे उन्हें गरीबी से मुक्ति नहीं मिलेगी।

देखने में यह एक साधारण नियम प्रतीत होता था कि श्रम उरांव का है, काम करें या नहीं करें। बाध्यता क्यों? पर भविष्य में इस नियम ने गंभीर रूप धारण कर लिया था। इस आन्दोलन का उद्देश्य था कि उरांव अपनी गिरी हुई वर्तमान सामाजिक, आर्थिक, धार्मिक स्थिति से ऊपर

उठकर अपने पूर्वजों के कुडुख समाज एवं धर्म की ऊँचाई प्राप्त करने का प्रयास करें। ऊपर उठने की लालसा उरांवें के मन में प्रबल थी अतः कम समय में ही आन्दोलन काफी सफल हो गया। कहा जाता है कि रांची, पलामू और हजारीबाग जिले में टाना भगतों की कुल संख्या उस समय 2,60,000 हो गई थी।[4]

टाना भगत के भजनों एवं प्रार्थनाओं में टाना शब्द का बहुतायत से प्रयोग होता था। टाना शब्द का अर्थ है टानना या ऊपर खींचना। भूतों को खींचकर मार भगाना तथा समाज व धर्म को टानकर ऊँचे स्तर पर ले जाना। जिस गाँव में भूतों का निष्कासन होता था उस गाँव के लोग अर्धरात्रि में गाँव के किनारे एक निश्चित स्थान पर एकत्र होते। वे अर्धचन्द्राकर पंक्ति बनाते हुए खड़े हो जाते तथा धर्मेश, सूर्य, चाँद व अन्य देवी–देवताओं के भजन गाते। इन खड़े लोगों में से कोई एक व्यक्ति अचानक इस प्रकार की मुद्रा बनाने लगता कि उसके ऊपर गाँव का भूत सवार हो गया हो। अर्थात् गाँव का भूत गाँव त्याग कर उस व्यक्ति पर सवार हो गया है। सहसा वह व्यक्ति अन्य व्यक्तियों को छोड़ थोड़ी दूरी पर जाकर खड़ा हो जाता। भजनों की आवाज तेज हो जाती, भीड़ पूरे आवेश में आ जाती थी। एक स्वर में पैर पटकते हुए भूत भागो–भागो कहते हुए भीड़ गाँव की दूसरी सीमा तक कल्पित भूत को खदेड़ देते थे। अंत में गाँव का महतो एक बकरा गाँव की बाहरी सीमा से कुछ दूर दूसरी दिशा में छोड़ देता।[5] मान लिया जाता था कि गाँव भूत–प्रेतों से मुक्त हो चुका है। रात के सन्नाटे में भूत'–प्रेत भगाने की यह क्रिया जमींदारों व महाजनों हेतु भय व आतंक से भरी होती थी। जब भीड़ निकट आती प्रतीत होती तो जमींदार अपनी कोट के ऊपरी मंजिल में जाकर छिप जाता था।[6] यही हालत महाजनों की भी थी। इसकी शिकायत अंग्रेज अधिकारियों तक पहुँची जाँच हेतु दारोगा नियुक्त किया गया। ऐसा ही एक भूत भगाने का आयोजन दारोगा ने देखा। उसे कुछ समझ में नहीं आया पर इतना निश्चित समझ गया कि रात्रि में ऐसा आयोजन खतरनाक भी हो सकता है। अतः सरकारी आदेश से ये आयोजन बंद कर दिया गया।

इस हस्तक्षेप से उरांवों में अंग्रेजों के प्रति असंतोष व्याप्त होने लगा। जतरा भगत अपने अनुयायियों के बीच जितना प्रसिद्ध होता जा रहा था प्रशासन, जमींदारों व महाजनों के बीच उतना ही असहनीय। श्रम न बेचने के नियम के कारण उरांव द्वारा दूसरे जातियों के लिए कार्य करने से इंकार करने पर समस्त आर्थिक क्रियाएँ चरमरा कर टूट रही थीं। जतरा के विचारों से प्रभावित उरांवों ने निश्चय कर लिया था कि दूसरी जातियों का काम नहीं करेंगे। कुछ उरांवों ने जिनके पास बैल था और उसका उपयोग सामान ढ़ोने में अपनी असमर्थता जाहिर कर सके।[7] जमींदार व महाजन हाथ पर हाथ रखकर अपने उजाड़ खेतों को देख रहे थे। जमींदारों ने ऐसा कभी नहीं सोचा था। वे सरकारी अधिकारियों के पास फरियाद करने लगे। इस बीच प्रथम विश्वयुद्ध छिड़ चुका था। जर्मनों के विजय की चर्चा हुआ करती थी। बंगाल इससे ज्यादा प्रभावित था। अतः अनपढ़, अज्ञानी किन्तु धार्मिक दृष्टिकोण से उत्साहित टाना भगतों ने जर्मन को देश न समझ कर एक अज्ञात शक्तिशाली देवता मान लिया[8] जो अंग्रेजों को यहाँ से भगाकर उन्हें मुक्ति दिलाएगा। अतः कुछ स्थान पर जर्मन बाबा का भी प्रार्थनाओं में आह्वान किया जाने लगा।

इन सबके कारण जतरा भगत सरकार की नजर में खटकने लगा। किन्तु ऐसा कोई ठोस कारण नहीं मिल पा रहा था कि जतरा को कानूनी गिरफ्त में लिया जा सके। जतरा का आन्दोलन एवं नीति पूर्णतः अहिंसक थी। उस समय ठेका का काम सरकारी अधिकारियों व ईसाई मिशनरियों को मिलता था। जतरा भगत के ग्राम के निकट डोकोटोली में एक स्कूल भवन निर्माण कार्य चल रहा था। आधा से ज्यादा काम पूर्ण हो चुका था कि उरांवों ने काम बंद कर दिया।[9] स्कूल निर्माण से संबंधित ठेकेदार सरकारी अधिकारियों से याचना करने लगे। अंतः निश्चित किया गया कि जतरा भगत को गिरफ्तार कर लिया जाए। स्थानीय पुलिस आई तथा जतरा तथा उनके सात अनुयायियों को गिरफ्तार कर लिया। सब डिविजनल मजिस्ट्रेट गुमला की अदालत में उन्हें पेश कर उन पर जाति को भड़काने व दंगा फसाद का आरोप लगाकर 1½ वर्ष के सश्रम

कारावास की सजा दी गई।[10] सजा पूरी कर जब जतरा जेल से बाहर आया तो उसका शरीर टूट चुका था। जतरा पुनः उठ नहीं सका व शीघ्र ही उसकी मृत्यु हो गई।[11] कहा जाता है कि जमींदार, महाजन जो जतरा से त्रस्त थे, उन्होंने जेल में उन्हें बहुत प्रताड़ित करवाया।

जतरा का बलिदान निरर्थक नहीं गया। यद्यपि जतरा भगत की भूमिका टाना भगत आन्दोलन को व्यवस्थित करने में प्रमुख थी। अब यह आन्दोलन व्यक्ति आधारित न हो संस्था का रूप धारण कर चुका था। जतरा भगत के द्वारा छेड़ा गया असहयोग आन्दोलन एक और बड़ा कदम था। जतरा ने अपने अनुयायियों से कहा था कि जब यह जमीन, बाग–बगीचा, खेत–खलिहान हमें अपने पुरखों से प्राप्त है तो लगान अंग्रेजी सरकार को क्यों दें, लगान मत दो। यह बात जंगल में आग की तरह फैल गई और टाना भगतों ने लगान देना बंद कर दिया था। लगान की बकाया वसूली में सरकार ने टाना भगतों की हजारों एकड़ जमीन नीलाम कर दी गई किन्तु इस आन्दोलन में इतनी शक्ति आ गई थी कि स्थानीय गुरूओं के प्रयास से यह आन्दोलन चलता रहा। जिसे रोक पाना संभव नहीं था।[12] टाना भक्तों ने अपनी जीवन शैली व आदर्शों को गाँधी के जीवन शैली व आदर्शों के अनुरूप पाया था। अंततोगत्वा अंग्रजों को लगान न देने के अहिंसक आन्दोलन में उन्हें गाँधी का संरक्षण प्राप्त हो गया। इससे इनकी पहचान अखिल भारतीय स्तर पर हो गई। राँची के उपायुक्त छोटा नागपुर के आयुक्त को लिखे अपने पत्र में ताना भगतों की बढ़ती शक्ति के विषय में चिंता व्यक्त की थी।[13] 1931 में जब गाँधी ने सविनय अवज्ञा आन्दोलन प्रारंभ किया तो टाना भगतों ने कुडु थाना के सिद्धु भगत के नेतृत्व में पहली बार इस स्वतंत्रता आन्दोलन में भाग लिया। गया तथा रामगढ़ में आयोजित कांग्रेस के अधिवेशनों में टाना भगतों ने भाग लिया।[14] गाँधी टाना भगतों को सर्वाधिक प्रिय अनुयायी मानते थे। आखिरकाल जब भारत स्वतंत्र हुआ तो भारत सरकार ने टाना भगतों की जमीन पर लगान माफ कर दिया किन्तु गाँधी के वादे के मुताबिक टाना भगतों को अपनी नीलाम की गई जमीन के वापस होने का अभी तक इन्तजार है।

सितम्बर, 2014 को जब राहुल गांधी राँची दौरे पर आए तो नादान टाना भगतों की उनसे मिलकर अंग्रेजी हुकूमत के समय उनकी नीलाम की गई जमीन वापसी का उन्हें वादा याद दिलाने का प्रयास किया। सच पूछा जाए तो यह आन्दोलन अभी जारी है।

संदर्भ ग्रंथ सूचीः

1. Roy, S. C. "Oraon Religion and Custom," Gyan Publishing House, Delhi, 1999, p. 341.
2. *Ibid* - p. 307
3. *Ibid* - p. 341
4. Kumar N. - "Bihar District Gazetteer Ranchi," Revenue Department Secretariat Press, Govt. of Bihar, Patna,1970, p. 73.
5. Roy, S. C. - O.R.C., p. 351.
6. *Ibid* - p. 344.
7. Kumar N. - R. G. p. 74.
8. Dhan O. Rekha, - T. R. I. Bulletin, July 1960 p. 253.
9. Roy, S. C. - p. 342.
10. Kumar N. - R. G. p. 71.
11. Kumar N. - R. G. p. 73.
12. (a) Dhan O. Rekha - op.cit. p. 160.
    (b) B. Birottam. झारखंडः इतिहास एवं संस्कृति, बिहार हिन्दी ग्रंथ अकादमी, पटना, 2006, पृ. 352.
13. Deputy Commissioner, Ranchi to Comm of Chotanagpur, 9 March, 1921, K. K. Datta : Freedom Movement in Bihar, Vol. I, 1857, p. 338.
14. (a) Dhan O. Rekha - op.cit., p. 160.
    (b) B. Birottam - op. cit., p. 352.

अध्यायः पंद्रह

"दुका हो" 1931 हरिबाबा आन्दोलन

कोलहान के दुका हो ने "हो" तथा संताल जनजाति को एक सूत्र में बाँध कर ऐसी संस्था को जन्म दिया जो स्वतंत्रता आन्दोलन का साथ निभाता हुआ समाहित हो गया।

अंग्रेजों के कदम झारखण्ड की धरती पर पड़ते ही विद्रोह का जो सिलसिला प्रारम्भ हुआ वह किसी ना किसी रूप में आजादी तक चलता रहा। विद्रोह के कई कारणों में प्रमुख पूर्वजों द्वारा निर्मित कृषि जमीन थी जो उनकी आर्थिक अवस्था के साथ–साथ उनकी धार्मिक मान्यताओं से भी जुड़ी हुई थी और अंग्रेजी हुकूमत की अर्थ लोलुपता के कारण महाजन एवं जमींदारों का शोषण जारी रहा, जो उनकी भावनाओं को आघात पहुँचाते रहते थे। 1925 ई0 में गाँधी जी यहाँ आए और बिरसा एवं टाना भगत के अनुयायियों से बहुत प्रभावित हुए। मुण्डा एवं उरांव जनजाति का एक वर्ग उनके असहयोग आन्दोलन में कूद पड़ा।[1] एक आश्रम में 400 लोग चरखा चलाने लगे।[2] अब इन आदिवासियों में भी टैक्स का बहिष्कार एवं गाँधी राज आएगा का संदेश हवा में तैरने लगा।

अक्टूबर–नवम्बर 1930 में एक संताल व्यक्ति सिलू उर्फ तारा चन्द के राजाबासा (दालभूम) में स्वयं को वरदानी चंगाईकर्त्ता घोषित कर दिया और दावा किया कि उनमें दैवीय शक्ति विद्यमान है। उन्होंने लोगों को मदिरा से दूर रहने का उपदेश दिया।[3] उसने कहा कि ईश्वर ने पृथ्वी की संरचना की है किसी राजा ने नहीं। अतः प्रश्न ही नहीं उठता है कि भूमि राजस्व (टैक्स) जमींदार या सरकार को दिया जाए।[4] 13 मई 1931 ई0 को राजावासा में एक विशाल जनसमूह एकत्रित हुआ और आजादी के जोश में टेलीफोन के तार नोंच डाले।[5] उन्होंने स्थानीय अधिकारियों को भी धमकाया कि वह ब्रिटिश सैनिकों की परवाह नहीं करता क्योंकि उनके पास बिना वर्दी के विशाल सेना है जिनका ब्रिटिश बंदूक बाल–बांका भी नहीं कर सकती और इसी सेना के सहयोग से वह स्वराज हासिल करके रहेगा।[6] एक दिन सुबह को ताराचंद को गिरफ्तार कर लिया गया उन्होंने टेलीफोन तार तोड़ने के आयोजन की बात स्वीकार कर ली थी।

इन्हीं गतिविधियों के बीच दालभूम में एक नए सम्प्रदाय का उदय हुआ जिसके प्रतिपादक सरायकेला निवासी दुका हो थे,[7] जो बाद में हरिबाबा के नाम से अत्यन्त लोकप्रिय हुए। उसने चक्रधरपुर के उत्तर–पश्चिम में 12 मील दूर चिटपिल के निकट जमटीगढ़ा के जंगल में आश्रम बनाया। शीघ्र ही उनसे आशीर्वाद प्राप्त करने तथा पूजा सम्पन्न कराने

के लिए भीड़ एकत्रित होने लगी।[8] उन्होंने पारम्परिक शुद्धता एवं एकाग्रता पर जोर दिया। उनके शिष्यों में 'हो' जनजाति की बाहुलता थी। हरिबाबा ने डायन विद्या से दूर रहने को कहा तथा डायनों के सत्यानाश करने का निश्चय किया। इसके लिए उसने गाँव के पुरोहितों मानकी मुण्डा को विशेष आशीर्वाद दिया इससे उसका प्रभाव और अधिक व्यापक हुआ। जहाँ मानकी मुण्डा शक्तिशाली एवं प्रभावी थे वे हरिबाबा आन्दोलन के प्रति उदासीन रहे किन्तु जहाँ मानकी मुण्डा युवा एवं शक्तिहीन थे, वे अपनी शक्ति एवं प्रभाव बढ़ाने के लिए इसमें शामिल हो गए।[9]

उस समय कांग्रेस का प्रमुख केन्द्र चक्रधरपुर था। 19 जुलाई 1931 को हरिबाबा कांग्रेस मुख्यालय गए थे किन्तु वह भूमि लगान न देने का उपदेश नहीं देना चाहता था और ना ही उन्होंने खद्दर धारण किया। लेकिन ताराचंद के चेले जयचंद से संबंध बढ़ाना उन्होंने बेहतर समझा। जयचंद ने खरसांवा से 7 मील दूर हुरूनगिया को अपना निवास स्थान बनाया जो रांची जिले के तमाड़ के निकट ऊँची पहाड़ी की तलहटी पर स्थित था। दोनों प्रतिनिधि आपस में विचार–विमर्श करते थे और दोनों ही क्रमशः हो और संतालों के बीच लोकप्रिय थे। ताराचंद ने विद्युत गति से हरिबाबा का प्रचार प्रारम्भ किया। हरिबाबा ने घोषणा की कि यदि 'हो' उनके निर्देशानुसार चले तो उन्हें अद्भुत अलौकिक आनन्द की प्राप्ति होगी। इस सम्प्रदाय में प्रवेश की प्रक्रिया अत्यन्त जटिल थी। आवेदित को गाँव घर छोड़कर पत्नी बच्चों समेत पवित्र सरना स्थल में पूरे एक सप्ताह रहना पड़ता था। दिन में एक बार भोजन करना पड़ता था। एक सप्ताह बाद ही हरिबाबा सम्प्रदाय का पुरोहित कुछ प्रतिनिधियों के साथ पूजा सामग्री लेकर पहुँचते तथा विभिन्न प्रकार अनुष्ठान कर उन्हें अपने सम्प्रदाय में शामिल करने की घोषणा करते। हरिबाबा ने कुछ उपदेश इस प्रकार दिएः–

1. सिंगबोंगा सर्वोच्च देवता है
2. प्रतिदिन स्नान करना चाहिए और महिलाओं को सुबह–शाम दो बार स्नान करना चाहिए।
3. पवित्र धागा धारण करना चाहिए

4. मांस–मछली का सेवन नहीं करना चाहिए
5. शराब नहीं पीना चाहिए
6. बृहस्पतिवार आराम का दिन है, आराम करना चाहिए और पशुओं को भी आराम करने देना चाहिए।
7. सुअर गंदा है, मुर्गा–मुर्गी घर का खाना गंदा करते हैं और काली बकरी में दुष्टात्मा का वास होता है। अतः इन्हें नष्ट कर देना चाहिए।

किन्तु हो और संतालों में मतभेद थे। उन्हें एकसूत्र में बाँधने के लिए सर्वमान्य धर्म एवं संगठन सहायक हो सकते थे।[10] ताराचंद जेल से जमानत पर छूटते ही सीधा खरसांवा के सीमावर्ती क्षेत्र में जा पहुँचा। सरायकेला, खरसांवा एवं तमाड़ क्षेत्र से उसने तीन से चार हजार कोल, भूमिज एवं संताल को एकत्रित किया और राज आरक्षित वन से विशाल वृक्ष और दूसरे वृक्ष को काट कर हुरंगदा में मंदिर तथा घर बनाने का आह्वान किया। हजारों पेड़ काट डाले गए। बिना सरकारी अनुमति के यह कृत्य प्रशासन के लिए असह्य था। 25 जुलाई को सिनि में ताराचंद को गिरफ्तार करने पुलिस पहुँची। तब तक तीन–चार हजार समर्थक पहुँच गए। उसने पुलिस की बेइज्जती की और भगा दिया। मायूस पुलिस खाली हाथ खरसांवा वापस पहुँची।[11] 27 जुलाई को जयचंद एवं उनके 11 समर्थकों को गिरफ्तार कर लिया। उसी दिन दुका हो 300 लोगों के समक्ष बंदी बना लिया गया। दुका शालीन बने रहे। जयचंद पर पुलिस को जलील करने तथा दुका पर डायन खोज की बुरी शुरूआत करने, तितलियों को प्रताड़ित करने तथा क्षेत्र में शांति भंग करने का आरोप लगा। इस जन आन्दोलन को राजनीतिक आन्दोलन में परिवर्तित होने से पहले ही कुचल दिया गया। अतः इन नेताओं के विरूद्ध 1931 में कारवाई बंद कर दी गई।[12]

इस आन्दोलन का राजनीतिक पक्ष गौण हो गया किन्तु धार्मिक भावना प्रबल बन कर उभरी। हरिबाबा को उनके चेलों ने स्वीकार किया कि वे अंग्रेजों के विरूद्ध लड़ाई लड़ रहे थे।[13] जेल से छूटने के बाद

हरिबाबा लापता हो गए। उनकी मूर्ति बनाई गई। कमर के नीचे का भाग पत्थर का था तथा ऊपर का भाग रक्त एवं मांस स्वरूप बनाया गया जिसके सिर के बालों की लम्बी दो चाटियों में से एक से दूध तथा दूसरे से पानी बहता था। दोनों चोटियों में अलौकिक शक्ति थी जो स्वास्थ्य एवं सम्पदा की प्रतीक थी[14] हरिबाबा के शिष्यों ने आन्दोलन को एक धार्मिक संस्था का रूप दिया। किसी भी संस्था के संचालन एवं व्यवस्था के लिए पैसे की आवश्यकता पड़ती है। अतः पुनः भूत भगाने की प्रक्रिया ने व्यापक रूप धारण किया। नगाड़ा और गोंगा की तीव्र ध्वनि, अनवरत वादन करते उनके चेले, नाचते, गाते उत्साह के साथ शोर मचाते सरना स्थल जाते हर स्थान एवं हर वस्तु से, हर छेदों से, कोने से भूतों को निकालने की प्रक्रिया करते। साथ ही बीच–बीच में हरिबोल, हरिबाबा की जय तथा गाँधीजी की जय का नारा लगाते थे। जिस वस्तु में भूत होने की आशंका होती, फेंक दी जाती थी। घरों के चूल्हे एवं पकाने वाले पुराने बर्तन तोड़ दिए गए। छप्पर हिलाया जाता कि कहीं भूत तो नहीं छिपा है। उन्होंने घोषणा की जो इस आन्दोलन से दूर रहेगा वह हरिबाबा का श्राप झेलेगा। पूजा में दूध, फल, सिरनी तथा धूप–धुवन का प्रयोग करना अनिवार्य किया गया। मुण्डा के सर्वोच्च देवता सिंगवोंगा तथा परम्परागत प्रार्थना में थोड़ी फेर–बदल के बाद अपना लिया गया।[15] आदिवासी नृत्य के स्थान पर नए मिश्रित नृत्य का प्रादुर्भाव हुआ।

सिंहभूम के अधिकारियों ने कठोर कदम उठाने का निश्चय किया। हरिबाबा आन्दोलन गैरकानूनी घोषित कर दिया गया। मानकी और मुण्डा से इस आन्दोलन को बंद करने का आदेश दिया गया। उपायुक्त ने इस नए धर्म से संबंधित गाँवों का दौरा किया। उसने बाँस की घेराबंदी तथा झोपड़ियाँ तोड़ डालीं जिसमें आत्माओं से संबंधित सामग्री, पुराने वाद्य यंत्र, मृत चूहे तथा छिपकली रखकर यह विश्वास किया जाता था कि यहाँ आत्माओं या भूतों को कैद कर लिया गया है। राँची और पटना के अधिकारी यह समझते थे कि उसके पीछे राजनीतिक प्रेरणा फैल रही है। ईसाई मिशनरियाँ भी उन्हें तरह–तरह के किस्से सुनाते थे। मानकी–मुण्डा के प्रति वे सशंकित थे कि वे उनके विरूद्ध आन्दोलन भड़का सकते हैं।

हालांकि सिंहभूम के अधिकारियों के कृत्य को अति कहा किन्तु उनकी सफलता को सही ठहराया।

फिर भी यह आन्दोलन क्षेत्र तमाड़, खूंटी, राँची से बढ़ता हुआ उरांव क्षेत्र गुमला, सिमडेगा होता हुआ उड़ीसा के गांगपुर तक फैल गया। इस आन्दोलन में महिलाओं की भागीदारी अधिक थी। अतः अनेक हरि माँ उत्पन्न हो गईं। हरिबाबा की युवा पत्नी नानीकई जो हरिबाबा का धर्म प्रचार करती थीं, हरि–माँ कहलाई। उसने मनोहरपुर के निकट मंदपुर में एक अखाड़े का निर्माण किया और कुछ पैसे लेकर हरिपानी बाँटने लगी। जो कोई भी उसके पास आता था वह उससे एक लिखित एकारनामा लेती थी कि वह किसी की सम्पत्ति से छेड़–छाड़ नहीं करेगा तथा सरकार की आज्ञाओं का उल्लंघन नहीं करेगा।[16] पालकोट के पास शेर के खाल का वस्त्र पहने हरि–माई प्रकट हुई। गुमला के हरि–माई ने बॉण्ड लिखवाया कि यदि वे धर्म छोड़ेंगे तो सरकार उसे सजा देगी। कहीं यह पैसा कमाने का जरिया भी बना। किन्तु यह कभी भी राजनीतिक रूप धारण नहीं कर सका तथा वे किसी भी तरह से कांग्रेस से नहीं मिले।[17] ईसाई मिशनरियाँ इनसे बेहद चिढ़ने लगी थी तथा उन्हें यह अपने अस्तित्व के लिए खतरा दिखा। अनेक धर्मान्तरित लोग हरिबाबा पंथ की ओर लौट आए। राँची में रोमन कैथलिक और इस नए धर्म के बीच झड़प हुई।[18] ईसाईयों ने आरोप लगाया कि उनके धर्म को बदनाम किया गया, उनके पवित्र स्थल को अपवित्र किया गया, उनके चूल्हे और घड़ों को तोड़ दिया गया। एक कोर्ट में केस दायर किया गया किन्तु ईसाई हार गए।[19]

यह आन्दोलन सुधारवादी आन्दोलन का एक मात्र उपाय था। उन दिनों आर्थिक उदासीनता थी और राजनैतिक में अस्थिरता का वातावरण था। बुरी आत्माओं के संदेह से बकरियों और मुर्गियों के दाम घट गए जिससे आदिवासियों को हानि हुई और आर्थिक कठिनाईयाँ बढ़ी। कुम्हारों के घड़ों के दाम बढ़ गए। कुछ वर्षों तक हरिबाबा का आन्दोलन प्रभावशाली एवं उत्साहपूर्वक चला। ईसाई मिशनरियों ने यह आरोप लगाया कि यह प्राचीन मुण्डा धर्म को नष्ट कर रहा है तथा निम्न वर्गीय

हिन्दुत्व को अपना रहा है। सरना आदिवासी आतंकित थे कि हरिबाबा पंथ के लोगों ने पवित्र सरना स्थल को अपवित्र कर दिया है जिससे ग्राम देवता का प्रकोप भूखमरी की स्थिति में आएगा। अतः उन्होंने निश्चय किया कि हर हाल में सरना स्थल की पवित्रता को बनाए रखा जाए और उन्होंने ऐसा किया भी।[20] अंग्रेज सरकार को डर था कि कहीं भोले–भाले पंथ के प्रति निष्ठावान 'हो' उनके धूर्त और बुद्धिमान चेले हमारे विरूद्ध ना भड़का दें जिससे कि उनके शासन की शक्ति और स्थिरता बाधित हो जाए।[21] यह आन्दोलन हो, मुण्डा और उरांव के बीच बढ़ता हुआ राँची जिले में भी फैल गया। सदान भी इससे जुड़ने लगे। गाँधी राज आ रहा है, ब्रिटिश जा रहे हैं, टैक्स देना बंद करो आदि के नारे भी लगने लगे। अंग्रेज सशंकित थे कि भूतों का सम्पूर्ण निष्कासन देर–सवेर अधिकारियों और विदेशियों की सही पहचान प्रदान करेगा जो खतरनाक हो सकता था और हिंसा भड़क सकती है, विद्रोह हो सकता है। पर ऐसा हुआ नहीं और स्वतंत्रता आन्दोलन की प्रगति से यह आन्दोलन शिथिल होता चला गया।

यह आन्दोलन कुछ अर्थों में सांस्कृतिक आन्दोलन की तरह ही था। बिरसा तथा टाना भगत आन्दोलन की तरह इसने भी कुछ धार्मिक सुधार किए एवं कुरीतियों को दूर किया। महिलाओं की भागीदारी अन्य आन्दोलनों की अपेक्षा इसमें अधिक थी। यह आदिवासी दुनिया में उठा कुछ वर्षों का आक्रोश था जिसे 1930 में गाँधी जी के आने से बल मिला।

संदर्भ ग्रंथ सूचीः

1. Kumar Suresh Singh, Dust-storm and Hanging mist, Story of Birsa Munda and his movement, Firms, 1965.
2. Quoted in Dutta, K. K., History of the Freedom Movement in Bihar, Vol. 1, pp. 473-6.
3. A. Majid to A. D. Tuckey, Commissioner, Chotanagpur, dated Hazaribagh the 27th March, 1931, Political Special Department, pp. 12-13.
4. Ward to Tuckey, Chaibasa, 30 July 1931, pp.33-38 C. *Ibid.*
5. Extract from Confidential diary of the Supted. of Police, Manbhum dated 8 March, 1931, p. 9C, *Ibid.*
6. Extract from Confidential diary of Supted. of Police, Singhbhum, *Ibid;* p. 20, for the period ending 27 May 1931, *Ibid.* pp. 20-21.

7. Extract from Confidential diary of Suptd. of Police, Santal Parganas, dated Dumka, 9 June, 1931, p. 23, *Ibid.*
8. Ward to Tuckey, 127C, 28 July 1931.
9. Dikson Rev. G. W., Extra from Singhbhum confidential Dairy for the week of ending 15 Jan. 1932.
10. Extract from A. D. Tuckey's fortnightly D.O. No.287 T. C. dated 27 July, 1931, Ibid. p. 28.
11. Sriram Chandra Singh Deo Raj, Ruling Chief of the Kharswan State, to D. C. Singhbhum, dated Kharswan 26 July, 1931.
12. Ward to Tuckey, Chaibasa, 28 and 30 July, 1931.
13. Dickson, G. W., "The Haribaba Movement, what it is", Chotanagpur Diocesan Paper No. 40 (New Series).
14. Vanhoutte G., "Haribaba", Chotanagpur Mission letter No.11, Nov. 1931, pp. 236-39.
15. O Haribaba, you are our Father and Mother rising like milk and setting like curd. Save us in sickness and troubles. Let our land remain happy. drive away the condition. Let us realise true wisdom henceforth.
16. Extracts from Confidential Diary of Supted. of Police, Singhbhum dated 8th Oct. 1931, Chief Secreatry's Special Section, p. 45.
17. A. D. Tuckey, Commissioner of Chotanagpur to P. C. Tallents, Chief Secretary to Government of Bihar and Odisha, D. O. No. 277 TC dated 16 May, 1982.
18. See for example, Ranchi S. R. Case No. 52 of 1932 Report No. I dated 15.32 Extract from the confidential Diary of the Superintendent of Police, Ranchi dated 1 May, 1932.
19. Judgement Etwa Oraon Vrs. chota Paulus Oraon, 12 June, 1932.
20. *Ibid.* April 1933, Chotanagpur Dioceasan Papers, p. 5.
21. Dikson G. W., Extract from Singhbhum confidential Dairy for week of inding 15 Jan., 1932.

अध्यायः सोलह

अनाम शहीदों के नाम

अनाम शहीदों के नाम

यह अध्याय झारखण्ड के अनाम शहीदों के नाम समर्पित है। अनाम शहीदों की संख्या अनगिनत है तथा योगदान असीम है। अनाम शहीद मुख्यतः सामूहिक हत्या के परिणाम होते हैं। 1857 का स्वतंत्रता संग्राम एक उदाहरण है। अंग्रेजी सरकार ने फांसी की सजा देने के अधिकार को

और व्यापक तथा सहज बनाने के लिए अधिनियम XVII, 1857[1] की संरचना की तथा उसे लागू भी कर दिया। हजारीबाग के उपायुक्त सिम्पसन ने इस अधिनियम का खुल कर उपयोग किया था।

डोरण्डा छावनी से स्वतंत्र सैनिक ठाकुर कुँवर सिंह की सेना में सम्मिलित होने शाहाबाद जा रहे थे। चतरा पहुँचे। चतरा के व्यापारियों ने रसद न देकर असहयोग किया। दो दिन से भूखे थे कि मेजर इंगलिश यूरोपियन एवं सिख सेना लेकर आ पहुँचे। 2 अक्टूबर को प्रातःकाल अंग्रेजी सेना ने आक्रमण कर दिया। सैनिक पराजित हुए। दूसरे दिन युद्ध–स्थल पर 77 शव मिले। स्वतंत्रता के इन शहीदों को एक गड्ढ़ा खोद कर दफना दिया गया।

हजारीबाग के राजा शंभू नाथ सिंह अंग्रेज भक्त थे और अपनी सेना के साथ सिम्पसन की सहायता कर रहे थे। कुछ घायल सैनिक भागने के क्रम में जंगल तक पहुँच पाये थे। हजारीबाग के सैनिक द्वारा डोरण्डा के घायल सैनिकों को सिम्पसन के पास पेश करने के बाद उन्हें फांसी दे दी जाती थी। इनके शव पास के एक तालाब में फेंक दिये जाते थे। पांच रूपया प्रति सिर की दर से हजारीबाग के सैनिक पारिश्रमिक पाते थे और जंगल में छिपे घायल सैनिकों को पकड़ लाते थे, जिनके लिए फांसी का फंदा पहले से तैयार रखा जाता था। "फांसी तालाब" नाम से प्रसिद्ध चतरा का यह तालाब कितने अनाम शहीदों की बलिदानी गाथाएँ अपने गर्भ में छिपाये है, कोई नहीं जानता।

इस प्रसंग में कुमार सुरेश सिंह[2] का उल्लेख किया जा सकता है जब सेना ने सइल–रकब की पहाड़ी पर गोलीबारी की थी और मुण्डा–राज के लिए संघर्षरत मुण्डा मारे गए थे, मृत मुण्डाओं की संख्या कम दिखाने के लिए या अन्य किसी कारण से शहीदों के शव दफना दिए गए थे। झारखण्ड में ऐसे अनाम शहीदों की संख्या कम नहीं होगी। आवश्यकता है उन्हें चिन्हित करने की।

झारखण्ड एक ऐसा जनजातीय देश है जिसकी धरती पर अंग्रेजों के पैर रखते ही विद्रोह प्रारम्भ हो गया था। छोटे स्तर पर या बड़े स्तर पर

"अपना देश तो अपना राज" की गूंज से नदी–पहाड़–जंगल से लेकर विस्तृत समतल मैदान तक थर्रा उठते थे। इस गूँज के पीछे उन हजारों अनाम शहीदों के बलिदान की शक्ति काम कर रही थी जो आज भी अचिन्हित है। शहीदी दिवस पर देश उन्हें श्रद्धांजलि अर्पित करता है। देश की स्वतंत्रता जानती है कि वह अनाम शहीदों के बलिदान का प्रतिफल है।

संदर्भ ग्रंथ सूचीः

1. Act. XVII of 1957.
2. डॉ. कुमार सुरेश सिंह, बिरसा मुण्डा और उनका आन्दोलन, नई दिल्ली, 1979. पृ. 126.

उपसंहार

झारखंड के 'शहीद' मुख्यतः जनजातीय विद्रोह, 1857 के स्वतंत्रता संग्राम एवं विभिन्न आन्दोलनों के प्रतिफल थे। इन शहीदों ने ब्रिटिश शासन के विरूद्ध 'स्व–शासन' के लिए जनजातियों का नेतृत्व किया था। ब्रिटिश शासन–तंत्र, इतिहासकारों एवं पत्र–पत्रिकाओं ने इन विद्रोहों को जमींदारों, ठेकेदारों एवं महाजनों के उत्पीड़न एवं शोषण के विरूद्ध उठाया गया कदम बतलाया था। उनके अनुसार यह विद्रोह कभी भी अंग्रेजी सरकार के विरूद्ध नहीं था। इस प्रकार के प्रचार का उद्देश्य अंग्रेजी सरकार को साफ सुथरा दिखाना था, साथ ही जनजातीय मानस में हिन्दूओं के प्रति घृणा पैदा करना भी था, दोनो वर्गों के बीच, जो वर्षो से साथ–साथ रहते आये थे, फूट डालना था। डब्लू–डब्लू हंटर ने अपनी पुस्तक 'एनल्स आफ रूरल बंगाल' में जमींदार, महाजन, बनिया आदि के लिए, एक शब्द 'हिन्दू' का प्रयोग किया था। ऐसा प्रयोग विकृत अंग्रेजी मानसिकता को अनावृत करता है।

ठेकेदारों, जमींदारों एवं महाजनों के उत्पीड़न और शोषण को पूरी तरह नकारा नहीं जा सकता है, किन्तु ये गौण कारण थे। जनजातीय विद्रोहों का मूल कारण अंग्रेजी शासन की रेगूलेशन प्रणाली थी। बंगाल–बिहार के मैदानी इलाकों के लिए संरचित कानून बिना सोचे–विचारे जनजातीय क्षेत्रों पर प्रभावी कर दिए गए थे। जनजातियाँ जो परम्परा से मुण्डा–मानकी, पट्टी–पड़हा स्व–शासन व्यवस्था में रहती आई थीं वे अंग्रेजी शासन को सहन न कर सकीं एवं उनके विरूद्ध सशस्त्र उठ खड़ी हुई थीं। ये विद्रोह सीमित दायरे में, अंग्रेजी सरकार के विरूद्ध

स्वतंत्रता–संग्राम था, जिसके लिए अनेक वीरों नें प्राणोत्सर्ग किया था, और शहीद के रूप में पूजित हुए थे। बुधु भगत तथा सिद्धू–कान्हू की शहादत इसका प्रमाण है।

इन विद्रोहों के कारणों पर अंग्रेजी सरकार के अधिकारियों ने सूक्ष्म चिन्तन किया और निष्कर्ष निकाला कि जनजातीय क्षेत्रों को उनके हितों की रक्षा करते हुए एक नॉन–रेगुलेशन प्रशासन प्रणाली के अन्तर्गत रखा जाये।

इन विद्रोहों के परिणाम स्वरूप अंग्रेजी शासन के रेगुलेशन प्रशासन से जनजातियाँ मुक्त कर दी गईं और उनके प्रचलनों को महत्व देते हुए 'नॉन–रेगुलेशन' प्रशासन प्रणाली प्रारंभ कर दी गई। रांची को केन्द्र मानकर, निकटवर्ती जनजातीय क्षेत्रों को मिलाकर एक वृहद् जनजातीय क्षेत्र दक्षिण–पश्चिम सीमान्त एजेन्सी का गठन किया गया। छोटा नागपुर के अतिरिक्त संताल परगना का गठन किया गया और पूरे क्षेत्र पर संतालियों के हितों की रक्षा करते हुए, नॉन–रेगुलेशन प्रशासन प्रणाली प्रभावी कर दी गई थी। नॉन–रेगुलेशन प्रशासन प्रभावी हो जाने के उपरान्त कोई जनजातीय विद्रोह नहीं हुआ यद्यपि इन क्षेत्रों में जमींदार, महाजन आदि बसे हुए थे।

1857 के स्वतंत्रता–संग्राम के प्रमुख शहीद ठाकुर विश्वनाथ शाहदेव, पाण्डेय गणपत राय, टिकैत उमरांव सिंह थे। कुंवर सिंह की सेना में सम्मिलित होने के लिए डोरण्डा छावनी से लगभग 600 सैनिक ठाकुर विश्वनाथ शाहदेव के नेतृत्व में चतरा पहुँचे थे। चतरा के व्यवसायियों ने साथ नहीं दिया, रसद का प्रबंध न हो सका और सैनिक दो दिनों से भूखे थे। इस बीच मेजर इंगलिश ने सिक्ख–बहुल सैंनिकों के साथ चतरा पहुँच कर स्वतंत्रता सेनानियों पर आक्रमण कर दिया। कुछ मारे गए, कुछ घायल हुए और कुछ बचकर निकल गए।

दूसरे दिन मैदान में सैनिकों के 77 शव पाये गए जिन्हें जमीन खोदकर समाधिस्थ कर दिया गया। घायल एवं पकड़े गए सैनिक हजारीबाग के जिलाधिकारी सिम्पसन के सामने लाये गये, एक संक्षिप्त

सुनवाई के उपरान्त उन्हें फांसी की सजा दे दी गई। वे जमीन में दफना दिए गए या तालाब में फेंक दिए गए। ऐसे अनेक अनाम शहीद धरती में समाधिस्थ हैं।

झारखण्ड में दो प्रमुख आंदोलन हुए। इन दोनों आन्दोलनों की विशेषता थी कि प्रारंभ में ये समाज सुधारक थे, शुद्ध धर्म के साधक थे किन्तु कालान्तर में इनका झुकाव राजनीति की ओर हो गया था। बिरसा मुण्डा का कार्य–काल 19वीं शती का अंतिम दशक था तथा जतरा उरांव का बीसवीं शती का दूसरा दशक। अंग्रेजी सरकार ने इन दोनों प्रर्वतकों को गिरफ्तार कर लिया था। कहा जाता है कि बिरसा को विष देकर मार डाला गया और जतरा को, जमींदारों के इशारे पर जेल में इतना मारा गया कि जेल से छूटने के कुछ माह भीतर ही उसकी मृत्यु हो गई। जतरा के उपरांत भी ताना भगत आन्दोलन उरांवों के बीच दूर–दूर तक फैला हुआ था। बिरसा मुण्डा झारखण्ड का सर्वाधिक जनप्रिय शहीद है।

वीर–प्रसूता झारखण्ड की धरती शहीदों से सूनी नहीं है। जो शहीद उल्लेखित हुए हैं वे भी तथा जिनका उल्लेख नहीं हो पाया है, वे शहीद भी सम्मान एवं श्रद्धांजलि के पात्र हैं।

ग्रन्थ–सूची

अम्बष्ट, जी. पी.	बिहार दर्पण पटना, 1940
अहमद, जे.	बिहार के आदिवासी, मोतीलाल बनारसी दास, नई दिल्ली, 1957
दत्ता, के. के.	बिहार में अंग्रेजी राज के विरूद्ध अशान्ति, पटना–1975
मिंज, दिवाकर	मुण्डा एवं उरांव का धार्मिक इतिहास, ओरियंट पब्लिकेशन्स, नई दिल्ली–1996
राय चौधरी, प्रणव चन्द्र	बिहार में 1857 छोटानागपुर तथा संथाल परगना, पटना–1959
सहाय, गोबिन्द	सन् बयालीस का विद्रोह, इन्दौर–1946
सिंह, कुमार सुरेश	बिरसा मुण्डा और उनका आन्दोलन, वाणी प्रकाशन, दिल्ली,2001
विद्यार्थी, ललिता प्रसाद	बिहार के आदिवासी, शुक्ला बुक डिपो, पटना–1988
त्रिवेद, द. स.	प्राङ मौर्य बिहार बिहार राष्ट्रभाषा परिषद्, पटना–1954
Ahluwalia, M. M.	Freedom Struggle in India (1858-1900) Delhi-1965.
Ambast, N. K.	A Critical Study of Tribes Education S. Chand and Co, Delhi-1970.

Birt, Bradey F. B.	1. Chotanagpur a little known Province of the Empire, London, 2nd Indian Edition, 1970.
	2. Story of an Indian upland, London, 1905.
Bompass, C. H.	Folklore of Santal Parganas, London, 1909.
Campion, Edmund	My Oraon Kolkata, Catholic Press, Ranchi.
Choudhury, S. B.	Civil disturbances under British Rule (1757-1955) , Kolkata-1955.
Dalton, E.T.	Descriptive Ethnology of Bengal Kolkata, 1872.
Datta, K. K.	1. The Santal Insurrection, Secretariat Press, Kolkata, 1940.
	2. Unrest against British Rule in Bihar 1831-1859. Patna, 1957.
	3. History of Freedom Movement in Bihar, 2 Vols, Panta,1957.
Desa, F.	Crisis in Chotanagpur, Bengaluru, 1975.
Dehon, P.	Religion and Customs of Oraons, Kolkata, 1905.
Diwakar, R. R.	Bihar Through the Ages ,Patna-1958.
Elwin,V. H.	The Aboriginals, Mumbai-1942.
Evans, P.	Theories of Primitive Religion, Clarendon Press, Oxford-1865.
Griffith, W. G.	The Kol Tribes of Central India, The Royal Asiatic Society of Bengal, Kolkata-1956.
Hahn, F.	Oraon Folk-lore, Govt.Press, Patna-1931.
Hoffmann, J.B.	Encyclopedia Mundarica, Govt.Press, Patna-1950-74.
Hunter, W.W.	1. Annals of Rural Bengal, London-1868.
	2. The Statistical Account of Bengal.Vols XVI-XVII, London-1875.
Hutton, J. K.	Caste in India, Mumbai-1957.
Jha, J. C.	The Tribal Revolt of 1831-32, Patna-1987.
Kumar, Purushottam	Mutinies and Rebellions in Chotanagpur, (1831-32), New Delhi-1991.
Majumdar, R. C.	History of the Freedom Movement in India, Secreteriat Press Calcutta-1962.
Majumdar, D. N.	Races and Cultures in India, Lucknow-1944

Man, E. G.	Santalia and the Santals, Kolkata- 1876.
Minz, N. (Ed)	Tribal Awakening, Chennai-1965.
Meulder, De.S.T.	The Indian Mutiny Tribal India, Speak, Poona, 1952
Milton, Rechard	The Indian Mutiny, London, 1957
Misra, B. B	Central Adminstration of the East India Company, Manchester,1959.
Prasad, N.	Land and People of Tribal Bihar, T.R.I., Ranchi-1961
Ponette	The Munda world, Catholic Press, Ranchi-1978.
Rosner,Victor	The Flying Horse of Dharmes, Satya Sharti Publication, Ranchi-1982.
Raghavaiah, V.	Tribal Revolts, Andhra Rushtra Adimjati Sewak Sangh, Nellore-1971.
Risley, H. H.	The Tribes and Castes of Bengal,Secretariate Press, Kolkata-1891.
Roy, S. C.	1.The Mundas and their country, Catholic Press, 2nd Reprint 1995,
	2. The Oraons of Chotanagpur, 2nd Reprint, Crown Publication, 1994, Ranchi.
	3. Oraon Religion and Customs,2nd Reprint-1999, Gyan Publishing House, Delhi.
Sinha, S.P.	1. Suntal-Hul, T.R.I.-Ranchi-1991.
	2. Life and Times of Birsa Bhagwan, Patna, 1964.
Singh, Kumar Suresh	1. The Dust storm and the Hanging Mist, a study of Birsa Munda and his movement in Chotanagpur (1874-1901), Kolkata-1966.
	2. Tribal Movement In India Manohar Publication, N.D.1982.
Spry, H.H	Modern India, 2 Vols London, 1837.
Vidyarthi,L.P.	The Maler, Boolland Pvt.Ltd. Kolkata, 1963.

News Papers and Periodicals:-

राँची एक्सप्रेस, (हिन्दी दैनिक) रांची, 4 जनवरी 1998

घर–बंधु (हिन्दी पाक्षिक) जी0 इ0 एल0 मिशन, राँची।

The Bengali (Editor, Surendra Nath Banerjee, English Daily) Kolkata, April to June 1990 "Munda-Trial"

Kolkata Review, 1868

Bengali Hurkaru Jan-June 1832, Kolkata

District Gazetteers

Kumar N.	Bihar District Gazetteer **Ranchi**, Revenue Department, Secretariat Press, Govt. of Bihar, Patna, 1970.
Malley, L. S. S. O	Bengal District Gazetter **Santal Pargana**, 2nd Reprint, Logos Press, New Delhi, 1999.
Roy Choudhary, P.C	Bihar District Gazetter **Hazaribag**, Secretariat Press, Govt. of Bihar, Patna, 1957.
	Bihar District Gazetter **Palmu**, Secretariat Press, Govt. of Bihar, Patna, 1961.
	Bihar District Gazetter **Singhbhum**, Secretariat Press, Govt. of Bihar, Patna, 1964.
	Bihar District Gazetter **Dhanbad**, Secretariat Press, Govt. of Bihar, Patna, 1966.

विषय सूचकांक

क

ख

ग

घ

च

छ

ज

झ

ट

ठ

ड

त

थ

द

ध

न

भ

म

ह